Capitanovici (Georgius J.)
 Die Eroberung von Alexandria
 (Iskanderije) durch Peter I. von Lusignan,
 König von Cypern, 1367.
   Berlin, R. Heinrich, 1894. in 8° et una carte

PUBLICATIONS

DE LA

SOCIÉTÉ DE L'ORIENT LATIN

SÉRIE HISTORIQUE

I

GUILLAUME DE MACHAUT

LA

PRISE D'ALEXANDRIE

LIBRAIRES DE LA SOCIÉTÉ

PARIS: *Ernest Leroux*, 28, rue Bonaparte.
LONDRES: *Bernard Quarritch*, 15, Piccadilly.
LEIPZIG: *Otto Harassowitz*.

LA

PRISE D'ALEXANDRIE

ou

CHRONIQUE DU ROI PIERRE Ier DE LUSIGNAN

PAR

GUILLAUME DE MACHAUT

PUBLIÉE POUR LA PREMIÈRE FOIS

pour la

SOCIÉTÉ DE L'ORIENT LATIN

par

M. L. DE MAS LATRIE

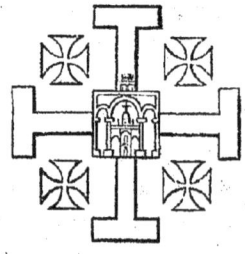

GENÈVE

Imprimerie Jules-Guillaume Fick

1877

Tiré à 500 exemplaires numérotés, dont:
50 sur grand papier,
50 sur papier vélin,
400 sur papier ordinaire.

N°

SOCIÉTÉ DE L'ORIENT LATIN

*

EXTRAIT DES STATUTS

Art. 19. Les publications de la Société font faites fous la furveillance du Comité de Direction, & la garantie de l'un des commiffaires refponfables.

Vu l'édition de la Prife d'Alexandrie *de* GUILLAUME de MACHAUT, *par M. L. de Mas Latrie.*

Le commiffaire-refponfable adjoint,

MICHELANT.

Certifié.

Le fecrétaire-tréforier,

COMTE RIANT.

Paris, le 5 mars 1876.

PRÉFACE

UN érudit fort compétent avait, depuis quelques années, proposé à la Société de l'Histoire de France de publier le récit de la *Prise d'Alexandrie*, composé par Guillaume de Machaut.

Il n'y aurait nul intérêt pour le public à connaître les circonstances qui ont amené presque simultanément la Société de l'Histoire de France à abandonner ce projet & la Société de l'Orient latin à le reprendre. Cette dernière association, fondée sous la présidence de M. le comte de Vogüé, est une des nouvelles créations littéraires que notre pays a vu surgir au lendemain de ses désastres & au milieu de ses déceptions politiques, comme un témoignage de sa résolution de ne pas s'abandonner, quoi qu'il arrive, & de chercher une vigueur nouvelle dans les épreuves de l'adversité.

Pour satisfaire au programme tracé aux éditeurs, je n'ai qu'à rappeler ici succinctement ce qui concerne la date de la composition de la *Prise d'Alexandrie*, son auteur, les sources d'où il a reçu ses informations, & le degré de confiance que méritent les diverses parties de son œuvre. J'indiquerai ensuite les manuscrits connus qui nous l'ont conservée.

I

L'historique de notre texte peut se dire en deux mots, car réellement ce texte n'a pas d'histoire. Grâce aux manuscrits assez nombreux qui le renferment & aux événements qui s'y trouvent racontés, son âge & sa paternité n'ont pu être l'objet de doutes ni de controverses.

<small>Histoire du texte.</small>

La *Prife d'Alexandrie* eft l'œuvre inconteftée de Guillaume de Machaut, & Machaut, pour qui la profe ou les vers étaient également faciles, écrivit cette chronique rimée, la plus confidérable de fes compofitions, peu après l'année 1369. Il avait alors, croyons-nous, quatre-vingts ans paffés, ce qui fera excufer, au befoin, les lenteurs du récit. Mais fi la valeur littéraire de l'œuvre eft médiocre, fon intérêt hiftorique eft confidérable. Sous le titre de *Prife d'Alexandrie*, événement le plus mémorable du règne de Pierre Ier de Lufignan, Machaut a raconté en effet toute la vie de ce prince, & a laiffé un monument de premier ordre pour l'hiftoire de l'île de Chypre & de l'Orient latin.

II

Renfeignements fur l'auteur.

Muficien eftimé de fon vivant en France & à l'étranger, poëte, chroniqueur, homme de cour & homme d'adminiftration, Guillaume de Machaut a été l'objet d'études affez nombreufes. L'abbé Lebeuf,[1] le comte de Caylus,[2] l'abbé Rive,[3] M. Tarbé,[4] M. Fétis,[5] enfin le favant & heureux propagateur de notre littérature du moyen-âge, M. Paulin Paris,[6] fe font occupés de fa vie & de fes œuvres.

[1] *Notice fommaire de deux volumes de poéfies françoifes & latines conferaées dans la Bibliothèque des Carmes Déchaux à Paris.* (Ce font les manufcrits aujourd'hui à la Bibl. Nat., fonds français, n°s 22545 & 22546, dont le dernier, notre manufcrit C, renferme la *Prife d'Alexandrie*.) *Mém. de l'Académie des Infcriptions*, prem. férie, t. XX, p. 377. L'abbé Lebeuf s'occupe encore de Machaut dans fon Mémoire fur Philippe de Maizières. — [2] *Premier Mém. fur G. de Machaut, poëte & muficien dans le* XIVe *fiècle*, *Mém. Acad. des Infcript.*, t. XX, p. 399. Second Mémoire, p. 415. — [3] *Notice d'un manufcrit* (en deux tomes, anciennement à la Bibliothèque des Carmes Déchaux, où les avait connus l'abbé Lebeuf) *de la Bibliothèque de M. le duc de La Vallière, contenant les poéfies de Guill. de Machaut*, à la fin du 4e vol. de l'*Effai fur la mufique ancienne & moderne*, par B. de Laborde & l'abbé Rouffier, p. 477, in-4º. Paris, 1780. — [4] *Les Œuvres de Guill. de Machault*. Reims & Paris, in-8, 1849. Dans la collection des Poëtes champenois. — [5] *Biographie univ. des Muficiens*, 2e édit., 1862. — [6] *Le Livre du Voir-Dit de Guillaume de Machaut*, où font contées les amours de Guillaume de Machaut & de Peronnelle, dame d'Armentières, publié par M. Paulin Paris pour la Société des Bibliophiles françois. Paris, 1875.

Tout n'eſt pas dit cependant ſur la queſtion. L'écrivain qui voudra la traiter un jour pleinement devra conſulter avec ſoin les documents de nos Archives nationales, dont on ne nous ſemble pas avoir fait un ſuffiſant uſage. Ils fourniſſent quelques indications nouvelles & d'une certitude précieuſe pour compléter, en les rectifiant ſur quelques points, les obſervations recueillies juſqu'ici.

Dans une étude ſemblable, où l'interprétation & les conjectures ont une part légitime & néceſſaire, ſi on ne ſubordonne néanmoins toutes les inductions aux faits hiſtoriques certains & chronologiquement établis, on court le riſque de faire bientôt fauſſe route.

Nul monument ne nous donne la date de la naiſſance de Machaut, ou le moyen de la retrouver d'une manière préciſe. De là, une première cauſe d'obſcurité & d'incertitude qui plane ſur tout le ſujet, & qui expoſe à confondre le vrai & populaire Guillaume de Machaut avec les homonymes qu'il eut dans ſa famille & hors de ſa vraie famille. On varie beaucoup ſur cette date. De 1282,[1] & même de quelques années antérieures,[2] on paſſe à 1284,[3] à 1295,[4] à 1315 & au delà.[5]

Retarder la naiſſance de Machaut juſqu'en 1300 ou 1315, afin que notre poëte ne ſe trouve pas trop vieux en 1362, époque où ſe place une intrigue amoureuſe littérairement célèbre & probablement imaginaire; rendre cette thèſe inouïe preſque croyable, eſt un réſultat qu'ont pu ſeules obtenir l'immenſe érudition & la grave autorité de l'éditeur du *Voir-Dit*. Mais un document à date poſitive, ſignalé déjà par l'abbé Lebeuf[6] & qu'il faut abſolument rapporter à notre Guillaume de Machaut, ſi l'on ne veut renoncer à ſa biographie, ne nous permet pas d'accepter les concluſions de cette ingénieuſe expoſition. Au mois d'août 1308, date qui écarte du même coup comme inadmiſſible l'année 1295, le roi Philippe le Bel donnait le fief de Bouilly en Beauce à Guillaume de Machaut pour le récompenſer de ſervices déjà reçus depuis aſſez longtemps, *diucius*, & de ceux qu'on eſpérait toujours de lui. La pièce eſt enregiſtrée au Tréſor des chartes.[7] A l'époque où Machaut recevait cette marque de l'eſtime

---

[1] L'abbé Rive, qui accepte 1282 ou 1284. Cf. Crapelet, *Euſtache Deſchamps*, page 81. — [2] Cf. ce que dit M. Paulin Paris, le *Livre du Voir-Dit*, p. xv & n. — [3] L'abbé Lebeuf. — [4] M. Tarbé. — [5] M. Paulin Paris. — [6] *Mém. de l'Acad.*, t. XX. — [7] Chat. de Villiers, août 1308. Voy. ci-après, Pièces juſtif. n° 1.

& de la satisfaction royales, il aurait eu douze ans s'il fût né en 1295, huit ans s'il était de 1300. On ne peut s'arrêter à de telles suppositions. Sa naissance est donc antérieure & à l'année 1300 & à l'année 1295.

Nous hésiterions toutefois à remonter trop au delà de 1282. Machaut ayant dépassé l'année 1369, puisqu'il raconte la fin tragique du roi Pierre Ier de Lusignan, eût atteint l'âge de cent ans environ, s'il est mort, comme on l'admet, en 1377. Cette circonstance, assez exceptionnelle, eût été vraisemblablement remarquée par Eustache Deschamps dans les nombreuses occasions où il a parlé de son compatriote & maître bien-aimé. En plaçant sa naissance vers 1282 ou 1284, on voit encore que Machaut n'avait, en 1308, que vingt-trois ou vingt-cinq ans, ce qui annonce la précocité de ses talents & la rapidité, d'ailleurs bien justifiée, de sa faveur à la cour de France.

M. Fétis insiste beaucoup pour établir que Guillaume n'appartenait pas à la noble famille des Machaut, déjà illustre au XIVe siècle. Nous le croyions déjà comme M. Fétis, mais par d'autres raisons, avant d'avoir retrouvé au Trésor des chartes la pièce du mois d'avril 1309, qui lève tout doute à cet égard. Nous en rappellerons bientôt les termes mêmes.

Pour M. Fétis, la preuve de la roture de Machaut est un traité de musique, précieux manuscrit lui appartenant & daté du 12 janvier 1375, dans lequel Machaut, dont on invoque l'autorité, est nommé *G. de Mafcaudio*. Or, dit M. Fétis, « *Mafcaudium* est précisément le nom latin du village de Machaut. »

Nous en demandons pardon au savant historien des musiciens célèbres, mais la mention de ce manuscrit ne prouve rien ici. Les sires de Machaut s'appelaient incontestablement Machaut, tout aussi bien & à plus juste titre que les hommes non nobles sortis du village de Machaut, & qui, une fois établis hors de leur pays, avaient reçu ce surnom comme sobriquet d'origine. Le nom de Machaut ou Machault était généralement latinisé en Champagne par *Machaudium*;[1] nous n'avons pas trouvé *Mafcauldium*. En France, à la chancellerie royale & ailleurs, on traduisait plutôt *Machellum* & *Macholium* : *Odo de Machello, miles*, en 1277;[2] *dilectus miles*,

[1] Pouillés & comptes de Champagne. Varin, *Archives admin. de Reims*, t. II, p. 1108, 1111.

[2] Arch. Nat. Layettes du Trésor, J. 208. Voy. ci-après pièces justif. n° 4.

& cambellanus noster Petrus de Machello, en 1291;[1] *Petrus de Machello quondam miles, cambellanus noster*, en 1307;[2] *Dominus Johannes de Macholio*, en 1308;[3] dans les pièces françaises contemporaines : *Monseigneur Pierre de Machau, jadis chevalier chambellan le Roy*.[4]

Ce qui nous semble établir déjà suffisamment que notre Guillaume n'appartenait pas à la famille seigneuriale des Machaut, c'est que jamais son nom, même dans les pièces & les circonstances les plus flatteuses, n'est accompagné de la moindre qualification nobiliaire. Les rois l'appellent *dilectus noster;* jamais l'attribut féodal de *fidelis* n'est joint à ces mots. Encore moins les trouvons-nous accompagnés des qualificatifs *dominus, miles* ou *armiger*.

Il ne faut pas dire cependant avec M. Fétis que Machaut est le nom du pays & non pas le nom de la famille de Guillaume. Nous croyons voir dans les monuments généraux & dans les pièces de nos Archives que, déjà au commencement du XIVe siècle, il y avait deux familles de Machaut inégales d'ancienneté, de notoriété, d'origine & de condition sociales. L'une possédant la terre de Machaut en Champagne & portant ce nom, bien qu'elle pût résider en d'autres domaines, famille ayant eu déjà un chambellan du roi, & formant peut-être, par quelque filiation inconnue aujourd'hui, la souche des Machaut d'Arnouville des XVIe & XVIIIe siècles; l'autre, sortie probablement du village de Machaut & assez répandue en Champagne & en France; arrivée déjà dans les charges lucratives de la cour, non noble encore, mais dont quelques membres ne tardèrent pas à obtenir la noblesse, comme cet honorable bourgeois de Châlons-sur-Marne, *dilectus noster Johannes de Machaut, burgensis catalaunensis*, que Charles V anoblit héréditairement en 1373, lui, sa femme & ses enfants.[5]

La plus ancienne mention concernant Guillaume de Machaut a été découverte par l'abbé Lebeuf sur les tablettes de cire de Florence, imprimées aujourd'hui dans le Recueil des Historiens de France. Il y est inscrit à l'année 1301, parmi les gens du service de la reine Jeanne de Navarre, femme de

---

[1] Lettre du roi de 1291. Pièces justif. n° 5. — [2] Lettre du roi de 1307. Pièces justif. n° 6. — [3] En 1307 & 1308. Bouquet, *Rec. des Hist. de France*, t. XXII, p. 545, 563. — [4] En 1319. Ci-après, pièces justif. n° 7. — [5] Pièces justif. n° 9.

Philippe le Bel : *Guill. de Macholio, valetus camere.*[1] Quelques autres mentions des mêmes comptes, pouvant fe rapporter à lui, font fuivies de cette défignation : *valetus porte*, huiffier de la chambre.

Ainfi, prefque au début de la vie (il avait environ feize ans), nous le voyons placé avec plufieurs autres Machaut, vraifemblablement de fa famille,[2] dans cette haute domefticité, non noble, de la maifon du roi, qui comprenait, fous la direction de quelques grands officiers, le fervice intime des perfonnes & des réfidences royales, l'ameublement, les coftumes, les atours, la table, les fêtes, les jeux, la mufique & quelques autres charges réunies plus tard fous la dénomination de Menus-Plaifirs.

Doué des plus heureufes facultés, poëte & muficien, Machaut vit rapidement grandir fa renommée & entra de plain-pied en relations avec les feigneurs & les princes qui fréquentaient la cour de France. Il ne fortit pas & ne voulut pas fortir néanmoins de cette condition moyenne, où il fut trouver l'illuftration & la richeffe. Nous ne connaiffions aucune donnée férieufement hiftorique qui pût infirmer cette opinion, avant d'avoir retrouvé dans les regiftres du Tréfor des chartes la lettre royale de 1309, donnée à Cachan, qui la juftifie dans les termes les plus explicites.

Mais Machaut lui-même ne fait-il pas plufieurs fois allufion dans fes œuvres à cette fituation intermédiaire, à cette médiocrité dorée dans laquelle il fe complut, fans chercher à en fortir, ce qui lui eût été facile, car les princes qu'il fervit & qu'il aima toujours femblent n'avoir eu rien à lui refufer. « Je m'appelle Guillaume & fuis furnommé de Machaut » :

> Je, Guillaumes deffus nommés,
> Qui de Machaut fui fournommés.

C'eft ainfi qu'il s'exprime à la fin du *Jugement du roi de Navarre*.[3] Un féodal, le fils du chambellan Mgr Pierre de Machaut, nommé comme lui Guillaume de Machaut & avec lequel on l'a confondu,[4] n'eût pas ainfi parlé.

---

[1] *Hift. de France*, t. XXII, p. 508. — [2] Un *Robertus de Machello, dilectus panetarius nofter*, reçoit du roi, en 1309, certains biens confifqués fur un chevalier. Arch. Nat. Ci-après, pièces juftif. n° 8. — [3] Compofé après l'année 1348. Manufcrit Vogüé, f. 87. — [4] Préface du *Voir-dit*, p. xiv. « Monf. Guillaume de Machau, enfans & hers de noble home monfeigneur Pierre de Machau, jadis chevalier & chambellan le Roy. » Année 1319. Pièces juftif. n° 7.

Ailleurs, dans le *Confort d'ami*, compofé pour le même Charles de Navarre, en s'excufant délicatement de donner ce titre d'ami à un auffi grand perfonnage, il affure le prince qu'il n'oubliera jamais la diftance qui les fépare, & il ajoute avec une confiance que le talent légitime & rehauffe : « Pour moi, je ne fuis ni des grands ni des petits » :

>Sire, & fe je t'apelle ami
>N'en aiez pieur cuer ami,
>Car bien fces que tu yes mes fires;
>Et je des mieudres ne des pires
>Ne fui. 1

Ce que nous traduirions volontiers ainfi : « Je ne fuis ni chevalier ni ferf. »

En 1307, Machaut paffa dans la maifon du roi en confervant fa charge de valet de la chambre, & c'eft dès l'année fuivante que Philippe le Bel, appréciant de plus en plus fon mérite & fes fervices déjà anciens, *diucius*, le gratifia du domaine de Bouilly-en-Beauce, faifi pour forfaiture fur un chevalier nommé Jean de Pouville ou de Bouilly. L'acte de cette donation, dreffé au château de Villiers dans le mois d'août 1308, nous a déjà fervi à remonter la naiffance de Machaut au moins jufqu'aux années 1284 ou 1282, puifque Machaut recevait ce domaine en récompenfe de fervices appréciés déjà depuis affez longtemps. Le nouvel acte qui confirma & régularifa l'année fuivante cette donation établit d'une manière plus certaine encore la condition bourgeoife de Guillaume de Machaut.

La terre de Bouilly ayant été tenue jufque-là féodalement, le roi, par une lettre fcellée à Cachan au mois d'avril 1309, en maintenant fes premières difpofitions, déclara formellement que Guillaume de Machaut & fes héritiers corporels & légitimes (s'il en avait jamais) pourraient, bien que non nobles : *eo nonobftante quod nobiles non exiftant*, poffèder à perpétuité le fief de Bouilly. Il était fpécifié en outre que nul officier ne devrait les contraindre à vendre ce domaine, s'il ne leur convenait, ou les empêcher d'en faire l'hommage régulier. 2

C'était un grand pas vers la nobleffe, & beaucoup de non nobles y font arrivés ainfi par l'acquifition de terres à hommage, dérogation aux premiers ufages des fiefs que la

---

1 Manufcrit Vogüé, f. 170, 1re col. — 2 Ci-après pièces juftif. no 2.

royauté avait contraint l'efprit ariftocratique à fubir depuis le XIIIᵉ fiècle. 1 Mais Machaut ne paraît pas avoir tenu à franchir cette barrière, puifque dans les mentions confignées au *Confort d'ami*, écrit après l'année 1349, il fait à fa condition bourgeoife les allufions manifeftes que nous avons précédemment citées.

L'eftime, la faveur, l'amitié des grands & la fortune lui arrivaient, ce femble, au delà de fes défirs. Il s'en montra toujours reconnaiffant. Il avait acquis, peut-être de fes deniers, 2 des maifons & des terres à Montargis & dans les alentours, à douze lieues environ de fon fief de Bouilly. Il conftitua fur ces biens des rentes perpétuelles en faveur des prieurés de Montargis & de Flotain, à la charge de célébrer des meffes hebdomadaires du Saint-Efprit durant fa vie, & des meffes de *Requiem* après fon décès. Les lettres royales rendues pour confirmer ces donations, au mois d'août 1314, trois mois avant la mort de Philippe-le-Bel, le qualifient toujours de valet de la chambre du roi. 3 Les prières y font demandées pour Machaut feul, ce qui indique bien qu'il n'avait pas d'enfants & n'était pas marié, circonftance laiffée dans le doute par la rédaction des lettres du mois d'avril 1309.

La mort du roi Philippe-le-Bel ne changea pas trop la deftinée & les relations de Guillaume de Machaut. L'événement fembla même tourner à fon avantage & donna peut-être un effor qu'ils n'auraient pas eu à fon talent & à fes aptitudes diverfes. Il entra alors au fervice du roi de Bohême, ami & bientôt intime allié de la maifon de France, 4 & ne le quitta qu'à la mort de ce prince, tué, comme l'on fait, dans les rangs de l'armée françaife, à la bataille de Crécy. Il refta ainfi, & il le rappelle expreffément, *trente années* aux gages de Jean de Luxembourg. C'eft une vie prefque entière. Ces années, qui fe déterminent rigoureufement de 1316 à 1346, furent peut-être les plus heureufes de fon exiftence. Partout, dans toutes fes œuvres, le fouvenir reconnaiffant de ce temps fortuné lui vient à la mémoire. Dans maint endroit il parle de ce fage & bienveillant roi de Bohême, qui l'a aimé & nourri fi longtemps, qui, fimple &

---

1 Ordonnance de Philippe le Hardi de 1275. — 2 *Ex conqueftu fuo.* — 3 *Valetus camere noftre.* Pièces juftif. nº 3. — 4 En 1322, fa fœur Marie époufa le roi Charles le Bel; en 1322, fa fille Bonne époufa le duc de Normandie, depuis Charles V.

frugal pour lui-même, diſtribuait largement les joyaux & les fiefs à ſes ſerviteurs; il recherche les occaſions de parler de ſon fils Charles, devenu empereur par la ſageſſe paternelle, & de ſa fille, la ducheſſe de Normandie, morte avant l'avénement de ſon mari au trône, qui méritait ſi bien, dit-il, ſon nom de Bonne.

Machaut ne fut pas auprès de Jean de Bohême le ſimple clerc des ſoins & des amuſements intérieurs. Il a la prétention, juſtifiée par la vraiſemblance & par ſa ſincérité habituelle, d'avoir aidé le prince, dont il poſſédait la confiance, dans les affaires les plus conſidérables comme les plus délicates,[1] & l'on ſait combien le dévouement du roi de Bohême pour la France, ſes propres entrepriſes en Allemagne & en Italie multiplièrent les travaux & les ſoucis autour de lui. Machaut paraît l'avoir accompagné partout :

> Je fus ſes clers, ans plus de xxx.
> Si congnu ſes meurs, & s'entente,
> S'onneur, ſon bien, ſa gentilleſſe,
> Son hardement & ſa largeſſe ;
> Car j'eſtoie ſes ſecretaires
> En treſtous ſes plus gros affaires.[2]

Le *Confort d'ami* rappelle qu'il ſuivit notamment le roi dans ſes campagnes de Pologne[3] & de Ruſſie (1335-1337), prenant part à toutes les marches & quelquefois même, beaucoup plus qu'il ne convenait à ſes goûts, mais toujours avec gaieté, aux gardes & aux veillées militaires.

A la mort du roi de Bohême, Guillaume de Machaut reſta en France où il était venu vraiſemblablement avec ſon maître, & d'où il ne s'éloigna plus. Rentré dans le ſervice des princes de la famille royale, il y fut toujours aimé & apprécié. Il ne paraît pas néanmoins y avoir occupé cette poſition exceptionnellement flatteuſe que lui avait accordée Jean de

---

[1] Dans le *Confort d'ami*, Machaut nous apprend qu'il fut ſouvent l'intermédiaire des généroſités particulières du roi :
  Je le ſcay bien, car je l'ay fait
  Plus de l. fois de fait.
      (Mſ. Vogüé, f. 190.)
— [2] Édition, ci-après, p. 24-25.

[3] Il aſſiſta à l'hommage que treize ducs allemands prêtèrent au roi de Bohême & aux fêtes données à Cracovie :
  Je le vis, pour ce le teſmong...
  Preſens fui à ceſte feſte.
  Je le vi des yex de ma teſte.
      (Mſ. Vogüé, fol. 190 v°.)

Luxembourg, & qui répandit fur la feconde partie de fa vie le charme des fouvenirs & de la gratitude.

La duchefse de Normandie, fille du feu roi de Bohême, prit d'abord l'ancien fecrétaire de fon père à fon fervice perfonnel. Machaut paraît avoir obtenu, vers le même temps, un canonicat à la cathédrale de Reims. On le trouve infcrit, dès l'an 1346, comme jouiffant d'une prébende canonicale de 60 livres en revenu principal. [1]

Quand la mort de Philippe de Valois appela le duc de Normandie au trône en 1350, Machaut reçut une charge de fecrétaire ou notaire du roi.[2] Ces nouveaux avantages, joints à fa fortune antérieure, durent lui donner une fituation plus qu'aifée & peut-être opulente. Il n'en continua qu'avec plus de fuite & de goût à s'occuper de mufique & de poéfie. C'eft la période la plus féconde de fa carrière. Le *Dit du Lyon* remonte au temps où il était encore auprès du roi de Bohême, & fut terminé après l'année 1342. Le *Confort d'ami* ne put être achevé qu'après 1348. Le *Jugement du roi de Navarre*, où font mentionnées des particularités du mois de novembre 1349, appartient au commencement du règne du roi Jean. Le *Dit de la Fontaine amoureufe* ferait de 1361 ou 1362, & par conféquent des dernières années de ce prince. La meffe en mufique aurait été compofée pour le facre de Charles V, folennité à laquelle le roi de Chypre affifta à Reims, en 1364.

Mais Machaut, en confervant l'heureufe fertilité de fon efprit, reffentait phyfiquement les atteintes de l'âge. Avec les années, les infirmités étaient arrivées. Il avait perdu l'ufage d'un œil, & fouffrait parfois de cruels accès de goutte. Il eft douteux qu'il ait confervé fous le nouveau règne les fonctions de fecrétaire royal.[3] Vers ce temps, il prit le parti de fixer fa réfidence loin de Paris & de vivre le plus qu'il pourrait dans fes propriétés de Champagne ou du Gâtinais.

Là, fans négliger les devoirs affez faciles de fon canonicat, & en occupant toujours activement fes loifirs, il put, entouré

---

[1] Varin, *Arch. adminift. de Reims*, t. II, 2ᵉ partie, p. 1034. — [2] Dans une de fes complaintes, adreffée au roi Jean & vifiblement écrite loin de la cour, il rappelle au roi fa nomination :

... Vous me deïftes
Quand Secretaire me feïftes.
(Mf. La Valllère, notre mf. C, f. 67.)
— [3] Son nom ne figure pas une fois au bas des mandements & lettres miffives de Charles V qu'a publiés M. L. Delifle.

d'amis & de disciples dévoués, comme Euftache Defchamps, jouir de la noble aifance que fon mérite & fes bienfaiteurs lui avaient affurée.

Eh bien, le croirait-on ? C'est là, c'est à cette époque de calme & laborieufe retraite, &, pour précifer davantage, c'est aux années 1362 & 1363, que fe placerait la liaifon romanefque dont le *Livre du Voir-Dit*, compofé en 1363 ou 1364, M. Paulin Paris l'a favamment prouvé,[1] renfermerait la véridique hiftoire & les monuments authentiques. L'héroïne de l'aventure eft une jeune fille de dix-huit à vingt ans. Le héros? On l'ignore. Et peut-être n'y a-t-il pas à rechercher les noms hiftoriques d'une fituation très-vraifemblablement imaginaire. Mais fi l'on voulait y voir abfolument Guillaume de Machaut, il faudrait fe réfoudre à parler d'un vieillard, d'un goutteux, d'un homme de foixante-quinze à foixante-dix-fept ans! La difcuffion ferait-elle encore poffible ou néceffaire? Nous en appelons à un nouvel examen du favant éditeur, à qui nous foumettons avec confiance les pièces de nos Archives nationales. Pour nous, il nous eft impoffible de voir dans cette correfpondance, d'une uniformité de rédaction furprenante & quelque peu monotone, autre chofe qu'une *Nouvelle Héloïfe* du moyen âge.

Machaut entreprit quelques années après une œuvre auffi confidérable que le *Voir-Dit*. C'est la *Prife d'Alexandrie*; ou, plus exactement, l'hiftoire du roi Pierre Ier de Lufignan, ce valeureux champion de conquêtes impoffibles, dont il avait connu tant de ferviteurs, d'amis & de compagnons d'armes.

Si facile que la compofition ait été pour Machaut, on ne trouvera pas exceffif d'accorder trois ou quatre ans à l'achèvement d'un pareil récit, qui ne comprend pas moins de neuf mille vers, & qui ne put être commencé au plus tôt que dans le cours de l'année 1369. Nous atteignons ainfi l'année 1372 ou 1373. Un document du 15 octobre 1371 conftate que *Meftre* Guillaume de Machaut figurait parmi les nombreux créanciers du duc de Berry, frère de Charles V.[2] La qualification de *maître* ajoutée à fon nom indique que notre vieux

---

[1] *Le Livre du Voir-Dit*, préf., p. xiv, xxviij. — [2] Article du compte d'Etienne Valée, maître de la chambre aux deniers du duc de Berry, pour un an, du 1er juin 1371 au 31 mai 1372. Archiv. Nat., JJ. 251, fol. 72 (communication de M. Siméon Luce).

poëte était au moins maître-ès-arts, si ce n'est docteur. Quelle que fût d'ailleurs l'importance de sa créance, ce sont autant de faits qui témoignent de l'étendue de son savoir & de ses relations, de la réalité de sa fortune & de la durée de sa vie.

La *Prise d'Alexandrie* fut vraisemblablement le dernier de ses grands labeurs, & l'année 1377, à laquelle on rapporte généralement sa mort,[1] n'a rien que de très-acceptable. Machaut, s'il était né, comme nous le pensons, vers l'an 1284, avait alors quatre-vingt-douze ans.

L'une des ballades qu'Eustache Deschamps composa sur sa mort annonce à la Champagne la perte douloureuse qu'elle venait de faire :

> Vestez-vous noir, plourez tous, Champenois,
> La mort Machaut, le noble rhétorique.[2]

Son origine champenoise est donc aussi bien déterminée que la date & les sources de son *Histoire du roi de Chypre*, dont il nous reste à parler.

III

§ I

Examen critique du texte.

La *Prise d'Alexandrie* est une œuvre conçue & exécutée dans son ensemble sous l'empire d'un double sentiment : d'une admiration exagérée & continue pour le roi Pierre de Lusignan, que ses voyages & ses brillantes expéditions contre les infidèles avaient rendu célèbre en Europe, & de l'horreur qu'inspira son assassinat, surtout dans les pays où les circonstances qui précédèrent & accompagnèrent le meurtre furent moins connues.

Machaut, mal informé à cet égard, partagea & propagea l'erreur commune, qui fit considérer le vainqueur d'Alexandrie, le dernier espoir des croisades, comme lâchement sacrifié par ses chevaliers & ses frères au désir du repos & de la paix.

[1] M. Fétis, M. Tarbé, M. Paulin Paris. *Le Voir-Dit*, p. xxvj.

[2] M. Paulin Paris. *Les Manuscrits français*, t. VI, p. 423.

Si favorables que foient cependant les difpofitions de Machaut à l'égard de Lufignan, elles ne l'entraînent jamais à dénaturer ou à exagérer fciemment les faits à fon avantage. L'auteur de tant de fictions & d'allégories ingénieufes eft ici un hiftorien, un écrivain véridique, impartial, au moins par l'intention, & prefque fcrupuleux.

A part fon prologue mythologique fur la naiffance du roi Pierre, à laquelle l'écrivain, par un dernier retour poétique, affocie les divinités les plus favorables de l'Olympe, tout le refte de l'œuvre, quoique écrit en vers, eft une véritable chronique, confciencieufement & foigneufement rédigée. On y fent l'amour & la recherche de la vérité & même de l'exactitude. Quand Machaut fe trompe, & la fin de fon récit renferme les plus grandes erreurs, c'eft que fes informations l'ont égaré, mais non la paffion ou un deffein prémédité.

Sans jamais avoir été en Orient, Machaut fe trouva par fa pofition en rapport avec beaucoup de perfonnes qui connaiffaient le pays; il fréquenta les officiers & les ferviteurs venus avec le roi en Europe. Il fut particulièrement lié avec Bermond de la Voulte, chevalier du Vivarais, chambellan du roi de Chypre.[1] Il put voir Perceval de Cologne, autre chambellan du roi, qui féjourna deux fois à Paris & à la cour « où il était bien connu[2] » en 1364, lors du premier voyage de Pierre Ier en Occident, & en 1367, quand le roi le chargea d'aller faire les apprêts du combat fingulier qu'il avait accepté avec Florimont de Lefparre.[3] Peut-être fut-il admis en quelques occafions auprès du roi lui-même, à Reims ou à Paris.

Auffi, quand il voulut écrire l'hiftoire de ce prince, dont le caractère aventureux & les hauts faits l'avaient captivé, il n'eut qu'à recueillir fes fouvenirs perfonnels & à écouter les rapports de plufieurs hommes d'armes champenois qui avaient fervi, avec tant d'autres occidentaux, dans les armées chypriotes.

Ses notions fur les premières années de Pierre de Lufignan font généralement correctes. Les chroniques de l'île & les documents originaux confirment ce qu'il dit de la fuite du jeune prince, impatient de connaître les chevaliers & les tournois de France, dont il entendait fouvent parler à Nicofie; il eft dans le vrai en rappelant la févérité & la pru-

---

[1] Voy. ci-après, page 111, v. 3669. — [2] Page 235, v. 7613. [3] Voy. à la fin du volume, la note 733, p. 287-288.

dence du roi Hugues IV, fon père, & les deffeins que formait le prince de Tripoli, dès qu'il ferait parvenu au trône, de reprendre la guerre contre les infidèles, projets qui furent la penfée & la gloire de fon règne.

La partie la plus confidérable de l'œuvre eft le récit de l'expédition d'Alexandrie en 1365, avec les annexes antérieures & poftérieures qui fe rattachent à ce grand fait militaire : les voyages du roi en Occident pour préparer la coalition des forces chrétiennes, réfultat qu'il n'obtint jamais, la marche de la flotte & de l'armée formée à grand'peine, grâce à quelques dévouements ifolés, aux fubfides du Saint-Siége & au concours effectif des chevaliers de Rhodes; l'affaut & la prife d'Alexandrie; le pillage des magafins d'où les Européens rapportèrent en leur pays des épiceries & de riches étoffes;[1] l'évacuation de la ville à laquelle le roi eut tant de peine à fe réfoudre; fes expéditions ultérieures en Caramanie & en Syrie, tantôt contre les Turcs, tantôt contre les Arabes, fuivant les péripéties des négociations de paix qui fe pourfuivaient laborieufement en Chypre & au Caire, par la médiation des communes italiennes.

Sauf quelques inexactitudes & quelques obfcurités, tout ce récit eft fatisfaifant, bien fuivi, nourri de faits détaillés & précis. Machaut en a reçu les éléments, ou, pour employer fes propres expreffions, la *matière*, de témoins oculaires & bien renfeignés. Il le dit d'une façon générale en plufieurs circonftances[2] & il nomme comme fon principal initiateur un écuyer de Champagne, Jean de Reims, que l'on voit figurer à la prife de Gorhigos en Arménie[3] & qui réuffit à accompagner au Caire l'un des négociateurs génois, lors de l'ambaffade de 1367:[4]

> Cils Jehans dont je vous parole
> M'aprent & m'enfeigne & m'efcolo
> Et m'ameniftre ma matière;
> Car il vit toute la manière
> De Courc, dou Quaire & d'Alixandre,
> Et de Triple, & fi fu au prendre.[5]

[1] Cf. notre *Hift. de Chypre*, t. II, p. 461 & n. 4. — [2] Ci-après, page 74: « Et le me dit uns chevaliers. » Page 98: « Si com dire oy l'ai celi qui y eftoit. » — [3] P. 142: « Jehans de Reims, au cuer hardi. » — [4] Page 179. — [5] V. ci-après, page 180.

L'exactitude des notions qu'il fournit fur quelques points fpéciaux traités en Egypte par les ambaffadeurs, comme les Douanes & les Pèlerinages, eft confirmée par les lettres mêmes du roi de Chypre publiées à Rome en 1368, pour fe difculper aux yeux de la chrétienté des lenteurs de la négociation.[1]

Le nouveau voyage en Europe, la longue hiftoire de fa querelle & de fon duel avec Florimont, fire de Lefparre, la réconciliation très-dignement opérée par Urbain V entre les deux adverfaires, fans bleffer en rien l'honneur royal, fa reconnaiffance comme roi d'Arménie, enfin fon adhéfion à la reprife des négociations, donnée à la follicitation du pape & des communes marchandes, forment encore une très-bonne partie & une digne continuation de la prife d'Alexandrie par l'expofé des faits & la connaiffance des intérêts divers engagés dans ces queftions. Machaut a pu facilement en recueillir le récit oral ou écrit par fes relations étendues. Il femble avoir connu le texte même des lettres de cartel échangées entre le roi & Florimont de Lefparre, qu'il intercale dans fes vers & qui ont tous les caractères de l'authenticité.

La fin de la chronique eft bien moins fatisfaifante. La partie défectueufe commence au récit des événements fort complexes qui amenèrent la rupture définitive du roi avec les barons de Chypre & le meurtre du prince. Chronologiquement elle ne comprend donc que les derniers mois de l'année 1368 & le mois de janvier 1369; un cinquième à peu près de l'enfemble de la compofition.

Ce qui finit par exafpérer les chevaliers chypriotes contre le roi Pierre, ce ne fut pas, comme l'enthoufiafme aveugle de quelques contemporains l'a fait croire, fes projets plus généreux que réalifables de nouvelles croifades, mais l'effroyable arbitraire auquel, à la fuite de malheurs domeftiques imprudemment révélés, il fe laiffa aller vis-à-vis des liges, à fon retour de France. En frappant directement les chevaliers feudataires fans le jugement de la Haute Cour, en condamnant un vaffal de fon autorité privée à la prifon ou à l'exil, en obligeant une femme noble à époufer un ferf ou à travailler la terre de fes mains, il violait outrageufement les bafes mêmes de la fociété féodale qu'il avait juré de refpecter à

---

[1] Voy. notre *Hiftoire de Chypre*, t. II, p. 291.

fon facre, & ne laiffait plus de fécurité à perfonne autour de lui.

Pour qui n'a pas fu l'importance extrême que confervaient encore au XIVe fiècle, dans les Etats de l'Orient latin, les priviléges des hommes liges, dont le roi n'était en quelque forte que le chef favorifé, à la condition d'obferver les affifes, les événements furvenus à Nicofie au retour du roi font peu compréhenfibles, les rôles changent, & le plus coupable des perfonnages, le contempteur audacieux des lois du pays, des lois de l'humanité comme de la morale, celui dont les caprices fantafques & cruels ne peuvent s'expliquer que comme des accès d'une véritable démence, n'eft plus que la victime intéreffante d'une conjuration de chevaliers dégénérés ou de parents jaloux du pouvoir.

Au commencement de notre fiècle, il s'eft paffé dans une cour d'Europe un fait fanglant, un crime politique affez femblable au meurtre du roi de Chypre. C'eft l'affaffinat de l'empereur Paul Ier à Saint-Péterfbourg. Alexandre a connu le complot & n'a rien fait pour le conjurer. Qui oferait néanmoins accufer ce malheureux prince d'avoir été le meurtrier de fon père? La fituation des frères du roi de Chypre fut pareille à celle d'Alexandre vis-à-vis d'un fouverain dont la violence & la folie compromettaient l'exiftence même de l'Etat & de la couronne. Si la grande hiftoire a été jufqu'ici plus févère pour les Lufignans que pour Alexandre, c'eft que l'hiftoire intime & réelle de leur temps & de leur pays n'eft pas fuffifamment connue.

Le prince d'Antioche & le roi Jaques de Lufignan feront vengés un jour par l'expofé complet des faits confervés dans les véritables chroniques de Chypre. Les témoignages concordants de Léonce Machera, de Diomède Strambaldi, d'Amadi, de Florio Buftron & de Lorédano finiront par prévaloir fur les exagérations & les erreurs flagrantes de Philippe de Maizières, du biographe d'Urbain V, de Chriftine de Pifan, enfin & furtout de Guillaume de Machaut. Il faudra faire juftice de ces erreurs & de ces déclamations, paffées dans les ouvrages les plus juftement accrédités, tels que les *Annales eccléfiaftiques* de Rinaldi & l'*Art de vérifier les dates*.[1]

Comment Guillaume de Machaut, fi foucieux de fes ren-

---

[1] Voy. *Hift. de Chypre*, t. II, p. 342. *Note fur le meurtre du roi Pierre Ier*.

seignements pour les temps antérieurs, a-t-il accueilli, sur les graves événements qui terminent son récit, des assertions & des anecdotes aussi hasardées, quand elles ne sont pas entièrement erronées ou ridicules? Chose étrange! c'est à la fin, si justement suspecte, de sa chronique, que Machaut, simple & bref ordinairement dans l'indication de ses sources, signale avec insistance & itérativement l'origine & le prix de ses nouvelles informations. Quelque défiance semble lui rester cependant, car il déclare ne pas s'en porter personnellement garant.[1]

Nous mettons néanmoins sa bonne foi hors de doute. Pressé par l'âge de terminer son œuvre, il a répété, sans pouvoir le contrôler, ce qu'il pensait être la vérité.

Mais on ne peut en dire autant du narrateur dont il invoque le témoignage, en croyant à sa sincérité.

Gautier de Conflans, chevalier champenois qui, dans ses entretiens avec Machaut & quelques amis communs, leur répéta tout ce qu'il savait des faits extraordinaires récemment survenus en Chypre & du meurtre du roi, serait excusable s'il n'avait été qu'un observateur superficiel, ou un rapporteur crédule & léger; mais comment trouver une explication avouable à ses récits, quand il dit avoir vu de ses yeux tous ces faits, particulièrement la scène du meurtre, & quand le contraire ressort évidemment de sa propre rédaction?

Voici en quels termes Guillaume de Machaut, ou plutôt Gautier de Conflans, auteur responsable du récit, en annonce par deux fois l'origine & la sincérité:

> Sa mort vous conteray,
> Ne ja ne vous en mentiray;
> Einsi comme cils le m'a dit
> Qui y estoit & qui la vit,
> Et qui mentir ne deingneroit.[2]

Et ailleurs:

> Ce me dit messires Gautiers
> De Confflans, non pas seul, moy tiers,
> Et s'estoit là où tout s'avint.[3]

Rien de plus précis, on le voit. Eh bien! quelque formelles que soient ces déclarations de la présence de Gautier de

---

[1] Cf. ci-après, p. 248, v. 8024. —
[2] Page 246. — [3] Page 284. Plus loin encore, p. 256, Machaut répète:

Vesci sa parole & son dit,
Si comme Gautier le me dit.

Conflans fur le théâtre des événements & de leur fuprême dénoûment, il eft impoffible de les admettre comme vraies. Gautier n'a rien vu de ce qu'il raconta à fes amis de Champagne, & ce qu'on lui en apprit était déjà inexact quand il l'entendit, ou fe dénatura complétement en paffant par fa bouche.

Il fuffirait d'une circonftance pour ôter à fes affertions le poids d'un témoignage oculaire. Je la cite ici, entre tant d'autres, bien qu'elle m'oblige à aborder un détail pénible, parce qu'elle ruine la bafe de toutes ces affirmations. Gautier de Conflans prétend que la reine repofait auprès du roi, quand le prince fut attaqué. Or on fait d'une manière certaine qu'une autre que la reine partageait la couche royale la nuit du meurtre.[1] Nul de ceux qui fe rendirent au palais royal, à l'aube du 17 janvier 1369, n'ignora une femblable particularité; & l'on peut dire qu'il n'eft pas un chevalier de la Haute Cour, un homme un peu confidérable en Chypre, qui n'en ait été informé par la haine ou la malignité publique.

Il prétend que le projet de tuer le roi fut définitivement arrêté chez le prince d'Antioche. Le contraire eft prouvé par le chancelier de Chypre lui-même, l'ami du roi, l'apologifte auffi indulgent à fon égard qu'il eft dur pour fes frères. Philippe de Maizières nous apprend que le complot, qui était le fecret & qui fut le crime de quelques chevaliers feulement, au milieu de l'émotion de tous, s'ourdit chez Raymond Babin,[2] bouteiller du royaume, à qui appartenait le ferf que le roi, dans fon irritation contre le vicomte de Nicofie, voulait impofer pour époux à fa fille.[3]

La narration entière de Gautier de Conflans eft un tiffu d'inexactitudes, qui feraient des calomnies monftrueufes s'il en avait eu confcience, ce qui eft douteux. A l'entendre, le prince d'Antioche ferait forti de la chambre du roi quand le roi dormait encore; le prince aurait fignalé le moment propice aux affaffins; le roi aurait été frappé dans fon lit. Autant d'affertions, autant d'erreurs.

Il eft établi que les frères de Pierre de Lufignan, venus au palais avec les barons pour rendre compte au roi des conférences de la nuit, héfitaient à entrer dans la chambre à

---

[1] Voy. à la fin du vol., note 77, & *Hift. de Chypre*, t. II, p. 340. — [2] Voy. *Hift. de Chypre*, t. II, p. 333, n. 5; p. 399. — [3] Léonce Machera, édit. Sathas, p. 180; Strambaldi, fol. 87 v°.

coucher. Preffé par le groupe des conjurés qui commence à entrer alors ouvertement en action, le prince d'Antioche fe hafarde à faire ouvrir la porte par un homme de fervice & échange quelques paroles amicales avec le roi, debout & hors de fon lit. Revenu peu après dans l'antichambre pour donner au roi le temps de fe vêtir, il eft auffitôt environné par les conjurés & retenu de force ainfi que fon frère. Le meurtre eft en même temps, & en un inftant, confommé dans la pièce voifine, à la ftupéfaction générale. La grande majorité des chevaliers était, en effet, venue au palais avec les princes, à la fuite des délibérations de la Cour, pour montrer au roi un écrit, *fcrittura, capitoli*, dans lequel on avait réfumé[1] les difpofitions des Affifes concernant les obligations réciproques du roi & des liges. Les chevaliers ne voulaient, ils ne pourfuivaient qu'une chofe : la fin de l'arbitraire, & comme fanction extrême contre la réfiftance poffible du roi, ils n'entrevoyaient, ils ne réclamaient qu'une mefure : la déchéance du pacte féodal.[2]

Ces faits, d'une importance hiftorique égale à leur certitude, rendent fa vraie phyfionomie au foulèvement des barons de Chypre contre Pierre Ier & expliquent les événements qui amenèrent fi brufquement la fin du règne & de la vie de ce prince. L'accord de toutes les chroniques de l'île, de Machera à Lorédano, doit les faire confidérer comme la vérité même. Pour Gautier de Conflans & Guillaume de Machaut, ils ne femblent pas même les foupçonner, pas plus que le biographe d'Urbain V & Chriftine de Pifan, échos éloignés des bruits populaires. Philippe de Maizières, tout entier à fes regrets & à fon admiration, les a paffés fous filence.

En allant jufqu'à affocier la mère même du roi au complot qu'il appelle « l'alliance, » Gautier ne prouve qu'une chofe, c'eft l'univerfel mécontentement & les cruelles appréhenfions que caufaient les emportements du roi jufqu'au fein de fa famille.

Son récit des funérailles du prince, qu'on aurait dérifoirement revêtu d'une couronne de parchemin peint, eft un outrage à la dignité autant qu'à la vérité hiftorique.

Et quand il tranfforme en une forte de confeil directorial la commiffion de la Haute Cour de Nicofie, chargée uniquement par les barons de choifir le meilleur exemplaire du

---

[1] Extr. de Strambaldi, *Hift. de Chypre*, t. II, p. 338. — [2] Note 82.

livre du comte de Jaffa pour en propofer l'adoption comme loi écrite du royaume, afin de mettre un terme aux *nouvelletés* [1] dont les liges fe plaignaient, folennelles délibérations dont nous avons le procès-verbal en tête des Affifes, non-feulement il donne le droit de douter de fa préfence en Chypre à cette époque, mais il nous autorife à croire qu'il n'a connu ces événements que par la rumeur générale & par les rapports d'occidentaux bien peu au courant des ufages & de la manière dont fe gouvernait le royaume de Chypre.

J'ai parlé bien longuement de Machaut & de fon hiftoire de la Croifade d'Alexandrie. Livrant pour la première fois ce document à une entière publicité, il m'a paru indifpenfable de réunir ce que l'on pouvait favoir de certain de la vie de l'auteur & d'examiner fon œuvre avec quelque détail. J'ai montré que le corps principal, le récit de l'expédition & de fes accefToires, tranfmis par Jean de Reims, eft la partie faine & folide; la fin eft incohérente & l'on ne faurait foumettre à un trop févère contrôle les rapports de Gautier de Conflans pour retrouver au milieu de tant de fauffes affertions les quelques notions exactes qui peuvent s'y trouver.

Je ferai plus bref dans ce qui me refte à dire.

§ 2

Indépendamment des graves erreurs hiftoriques de la fin de la *Prife d'Alexandrie*, fur les caufes & les conféquences de la rupture des barons de Chypre avec le roi, il y a à fignaler dans l'enfemble du document quelques inexactitudes & quelques négligences de détail. Plufieurs font involontaires; la plupart ne font que des licences de verfification.

Je ne puis expliquer la diftraction qui amène Machaut à dater du 28 janvier 1369 [2] une circonftance antérieure à la mort du roi, quand tout établit, fon propre témoignage comme les autres, que le meurtre eft du 17 de ce mois. Ce ne peut être une conceffion à la rime ou à la mefure, règle impérieufe qui lui fait prendre ailleurs certaines libertés & commettre quelques altérations de mots, faciles d'ailleurs à rectifier, comme quand il écrit *Mors* au lieu de Morf ou

---

[1] *Affifes de Jéruf.*, t. I, p. 3. — [2] P. 258 & la note 84.

Morfo, pour rimer avec *mors* & *hors*;[1] *Benanges*, au lieu de Benauges qui le gênait;[2] *Contes* pour Coutes[3]; *eſtat* pour eſtoit;[4] *Valence* pour Valénie,[5] &c.

Au vers 6332, *mars* pour *avril*, afin de rimer avec *eſpars*, me paraît encore une conceſſion à la rime, mais une conceſſion un peu forte, car une lecture attentive de ce qui précède peut ſeule permettre de reconnaître que l'action rapportée ici eſt inconteſtablement du mois d'avril.

La loi de la meſure, non moins rigoureuſe que la loi de la rime, explique encore, non-ſeulement les différences d'orthographe du même mot, mais les différences de prononciation, qui en étaient la conſéquence abſolument néceſſaire, afin d'obtenir, ſuivant la circonſtance, plus ou moins d'articulations du même mot. C'eſt ſous l'empire de cette règle que Machaut compte les diſſyllabes *avec* & *adonc* comme formant, quand il lui plaît, trois ſyllabes. En ce dernier cas, de quelque façon qu'ait écrit le copiſte du manuſcrit, nous imprimons en trois ſyllabes, *avecques*, *adoncques*, &c.

Le mot *Jehan* forme arbitrairement, & ſuivant la convenance des vers, une ou deux ſyllabes: *Jean* ou *Je-an*; *Chreſtiens* ſe prononçait en deux ou trois émiſſions de voix: *Chreſ-tiens* ou *Chreſ-ti-ens*. De même & indépendamment de l'orthographe écrite: *Ce eſt, c'eſt; com, comme*, comptaient pour une ou pour deux ſyllabes; *je eſtois, j'eſtois*, pour deux ou pour trois ſyllabes; *royne* compte pour trois ſyllabes quand il doit rimer à la fin d'un vers avec *concubine*.[6]

IV-V

Puiſée, comme on l'a vu, dans les informations orales ou écrites de ſes amis & de ſes correſpondants, complétée par ſes ſouvenirs & ſes obſervations propres, la *Priſe d'Alexandrie*, aſſez répandue au moins en France, comme les autres écrits de Machaut, ne paraît pas avoir été utiliſée par les écrivains du moyen âge.

Sources antérieures miſes à profit par l'auteur du texte. Emprunts poſtérieurs faits au texte.

Quelques ſimilitudes entre notre chronique & les chroniques chypriotes dans l'énumération des galères équipées

---

[1] Vers 2416 & 8060. — [2] Vers 4713. — [3] Vers 4676 & 5878. — [4] Vers 7224. — [5] Vers 6997. — [6] Vers 8059.

en Chypre lors de l'expédition de Gorhigos, ne fuffifent pas pour établir que Léonce Machera ou Strambaldi aient connu l'écrit de Guillaume de Machaut. Les uns comme les autres ont pu trouver cette énumération dans quelques documents du temps.

VI

<small>Defcription des manufcrits.</small> Je défigne par les lettres A, B, C, D, V, les cinq manufcrits où j'ai reconnu la *Prife d'Alexandrie*.

Les quatre premiers appartiennent à la Bibliothèque nationale; le dernier, magnifique exemplaire du XIVe fiècle, eft la propriété de la famille de notre honorable préfident, pour qui les œuvres & la gloire de Machaut font particulièrement précieufes.

J'ai établi mon texte fur le manufcrit A, en profitant des variantes des autres manufcrits.

A. — Bibliothèque Nationale, N° 1584. Ancien fonds français, N° 7609. Vélin. Miniatures. XIVe fiècle. *Catalogue imprimé des mfc. franç.*, t. I, p. 259.

B. — Biblioth. Nat., N° 9221. Grand in-fol° à trois col. Vélin. Miniatures. XIVe fiècle. Ancien fonds franç. 7609,[2] ou fuppl. franç. N° 43. Exemplaire du duc de Berry, Jean, fils de Charles V. La *Prife d'Alexandrie* eft à la fin, fol. 213-238.

C. — Biblioth. Nat., 22546. Ce manufcrit in-fol° vélin forme, avec le N° 22545 qui le précède & le complète, le recueil des poéfies de Machaut, en deux volumes, propriété fucceffive de Gaignat, des Carmes Déchaux de Paris & du duc de La Vallière (Catal. La Vall. N° 25 bis).

D. — Bibl. Nat. N° 1585. Papier. XVe fiècle. Ancien Colbert, N° 835, ancien fonds franç., N° 7609.[1] (*Catal. imprimé*, t. I, p. 259.) La *Prife d'Alexandrie* eft à la fin du manufcrit, fol. 332-395.

V. — Manufcrit de M. le marquis de Vogüé. In-fol°. Vélin à deux colonnes. Belles & nombreufes miniatures. XIVe fiècle. Reliure & foliotage du temps.

Fol. i. « Ci commencent les balades, où il n'a point de chant. »

Fol. xxxix. « Ci commence le dit dou Vergier. »

Fol. xlvij, v°. « Ci commence le temps Pafcour, » ou le Jugement du roi de Bohême.

Fol. lx. « Explicit le jugement dou bon roy de Boeme. »

Fol. lx, v°. « Ci commence le jugement dou roy de Navarre. »

Fol. lxxxvij, v°. *Le Lay de Plour*, avec mufique. Le titre manque.

Fol. xc. « Ci commence Remede de fortune, » entremêlé de mufique.

Fol. cxxij. « Ci commence le dit dou Lyon. »

Fol. cxxxviij. *Feuillet blanc.*

Fol. cxxxix. « Ci commence le dit de l'Alerion. »

Fol. clxx. « Ci commence Confort d'amy. »

Fol. cxcvij. « Ci commence le dit de la Fonteinne amoureufe. »

Fol. ccxvj. « Ci commence le dit de la Harpe. »

Fol. ccxix. « Ci commencent les Lays. »

Fol. cclx. « Explicit le Lay de Bonne Efperence. »

Fol. cclx, v°. « Ci commencent les Motez. » En français & en latin; le tout en mufique.

Fol. cclxxxiij. « Ci commence la Meffe de Noftre Dame, » en mufique.

Fol. ccxcvj, v°. « Ci commencent les Baladez. »

Fol. cccxxvj. *La Prife d'Alexandrie.* Le titre manque.

Fol. cccxcij, v°. « Explicit la Prinfe d'Alixandre. » Fin du manufcrit.

Je n'ai pas cru néceffaire de donner les variantes des manufcrits pour les différences d'expreffions ou de dialectes; je me fuis occupé avant tout de la clarté & du fens du récit. On trouvera une garantie d'exactitude dans le concours qu'a bien voulu m'accorder, pour la révifion du texte, mon favant collègue & ami, M. Michelant, que je ne faurai trop remercier de fes confeils & de fa parfaite obligeance.

* * *

PIECES JUSTIFICATIVES

I

DOCUMENTS CONCERNANT GUILLAUME DE MACHAUT

N° 1. Villiers, 1308, au mois d'août.
Donation de la terre de Bouilly en Beauce à Guillaume de Machaut
par le roi Philippe le Bel.

Arch. Nat. Trésor des chartes. Reg. JJ. 41, fol. 20 v°, n° 24,
& Reg. 44. fol. 107, n° 173.

Philippus, Dei gracia Francorum rex. Notum facimus universis tam presentibus quam futuris quod nos, considerantes obsequia [1] que dilectus noster Guillelmus de Machello, valletus camere nostre, nobis diucius exhibuit, ipsumque imposterum exhibiturum speramus, possessiones, proventus, exitus & bona quecunque que ad nos, ex forefactura seu commisso Johannis de Pouvylla, alias dicti de Boulliaco [2] armigeri, apud Bouilliacum, in parrochia de Trinayo in Belsia, per incursum provenerunt, eidem Guillelmo, dictorum obsequiorum obtentu, damus tenore presencium & concedimus, ab ipso ejusque heredibus legitimis ab ipsius proprio corpore descendentibus habenda, possidenda perpetuo & tenenda, retenta nobis in eisdem justicia, salvo que in aliis jure nostro & in omnibus alieno. Quod ut firmum, &c. Actum apud Villers, mense Augusti, anno Domini ccc°. octavo.

N° 2. Cachan, 1309, au mois d'avril.

Confirmation de la donation de la terre noble de Bouilly à Guillaume
de Machaut & à ses héritiers, nonobstant leur roture.

Arch. Nat. Trésor des chart. Reg. JJ. 41, fol. 24 v°, n° 36.

Philippus, Dei gratia Francorum rex. Notum facimus universis tam presentibus quam futuris quod cum nos, conside-

---

1 Reg. 44. *Grata confidentes obsequia.*

2 Reg. 44. *Seu commisso Iohannis de Boulliaço.*

ratione grati & accepti fervicij quod dilectus nofter Guillelmus de Machello, valletus camere noftre, diucius nobis exhibuit, ipfumque impofterum exhibiturum fperamus, poffeffiones, proventus, exitus & bona quecunque que ad nos ex forefactura feu commiffo Johannis de Pouvilla, alias dicti de Boulliaco, armigeri, apud Boulliacum, in parrochia de Trinaio in Befia, per incurfum provenerunt, eidem Guillelmo, pro fe, heredibufque fuis legitimis de ipfius proprio corpore defcendentibus, per alias noftras litteras donaverimus graciofe; que quidem de feodo nobili exiftere & teneri dicuntur, nos, eidem Guillelmo, volentes gratiam facere pleniorem, volumus & eidem, tenore prefencium concedimus quod ipfe ejufque heredes predicti, premiffa donata eidem, ut premittitur, teneant, habeant & poffideant juxta donationis noftre tenorem, eo nonobftante quod nobiles non exiftant, nec ad premiffa extra manum fuam ponenda per quemcunque coarctari valeant, feu pro eifdem a quibufcunque teneantur ad homagium refutari, vel alias moleftari, feu quomodo libet impediri, noftro in aliis & alieno in omnibus jure falvo. Quod ut firmum, &c. Actum apud Cachant, anno Domini M. CCC° nono, menfe Aprilis.

N° 3. Poiffy, 1314, au mois d'août.

Confirmation de l'amortiffement de certaines donations & fondations pieufes faites par Guillaume de Machaut aux prieurés de Montargis & de Flotain. (Extraits.)

Arch. Nat. Tréfor des chartes. Reg. JJ. 50, fol. 26, n° 66.

Admortizacio plurium heredinagiorum pro priore Beate Marie de Caftro Montis Agri.

Philippus, &c. Notum facimus univerfis prefentibus & futuris quod cum dilectus Guillelmus de Machello, valetus camere noftre, religiofis viris... priori Beate Marie de Caftro Montis Agri fexaginta folidos parifienfium, necnon priori... prioratus de Flotain alios fexaginta folidos parifienfium, annui & perpetui redditus, capiendos & percipiendos annis fingulis in perpetuum per dictos priores fuper domum que fuit defuncti Symonis de Sueffione & fuper domum que fuit defuncti Perroti Candelarij, ac fuper vineam que fuit Johannis Fromondi, necnon fuper terram que fuit... prioris de Gyen, que omnia tenet idem Guillelmus, ex conqueftu fuo, in villa & territorio de Monte Argi, videlicet fexaginta folidos pro... priore caftri Montis Agri in fefto Nativitatis Domini, & alios fexaginta folidos pro... priore de Flotain, in fefto Nativitatis Beati Johannis Baptifte, duxerit erogandos; ita tamen quod ipfe prior Montis Agri, qualibet ebdomada, unam & dictus prior de Flotain qualibet ebdomada, duas miffas de Sancto Spiritu pro dicto G. quamdiu vixerit & poft ejus obitum de defunctis teneatur celebrare perpetuo; nos, ejufdem Guillelmi, in hac parte laudabile propofitum approbantes, ad ejufdem Guillelmi devotam inftanciam, memoratis... prioribus & eorum fucceffforibus prefencium tenore concedimus de gratia fpeciali quod ipfi predictos redditus fibi donatos, ut premittitur, fuper hereditates & poffeffiones prefcriptas, terminis predictis, habeant & percipiant annis fingulis imperpetuum, libere, pacifice & quiete, fub conditionibus fuprafcriptis & abfque coactione vendendi vel extra manum fuam ponendi eofdem, feu preftandi propter hoc nobis vel quibufcumque noftris fucceffforibus financiam qualemcunque. Quod ut ratum & ftabile perfeveret, prefentes litteras figilli noftri facimus impreffione muniri, noftro tamen in aliis & alieno in omnibus jure falvo. Actum Piffiaci, anno Domini M. CCC° quartodecimo, menfe Augufto.

Per regem. Maillardus, &c.

II

DOCUMENTS CONCERNANT LA FAMILLE NOBLE DE MACHAUT

N° 4. Paris, feptembre 1277.

Lettres de Philippe le Hardi concernant Eudes de Machaut, chevalier, père de Pierre de Machaut, chambellan du roi, & de Jeanne de Machaut, femme de Pierre de Chambly, chambellan du roi.

Arch. Nat. Layettes du Tréfor des chartes, J. 208, n° 2.
Orig. cire verte, lacs de foie.

Philippus, Dei gratia Francorum rex. Notum facimus univerfis tam prefentibus quam futuris, quod cum Petrus de Chambliaco, filius Petri de Chambliaco, dilecti cambellani noftri, & Johanna ejus uxor, filia Petri de Machello, dilecti fimiliter cambellani noftri, haberent & perciperent ex parte ipfius Johanne in prepofitura noftra Meleduni, fexaginta quinque libras parifienfium redditus, fingulis annis, ad duos terminos, medietatem videlicet ad Feftum Omnium Sanctorum & aliam medietatem ad Afcenfionem Domini, quas predictus Petrus de Machello, qui eas in dicta prepofitura percipiebat, fcilicet quadraginta libras ex dono inclite recordationis precariffimi domini & genitoris noftri, Ludovici regis Francorum, facto defuncto Odoni de Machello, militi, patri fuo, quondam, & viginti quinque libras ex conqueftu per ipfum Petrum de Machello ab heredibus defuncti Ade de Chaffiaco, militis olim, ipfas percipientibus ibidem facto dicte Johanne filie fue in maritagium inter alia dedi, &c.

Actum Parifius, anno Domini millefimo ducentefimo feptuagefimo feptimo, menfe Septembris.

N° 5. A Feuillie dans la forêt de Lyons[1] 1291, au mois d'août.

Le roi Philippe IV confirme la vente faite, par le chevalier Pierre de Machaut, à l'abbaye de Saint-Pierre-le-Vif de Sens, d'un certain cens qu'il tenait en fief du roi. (Extrait.)

Arch. Nat. Tréfor des chartes. Layettes, K. 190, l. 4, n° 25. Copie mod.

Philippus, Dei gratia Francorum rex. Notum facimus univerfis tam prefentibus quam futuris quod cum dilectus miles & cambellanus & fidelis nofter Petrus de Machello, nobis teneretur fingulis annis in quinquaginta folidos parifienfes cenfualibus[2] pro toto cenfu quem idem Petrus habebat & percipiebat in vico Sancti Antonii Senonenfis, quem quidem cenfum dictus Petrus a nobis in feodum immediate tenebat... vendiderit... religiofis viris abbati & conventui monafterii Sancti Petri Viri Senonenfis, pro pretio ducentarum & viginti librarum turonenfium;... Nos, confiderantes ipfius Petri fidele fervitium genitori noftro ac nobis diu & fideliter ab eodem impenfum... dictam venditionem ratificantes... dictis abbati & conventui quinquaginta folidos quos habebamus fupra dictum cenfum annis fingulis cenfuales, necnon &

[1] Départ. de la Seine-Inférieure & de l'Eure. — [2] *Sic.*

dictum, feodum & homagium dicti feodi in perpetuum remisimus, &c. Actum in domum nostram in Leonibus, anno Domini millesimo ducentesimo nonagesimo primo, mense Augusti.

N° 6. Paucourt, 1307, au mois de juin.

Lettres de Philippe le Bel concernant Isabelle, veuve de Pierre de Machaut, chevalier & chambellan du roi.

Arch. Nat. Trésor des chartes, Reg. JJ. 44, fol. 47 v°, n° 75.

Philippus, Dei gratia Francorum rex. Notum facimus universis tam presentibus quam futuris quod nos dilecte nostre Ysabelli, relicte Petri de Machello, quondam militis & cambellani nostri, tenore presentium concedimus quod prior & prioratus Beate Marie de Castro Montis Argi tertiam partam molendini novi in parrochia de Conflans siti, sibi donatam a dicta Ysabelli pro suo & dicti Petri anniversario anno quolibet faciendis, & pro una torchia ad elevationem corporis Christi in ecclesia dicti prioratus accendenda perpetuo, quam terciam partem dicti molendini dicta Ysabellis ex suo conquestu habebat, tenebat & ut dicitur possidebat, possit habere, tenere & possidere perpetuo, pacifice & quiete absque coactione vendendi vel extra manum suam ponendi & absque prestacione financie cujuscunque a dicto priore vel ejus successore, propter hoc de cetero faciende, salvo, &c. Quod ut ratum, &c. Actum apud Paucam curiam,[1] anno Domini, M° CCC° mense Junii.

N° 7. Asnières, 1319, au mois de mai.

Confirmation par le roi Philippe V d'un accord intervenu entre nobles Jeanne, dame de Chambly, Guillaume de Machaut, Pierre & Guillaume de Machaut, enfants de Pierre de Machaut, chevalier.

Arch. Nat. Trésor des chartes, Reg. JJ. 59, fol. 12, n° 35 [2].

Philippus, &c. Notum facimus universis tam presentibus quam futuris nos vidisse litteras... quarum tenor subsequitur in hec verba:

---

[1] Paucourt, dans la forêt de Montargis (Loire).

[2] En tête: « Confirmatio concordie facte inter nobiles, » &c.

A touz ceus qui ces presentes lettres verront Jehan des Barres, chevalier nostre sire le roy, & Pierres de Dyci, conseilliers d'icelui seigneur, salut. Deus paires de lettres du roy nostre sire avons receues, dont la teneur de la premiere est tele :

Ludovicus, Dei gracia Francie & Navarre rex, universis presentes litteras inspecturis salutem. Notum facimus quod in presentia nostra inter partes infrascriptas concordatum extitit prout in quadam cedula nobis a partibus ipsis tradita continetur. Cujus cedule tenor sequitur in hec verba : « Seur « le descort meu entre noble dame madame Jehanne, dame de « Chambli, monseigneur Guillaume de Machau, Pierre & « Guillaume, enfans & hers de noble home monseigneur Pierre « de Machau, jadiz chevalier & chambellan le roy, & de ma- « dame Ysabeau sa fame, pour raison de la succession desdits « monseigneur Pierre & madame Ysabeau, ont acordé & « volu lesdites parties, pour bien de pais les choses qui s'en- « sivent. Premierement ledit monseigneur Jehan de Machau, « dit que apres la mort de son pere, vivant sa mere, de l'assen- « tement de lui & de ses autres freres & de la dame de Cham- « bli, sa suer, &c. » Actum Parisius, in vigilia Apostolorum Petri & Pauli, anno Domini millesimo trecentesimo quinto decimo.

Item la teneur de l'autre seconde lettre du roy est tele :

Ludovicus, *&c.* Mandamus vobis & committimus quod, viso quodam acordo inter dominam Chambliaci, Johannem de Machau, dilectum militem & cambellanum nostrum, Petrum & Guillelmum de Machau, fratres suos, &c. Actum Parisius, die ultima Junii, anno Domini M° CCC° XV°.

Par la vertu desqueles lettres... nous commissaires dessus nommés, &c. *Le Dimenche apres les Octaves de la feste Sainct Denis, l'an de grace mil ccc. & quinze.*

Nos autem premissa omnia... approbamus... Actum Asnerias, anno Domini millesimo ccc. XIV, mense Maii.

III

DOCUMENTS CONCERNANT LA FAMILLE NON NOBLE DE MACHAUT

N° 8. Chauny, 1309, au mois d'août.

Donation à Robert de Machaut, panetier du roi.

Arch. Nat. Tréfor des chartes, Reg. JJ. 41, fol. 68 v°, n° 117.

Philippus, &c. Notum, &c. Quod nos, grata confiderantes obfequia que Robertus de Machello, dilectus panetarius nofter, exhibuit & inceffanter exhibet, omnia jura, nomina & acciones nobis quomodolibet competencia & competentes, competitura & competituras in omnibus bonis hereditariis que quondam fuerunt Eubonis de Viridario, militis defuncti, ipfaque bona omnia ad nos ex eo & pro eo pertinencia, quare dictus Eubo fine legitimis ad hec heredibus dicitur deceffiffe, eidem R., tenore prefencium, damus & concedimus, tenenda & poffidenda ab ipfo ejufque heredibus de fuo proprio corpore, in recta linea defcendentibus imperpetuum, prout dictus miles eadem tenebat tempore quo vivebat, falvo, &c. Quod ut firmum, &c. Actum Calniaci, menfe Augufti, anno Domini M° CCC° nono.

N° 9. Paris, 1373, au mois de janvier.

Anobliffement de Jean de Machaut, bourgeois de Châlons, fils de feu Hémard de Machaut, de fa femme Remeiette, & de leurs enfants.

Arch. Nat. Tréfor des chartes, Reg. JJ. 104, n° 21, fol. 6.

Pour Jehan de Machaut.

Karolus, Dei gratia Francorum rex. Licet ufus gentium nobilitatem in diviciis antiquatis introduxerit divinari, rationi tamen fagacius difponenti placuit ut mores & actus demonftrent nobilitates hominum & exinde mereantur nobiles reputari. Nos igitur, qui, fuperna difpofitione, fedemus fuper folium regie majeftatis, opera rationis hominum introductionibus quantum poffumus utiliter proponentes, notum facimus univerfis prefentibus & futuris quod nos, attendentes diligentius quod dilectus noster Johannes de Machaut, burgensis Cathalaunensis, filius defuncti Hemardi de Machaut, quondam burgensis Cathalaunensis, quamvis ex nobili genere usualiter forsan traxisse originem non dicatur, nedum moribus & actibus nobilibus sed & virtutibus aliis multipliciter decoratur... Et propterea dignum & rationi congruum arbitrantes ut ipse & sui posteri honorem & exaltacionem sui status & nominis perpetuis temporibus gaudeant assumpsisse, ipsum Johannem & Remeiettam ejus uxorem cum tota sua posteritate nata & nascitura, tam masculis quam femellis, de legitimo matrimonio descendentibus, nobilitamus & nobiles efficimus per presentes, de speciali gratia, certa sciencia, auctoritateque regia, ac de plenitudine regie potestatis, &c.

Datum & actum Parisius, mense Januario, anno Domini M° CCC° LXXII° & regni nostri IX°.

Per regem in suis requestis, vobis presentibus. Pouhem.

GUILLAUME DE MACHAUT

LA PRISE D'ALEXANDRIE

MANUSCRITS CONSULTÉS

A. Paris, Bibl. nat., fr. 1584, XIV f., vél., in-fol.
B. " " " 9121, " " gr. in-fol.
C. " " " 22545, " " in-fol.
D. " " " 1585, XV f. pap., in-fol.
V. " Bibl. Vogüé, f. n., XIV f., vél., in-fol.

LA

PRISE D'ALEXANDRIE

* *
*

Ci commence le livre de la Prise d'Alixandre. ^a

UANT li dieu par amors amoient,^b
Et les deesses se jouoient^c
Aus dous gieus,^d courtois, savoureus,
Qui sont fais pour les amoureus,
Li clers solaus, la belle lune,
Et des estoiles la commune,
Li xij. signe & les planettes,
Qui sont cleres, luisans & nettes,
Ordenerent un parlement,
10 Fait de commun assentement.
   Là ot maint Dieu de grant puissance
Et digne de grant reverence,
Et maintes deesses aussi,
Que je ne nommeray pas ci,
Car trop longue chose seroit

Prologue
mythologique
sur la
naissance du
roi Pierre.

---

a. Ce titre manque dans C & V. — b. C. amerent.   c. B. se prenoient; C. se jouerent. — d. B. geuz.

Qui tous & toutes nommeroit :
Nymphes de bois & de rivieres,
Satireaus de toutes manieres.
Les tragedianes y vindrent,
Qui mult humblement se contindrent ; 20
Tragedianes sacrefice
Font aus' diex, & devin office ;
Et nymphes en poëterie,
Ce sont fees, je n'en doubt mie.
Mais ne fu pas à l'assamblée,
Qui pour bien estoit assamblée,
Circé, la male enchanteresse,
Qui d'enchantemens est deesse ;
Car elle eust tout empeschié,
Dont ce eust esté grand pechié. 30
Venus y ert par especial,
A ceste assamblee roial
Mars, qui est li dieus de batailles;
Et la belle Venus, sans faille,
Ne s'i estoit pas oubliée ;
Eins estoit vestue & parée,
Com deesse, royne & dame,
En corps, en biens, en cuer, en ame,
De tous ceaus qui par amours aiment,
Voire &, par Dieu, de ceaus qui n'aiment, 40
Car homs ne li puet eschaper
Puis qu'elle le deingne atraper.
Mars leur dist tout en audience :
« Ne say que chascuns de vous pence ;
« Mi bon & chier amy sont mort,
« Et finé par piteuse mort.
« Ce sont li bon roy Alixandres,
« Qui conquist Angleterre & Flandres,
« Et tant quist terre & mer parfonde
« Qu'il fu seigneur de tout le monde ; 50

« Hector & Cesar Julius,
« Et puis Judas Machabeus ;
« David, Josué, Charlemainne,
« Et Artus, qui ot mult de peinne,
« Et dux Godefroy de Buillon,
« Qui, par son or & son billon,
« Son scens, sa force & sa vaillance,
« Et de son grant bien l'excellence,
« Mist tout en sa subjection
« La terre de promission,
« Ou au mains la plus grant partie ;
« En la fin y laissa la vie.
« Si deveriens tuit labourer
« Au bon Godefroy restorer,
« Et querir homme qui sceust
« Maintenir sa terre & deust. »
Lors dist la compaignie toute :
« Mars dit raison, qui en fait doubte ? »
 Si supplierent à nature
Qu'el feist une creature
Le mieus & dou milleur affaire
Qu'elle porroit ne saroit faire.
Lors de Mars & de Venus ensamble
Fist conjunction, ce me samble,
Et la creature crea
Si bien, qu'à chascun agrea.
Li dieux qui est signeur & maistre,
De quan qu'il puet morir & naistre,
De quan qu'il est, fu & sera
Et qui jamais ne finera,
Qui est darreins & primerains,
Et de tors les dieux souverains,
Mist declens & l'ame & la vie,
Par sage & par noble maistrie.
 Mais longuement pas n'atarga

Que la deesse descharga
Le fais de la conjunction
Dont je vous ay fait mention,
Par l'ordenance de nature
Qui en avoit toute la cure. 90
    Vesta qui estoit la prestresse
Et la souverainne maistresse
Des nymphes, des tragediannes,
Des juenes & des anciennes,
Et de leurs ª temples ensement,
Prioit là moult devotement,
A tous dieus, à toutes deesses,
Que, de leurs courtoises largesses,
A ceste creature née
Donnassent bonne destinée. 100
Et puis elle fist sacrefice
De buef, de tor ou de genice,
A trestous les dieus qui là furent
Et aus deesses. Si reçurent
Son sacrefice en si bon gre
Que li enfes en haut degré
En fu ; c'est chose veritable,
Ne say se le tenez à fable.
    Lors li vieus Saturnus parla
Bien & honnestement ; car là 110
N'avoit mie dieu ne deesse
Qui le seurmontast de vieillesse.
Et dist : « Cils enfes par raison
« Devroit entrer en la maison,
« Par vaillance, où honneur demeure ;
« Faison li present, sans demeure,
« Car c'est chose afferant & belle. »
Adont n'i ot celui ne celle
Qui ne li feïst en present

---

a. V. *Et de veinz.*

120 Bel & bon & riche present,
Pour lui mener sans deshonnour
Tout droit en la maison d'onnour.
Mais je ne say pas se fortune
Fu de ceste assamblée l'une ;[a]
Car en la fin on le sara
Selonc ce qu'elle li fera.

fol. 310

Or est nez nostres jouvenciaus,
A qui li dieux qui est en ciaus
Doint grace, honneur & bonne vie.
130 Mais il est drois que je vous die
L'année & le jour qu'il fu nez.
Et pour ce vueill que vous tenez
Que dieux & nature homme nuef
Le feirent l'an xxix,
Le jour de feste Saint Denis,
A l'eure que jours est fenis.[1]
    Or est il bien drois qu'on regarde
Que cils enfes ait bonne garde,
Car vraiement il ne doit mie
140 Estre sans bonne compaingnie.
Si qu'il ont esleü & pris
Quatre deesses de haut pris,
Pour li nourrir & gouverner,
Enseignier & endoctriner.
    Hébé, deesse de jouvente,
Qui est & belle & douce & gente,
Et qui est des cieus boutilliere,
Fu esleue la premiere,
Pour li norrir en son enfance,
150 Jusque à l'estat de congnoissance,

Naissance du roi Pierre.

*1329
9 octobre.*

---

a. Dans B, la suite immédiate   *Selonc ce qu'elle li fera,*
est ainsi :   *Ou que il se gouvernera.*

Ou plus avant, se meſtier yere,
Car bien en ſavoit la maniere.
   Apres il prierent Minerve
La deeſſe qu'elle le ſerve ;
Et elle le fiſt volentiers,
Qu'il eſtoit ſes couſins entiers.
Minerve eſt deeſſe & maiſtreſſe
Et dame de toute ſageſſe.
Apres, Juno fu appellée,
Qui eſtoit ſi tres bien parée,   160
Que tous li airs reſplendiſſoit
De la clarté qui d'elle yſſoit.
On li pria moult doucement
Et moult affectueuſement
Que li enfes n'euſt deffaut
De tout ce qu'à corps d'omme faut,
De joiaux, ne d'or ne d'argent,
Pour li & pour toute ſa gent.
Li vieus Saturnus l'en pria,
Et elle tantoſt l'ottria,   170
Car bien faire en pooit largeſſe,
Comme deeſſe de Richeſſe.
Et jà ſoit ce que Saturnus
Fuſt à l'aſſamblée venus,
Et qu'il ſoit rudes & contraires
Aus hommes & à leurs affaires,
Je croy qu'il fu là nez d'Artois,
Car il li fu dous & courtois,
Et pour l'enfant, car il s'efforce
Pour ſon bien, de toute ſa force.   180
   Apres, Venus, ſa chiere mere,
Qui de l'enfant forment ſe pere,
Y fu com dame ſouverainne,
Qui moult met ſa cure & ſa peinne,
Afin qu'il ſoit bien entroduis

En amours ; c'eſt tous ſes deduis.
Riens plus ne li vuet conſillier,
Et Mars l'aprent à batillier.
  Mais il n'avoit nul eſcuier
190 Où bien ſe peüſt apuier,
Si qu'on li a baillié avis
Qui portera, ce m'eſt avis,
Sa baniere & le ſervira,
Toutes fois que meſtiers ſera.
Vulcans fu en l'eure mandez.
Mars li diſt : « A moy entendez.
« Vous avez des dieux la ſcience,
« Et vraie & juſte experience,
« L'auctorité & la maiſtrie
200 « Seurs tous ouvriers qui ſont en vie
« Pour un homme armer proprement,
« Richement & ſeürement.
« Faites moy unes armeüres,
« Bonnes & belles & ſeüres,
« Qui ſeront pour ceſt enfançon.
« Et ſi les vueill de tel façon
« Que li ouvrages croiſtera
« Selonc ce qu'il amendera. »
  Vulcans reſpont comme aviſez :
210 « J'oy bien ce que vous deviſez.
« Si feray tout voſtre plaiſir,
« Car voloir en ay & loiſir.
« Je fis les armes d'Achillès,
« Dont Ayaus s'ociſt qui les
« Perdi par maiſe plaiderie
« Contre Ulixes, duc d'Ulixie.
« Mais je les vous feray plus beles,
« Plus gentes, plus cointes que celles,
« Plus fortes & milleurs aſſez,
220 « Eins qu'il ſoit demi an paſſez,

1329

1329

« Et fi ara quan que on puet querre,
« En l'air, en la mer, en la terre;
« Et des batailles troïanes
« Et des hyſtoires anciennes,
« Mais ne fay quels armes il porte. »
Mars commande qu'on li aporte.
Quant il les vit, moult les prifa,
Et l'ouvrage à faire empris a.

Or eſt raiſon que je vous nomme
Son nom, tellement que tout homme   230
Le puiſt legierement ſavoir,
Et le mien, fans grant peinne avoir.
Veſta l'enfançon baptiſa
Et nom li miſt que moult priſa.
Vez ci comment, ſe bien querez,
Son nom & le mien trouverez.
Prenez ce plus prochain notable :
Si les y trouverez, fan fable,
En ij. vers d'une groſſe fourme,
Dont le darrenier vous enfourme   240
Que .h. ſeule y ajouſterés
Et dou premier mar oſterés.
Mis les ay par tele maniere :

Anagramme
du nom du poëte
&
de ſon héros.

ADIEU, ma vraie dame chiere,
Pour le milleur temps garde chier,[2]
Honneur à vous qu'aim fans trichier.

Mais il convient defaſſambler
Ses lettres, & puis raſſambler.
Si ſupplie à tous de cuer fin
S'encor met ces vers en la fin   250
De ce livre, que defpriſer
Ne m'en vueillent, ne mains priſier,
Car ſavoir ne puis nullement

De ce livre le finement, 1338
Si vueil dire, eins qu'il soit parfais,
Le signeur pour qui je le fais,
Et moy nommer, qui nuit & jour
Y vueil entendre sans sejour.

260 OR vueil commencier ma matiere, Education du
Et dire toute la maniere, jeune Pierre
Dou damoisel que Dieus aye, de
Et comment il usa sa vie. Lusignan.
Quant il ot l'aage de ix. ans,
Que de norrice fu exens,
Et laissa l'estat d'innocence,[a]
Et prist à avoir congnoissance,
Toutes ses inclinations
Et ses ymaginations,
Tuit si penser, tuit si desir
270 Furent en faire le plaisir
De dames & de damoiselles.
Moult li furent plaisans & belles.
Il honnouroit les chevaliers,
Et compaingnoit les escuiers,
Et amoit armes & honnour
Seur tout, apres notre Signour,
Car en ses ouevres & ses fais
Estoit en l'amour Dieu parfais.
Tout ce faisoit il de cuer fin,
280 Sans cesser, & à telle fin
Qu'en son tans peüst dire & faire
Chose qui bien li deüst plaire.
Et c'estoit la conclusion
De toute son entention,
Einsi comme apres le sarez,
Quant bien leü ce livre arez.

a. A. de innocence.

1338-1348	Tout enfement, en fa jueneffe Le norrift Hébé la deeffe, Et fi tres bien l'endoctrina, Que toute bonne doctrine a. 290
Vifion du jeune Pierre au Mont S. Croix près Larnaca.	A Famagoffe[3] a une crois, Que tu yes fos, fe tu ne crois Que c'eft la crois dou bon larron, Car fus fiege ne fus perron N'eft affife, mais purement Eft en l'air, fans atouchement; Et c. mil hommes l'ont veü, Qui l'ont aouré & creü. Si qu'il avint, le Venredi Que Jhefu Cris en crois pendi, 300 Qu'en parfaite devotion Et en vraie contrition, Cils damoifiaus l'aloit ourer. Mais à li vint, fans demourer, Une vois qui li prift à dire, Quatre fois ou v. tire à tire : « Fils, entrepren le faint paffage, « Et conquefte ton heritage, « Que Dieus aus fains peres promift, « Et où pour toy fon corps tout[a] mift. » 310 Quant il oy cefte parole, Qui fu clere, fans parabole, Quatre fois ou v. repetée, Dedens fon cuer fu fi fermée, Et par tel guife le nota, Qu'onques puis il ne l'en ofta. Si prift à penfer durement, Et fouvent & parfondement,

a. V. tout fon corps.

LA PRISE D'ALEXANDRIE. 11

  A la chose qui li fu dite   1338-1348
320 Et qui en son cuer fu escripte,
  Comment il se porroit chevir
  A si tres grant ouevre assevir.
  Et ce n'est une grant merveille,
  Vraiement, s'il y pense & veille,
  Car onques mais par home emprise
  Ne fu nulle plus grant emprise,
  Ne homs puis mil ans tels ne vit.
  Or orrez comme il se chevit.
  Il prist ferme conclusion,
330 A grant deliberation,
  Par maintes fois en son corage,
  Qu'il entreprenroit le passage.

  Mais il y avoit bien maniere,   Il fait vœu de
  Car ce n'est pas chose legiere   se croiser.
  De mettre à fin si tres grant ouevre ;
  Et pour ce faut il bien qu'il ouevre
  Sagement & de grant avis,
  Et par conseil, ce m'est avis,
  Car homs de bien trop fort mesprent,
340 Quant aucune chose entreprent,
  Et il n'est toudis sus sa garde,
  Qu'il pense à la fin & regarde
  Quel part qu'il voist & don qu'il veingne,
  Einsois que grant chose entreprengne.
  Car ja bonne ouevre ne fera
  Qui la fin ne resgardera,
  Et s'aucune fois bien en chiet,
  Pour une fois, iiij.[a] en meschiet.

  SI fist une ordre pour attraire   Il fonde un
350 Les chevaliers de bon affaire,   ordre
                  de chevalerie.

a. V. mil.

1338-1348

Qui avoient devotion
En terre de promiſſion,
Et auſſi pour toutes gens d'armes
Qui voloient ſauver leurs ames.
Et ves ci l'ordre & la deviſe,
Einſi com je la re deviſe. [4]

Deſcription des inſignes de l'ordre de l'Epée.

 Il portoit entre toute gent
Une eſpée de fin argent,
Qui avoit le pommel deſſeure,
En ſigne de crois qu'on aeure,
Aſſiſe en un champ aſuré,
De toutes coulours eſpuré.
Et s'avoit letres d'or entour,
Qui eſtoient faites à tour,
Diſans, bien m'en doit ſouvenir,
« C'eſt pour loiauté maintenir, »
Car je l'ay mille fois veü
Sus les chevaliers, & leü.
 Et s'il venoit aucun noble homme
De France, d'Eſpaingne ou de Rome,
De Lombardie ou d'Alemaingne,
Ou d'Angleterre ou de Sardeingne,
Ou de quelque part qu'il veniſt,
A ſon pooir il conveniſt
Qu'il li annunçaſt les pardons,
Par douce priere & par dons,
De ce devoſt pelerinage
Qu'on apele le ſaint voiage ;
Et ce li faiſoit entreprendre,
Et puis apres ſon ordre prendre.
Et le faiſoit ſecretement,
Sagement & meürement,
Sans trop parler, ſans trop plaidier,
Par quoy il s'en peüſt aidier.

360

370

380

Car il ne pooit autrement
Joïr de son fait bonnement.
    Encor y a un autre point
Que je ne te celerai point.
Se ses peres, qui roy estoit,
Et qui coronne d'or portoit,
Sceüst dou fil l'entreprendre,
Et qu'il metoit toute sa cure
En ce passage seulement,
Trop s'en courroussast durement,
Si l'en peüst espoir retraire,
Par force ou par sarrement faire.
Si que le[a] fils le ressongnoit
Trop fort, & bien li besongnoit
Qu'il tenist la chose secrete,
Par voie honnourable & discrete.
    Or diray la signefiance
De l'espée; car, sans doubtance,
Avis m'est que je mesprendroie
S'aucune chose n'en disoie.
    La blanche espée signefie
Purté de cuer & nette vie;
Car cils qui meinne vie pure,
Sans mal, sans pechié, sans ordure,
Ara l'ame polie & blanche
Devant Dieu, plus que noif sus branche;
Et n'ara tache ne bruette,
Eins sera clere & pure & nette.
Et si signefie justice,
Car cils fait bien qui ceus justice
Qui n'uevrent mie lealment;
Mais bien se gardent qu'egalment[b]
Au grant & au petit la face,
Sans trop grant rigueur & sans grace.

a. V. li. — b. A. que egalement.

Et li ij. trenchans se t'enseingnent 420
Qui en sanc des hommes se baingnent.
La pointe pongnant & agüe
Les paresseus point & argüe;
Qui ne s'arment pas volentiers,
Et qui ensievent les sentiers
De la fonteinne de delices,
Qui seuronde de tous les vices;
Mais aucune fois les retrait,
Et à bien faire les attrait.
 La crois est li plus nobles signes
Des crestiens & li plus dignes, ... 430
Car Dieus y fu crucefiez
Pour nous tous & martyriez,
Qui nasqui de sa Vierge mere,
Par le comandement dou pere,
Et d'enfer tous nous racheta,
Et ses bons amis en geta.
Or vueil dire, sans detrier,
Que la crois puet signefier.
Trop bien puet signefier ᵃ foy,
Car quant uns homs est en effroy, ... 440
Se de sa destre main se seingne,
Puis n'a paour que mauls li veigne.
Par pluseurs sains le vueil prouver,
Qui l'ont sceü par esprouver.
Li saint apostre garissoient
Tous ceus qui santé demandoient.
Sains Georges tua le serpent
Qui avoit de lonc un erpent;
Sains Blaises sus le lac embla,
Qui terre ferme li sambla; 450
Saint Lorent rendi la veüe
A ceaus qui l'avoient perdue;

a. V. bien signifier doyt.

Sainte Magarite [a] creva
Le serpent qui mult la greva ;
Et cent mille, que sains, que saintes,
Ont moustrées miracles maintes,
Tout par la vertu de la crois.
Mar fus nés, se tu ne la crois,
Car c'est une droite creance,
Et de nostre foy l'ordenence.
La pongnie dont on la tient
Le cuer en seürté soustient.
Car quant on l'a en sa main destre,
Li cuers en doit plus seürs estre,
Par chans, par villes, par boscages,
Pour gens & pour bestes sauvages ;
Et par elle te dois deffendre
S'il est riens qui te vueille offendre.
Aussi dou pommel la rondesse
Demoustre qu'elle est grant maistresse,
Et qu'eu monde a grant signourie,
Car elle donne mort & vie.
Li uns en muert, bien le savez,
Et li autres en est sauvez.
Elle vaint & donne victoire,
Honneur & honte, enfer & gloire.
Et si signefie conqueste,
Qui est chose belle & honneste.
Car quant uns haus princes conquiert
Par l'espée, gloire en acquiert,
Honneur & profit tout ensamble,
Et bon memoire, ce me samble.
Ne, sans li, homs n'ara tans pris,
S'il ne l'a, qu'il n'en soit repris,
Neïs Hector le combatant,

a. B, C, V. Marguerite.

1349

Car je t'en puis bien dire tant
Qu'elle est legiere, & point, & taille
Moult souvent d'estoc & de taille,
Quant un homme vaillant la porte,
Qui en batillier se deporte. 490
 Aussi signefie elle force.
Car il n'est home, s'on l'efforce,
Que mieudres n'en soit ses confors,
S'il l'a, & qu'il n'en soit plus fors,
Et s'amenistre hardement
Pour combatre hardiement.
N'il n'est homs si acouardis,
S'il l'a, qu'il n'en soit plus hardis.
Et se fait on les chevaliers
Armez aus chams, sus leurs destriers, 500
Quant on vuet entrer en bataille,
De ceste espée qui bien taille,
Pour garder raison & justise,
Orphenins, vefves & l'Eglise.
C'est leurs mestiers. Dieus leur doint grace,
Que chascuns saintement le face.

Pierre s'enfuit
secrètement
de Chypre
pour voyager en
Europe.

OR ay devisé de l'espée,
 Si revenray à ma pensée,
Dou damoisel, que Dieus confort,
Qui pensoit jour & nuit si fort 510
Au saint passage, que, sans doubte,
Il y metoit s'entente toute.
 Si se pensa qu'il partiroit
De son païs & qu'il iroit
En France, pour honneur acquerre.
Car aussi y avoit il guerre ;
Et pour acointier les signeurs,
Les grans, les moiens, les meneurs,
Les chevaliers, les escuiers,

Les bourgois & les faudiers,   1349
Et plufeurs autres qui armer
Se vorroient outre la mer.
Car il y avoit des parans,
Des plus grans & des plus parans,
Pour eaus requerir, par linage,
D'entreprendre le faint paffage,
Les uns par dons & par prieres,
L'autre par faire bonnes chieres,
Tout pour aquerir l'aliance
530 *Des bonnes gens d'armes de France.*
  Si parti en une galée, [5]
Bien abillie & bien armée,
Sans le fceü dou roy fon pere
Et de la royne fa mere.
Mais ne fay quy le revela,
Et dift au roy : « Sire, veẑ la
« Voftre fil en cefte galée ;
« Ne fay quel part fera s'alée. »
Et quant li rois a ce veü,
540 *Il ot le fanc tout efmeü,*
Et dift : « Or toft, aleẑ apres,
« Et fi le fieveẑ fi de pres
« Que mort ou vif le rameneẑ,
« Lui, fa gent & toutes fes neẑ. »
La gent le roy s'aparillierent
Et leurs galées abillierent,
Et parmi la mer le fuirent
Jour & nuit, tant qu'il le preïrent.
Si l'ont baillié & prefenté
550 *Au roy, contre fa volenté.*
  Quant li rois le vit, il li dift :
« Biau fils, or enten à mon dit,
« Tu es mes fils & fui tes peres :
« Or m'eft avis que tu te peres

Il eft arrêté
en mer & ra-
mené au roi
fon père.

1349
« De faire contre mon voloir,
« Mais le cuer t'en feray doloir.
« Tu me dois toute oubeiſſance,
« Foy, pais, honneur & reverence,
« Et tu t'en vas ſans congié prendre ?
« Au ciel cuides la grue prendre, 560
« Quant tu vas en eſtrange terre,
« Et ne ſcez que tu y vas querre.
« Que te faut il en ce païs ?
« Certes, je ſui tous esbahis
« De ta tres grant outrecuidance,
« De ta ſotie & de l'enfance.
« Mais, vraiement, je te tendray,
« Que l'aler hors te deffendray. »
Par tel guiſe l'araiſonna,
Et puis tantoſt l'empriſonna, 570
Et le tint ij. mois & ix. jours
En priſon. Tels fu ſes ſejours.
Là petit but & po menja ;
Là maint divers ſonje ſonga ;
Là mainte penſée diverſe
Li bailla fortune, qui verſe
Ceuls qu'elle a mis en haut degré ;
Mais elle le fait tout de gré,
Car c'eſt ſa foy, c'eſt ſa nature,
Qu'elle n'ainme tant creature 580
Que de haut en bas ne le tume
Par loy, par us & par couſtume.

Mais Dieus, li peres, qui ſavoit
Quel [a] volenté l'enfant avoit
De li ſervir, le delivra ;
Car le roy ſon pere enivra
D'une douce larme piteuſe,
Paternelle & amoureuſe.

a. V; A. Quelle.

  Si le delivra toute voie,
590 Dont tous li païs ot grant joie.
  Avec lui par tout le menoit
  Et mult pres de lui le tenoit ;
  Et si levoit toute sa rente,
  Et la lonteinne & la presente ;
  Par quoy riens faire ne peüst
  Que li peres ne le sceüst.
   Einsi demoura longuement
  Qu'a creature nullement
  Ne dist son cuer, ne sa pensée ;
600 Eins la tint enclose & serrée,
  Si qu'il ne la vost descouvrir
  En lieu où la deüst couvrir,
  Jusqu'à tant que li terme vint
  Que le roy son pere couvint
  Rendre à nature le treü,   *Mort du roi*
  Et paier qui li est deü,   *Hugues IV.*
  C'est à dire qu'il trespassa
  Et que l'estrange pas passa,[6]   *10 octobre*
  Dont creature ne rapasse,   *1359*
610 Tant bien son alée compasse ;
  Si que mult honnourablement
  Fist faire son enterrement.

 APRES li fils se coronna,
 Et sus son chief la coronne a   *Couronnement*
 De fin or. Si gouverne & regne   *de Pierre I.*
 Comme sires de tout le regne,
 Par le gré de tous & de toutes,
 Sans empeschement & sans doubtes.
  Or est roy nostres damoiseaus,
620 Qui ne met n'en chiens, n'en oiseaus
  Sa pensee, ne s'estudie ;
  Einsois jour & nuit estudie

1360-1361

    A destruire les annemis
De la foy ; là son cuer a mis,
Et ses delis & sa plaisence ;
C'est tous ses desirs, sans doubtance,
Dont il fist chose belle & bonne.
    Le premier an de sa coronne,

Il s'empare du château de Gorhigos en Arménie.

Il s'en ala en Ermenie.
Là, prist par force & par maistrie   630
Un chastel qu'on appelloit Courc. [a]
Si vous en diray brief & court.[7]
Li chastiaus fu subjes aus Turs,
Grans & puissans, fors & seürs
De fossez, de tours, de muraille.
Mais à l'espée qui bien taille
Versa tout, comble & fondement.
Là se porta si fierement
Que tout fu mort quan qu'il trouva.
Là premierement s'esprouva.   640
    Que fist il la seconde année

Il s'empare de Satalie.

Que coronne li fu donnée?
Il s'en ala, lui & sa gent,
Parmi la haute mer nagent,
Tant qu'il vint devant Satalie,[8]
Une cité qu'est en Turquie,
Grande & puissant, & ferme, & forte ;
Mais il n'i ot ne mur, ne porte,
Ne gens qui la peüst deffendre
Que li bons rois ne l'alast prendre,   650
Et destruire, & mettre à l'espée ;
Et si l'a toute arse & bruslée.
    Là veist on maint drap de soie,
Et de fin or qui reflamboie
Ardoir, & mainte dame belle,

---

a. C, V & les autres mss. donnent ici *Court*, pour s'accommoder à la rime. Généralement V & C portent *Courc*, meilleure leçon.

Maint Sarrazin, mainte pucelle, 1362
Maint Turc & maint enfant perir,
Par feu, ou par glaive morir.
Puis en son païs retourna, 24 octobre.
660 *Que fait ailleurs autre tour n'a.* 1362

E*T au tiers an s'aparilla,*[9] Il part de
Com cils qui jour & nuit veilla, Chypre, pour
Comment il se porroit chevir, organiser une
Pour ce saint passage assevir. croisade en
Si a la haute mer passée, Europe.
Et vint en France, la loée.
Mais il passa par court de Romme.
Là ot mainte honneur, c'est la somme,
Car li pape premierement,
670 *Li cardinal secondement,*
Tout le clergié, tous les prelas,
Et li pueples, à grant solas,
Et à grant joie, le veïrent
Et plus grant honneur li feïrent,
Plus de douceur, plus de loange,
Qu'onques mais à roi si estrange,
Qu'il estoit de si longue marche
Qu'aus Sarrazins ses païs marche. 1363

L*A fu Jehans, li roys de France,* Le roi de
680 Qui maint anui, mainte souffrance France se ren-
Avoit receüt pour la guerre contre à
Qu'il avoit au roy d'Angleterre, Avignon avec
Par le deffaut de maint couart ; le roi de
Et li roi angles Andouart [a] Chypre.
Avoit à nom, je ne doubt mie.
Plus n'en di, je suis de partie,
Mais ne vueil pas faire lonc conte.

a. B. *Oudouart*; V. *Edouart.*

1363

Les deux rois
prennent la
croix.

Cils nobles rois, dont je vous conte,
Monſtra ſon fait devers l'egliſe
Par tel maniere & par tel guiſe, 690
Si bien, ſi bel, ſi ſagement
Et ſi tres honnourablement,
Et auſſi au roy des Françoys,
Qui eſtoit là preſens, qu'einſois
Qu'il partiſſent, il ſe croiſierent,
Et le ſaint paſſage vouerent,
Et maint autre vaillant preudomme,
Qu'en ce livre ci pas ne nomme,
Par l'ordenance dou ſaint pere
Et des cardinaus, qui ſont frere. 700

Diſpoſitions
d'Urbain V
en vue de la
croiſade.

CAR li ſains peres ordonna
Et tels indulgences donna
Que tous ceuls qui ſe croiſeroient
Et qui avec eaus en iroient
Sont abſols de coupe & de peinne;
Et ſi fiſt le roy cheveteinne
De France de toute l'armée
Que l'egliſe avoit ordenée.
Le cardinal de Pierregort, [10]
Pour les noſtres donner confort, 710
Pour adrecier leur conſcience,
Raſſorre ᵃ & donner penitence,
Fu legas en ceſte beſongne:
Car c'eſt uns homs qui bien beſongne.
Et tant honnouré la crois ha
Qu'avec les ij. roys ſe croiſa,
Briefment, par la vertu divine.

Cils nobles rois, en brief termine,
Si bel & ſi bien beſongna
Et ſi bien fait ſa beſongne a 720

a. B. raſſobdre; C. l'abſorre.

Vers le pape & vers les fignours, 1363
Qu'il befongna plus en iij. jours
Qu'il ne cuidoit faire en iij. ans.
Quar li Dieus qui eft tous puiffans
Par grace li volt tant aidier
Qu'il faufift à bien fouhaidier,
Et pour le roy qu'il trouva là
Quant à la cour de Romme ala ;
Car on tient que li rois de France
730 Ha plus qu'autres roys de puiffance.

MAIS fortune, qui toft deffait, 1364
Quant il li plaift, ce qu'elle a fait, Mort du roi
Et qui onques ne tient couvent, de France
Car fa couvenance eft tout vent, & du cardinal
Li joua d'un tour d'efcremie, Taleyrand de
Douquel il ne fe doubtoit mie. Périgord.
Car de vie à trefpaffement
Li roys de France ala briefment ;
Et auffi fift li cardinaus
740 Qui en ce fait eftoit legaus.
Dont ce fu pitez & damages,
Car li fains & devos paffages
En fu tous au recommencier ;
Car on fe devoit adrecier
A ces ij. par efpecial,
Comme à feigneurs & court roial.
  Si en ploura parfondement
Et foufpira moult durement
Le tres gentil & noble roy,
750 Et en fu en moult grant effroy,
Quant tout ce eftoit empefchié,
Qu'à grant peinne avoit pourchacié.
Mais ne laiffa pas fon emprife ;
Pour fortune qui riens ne prife,

1364

Qui par son faus tour a deffait
Tout ce qu'il avoit quis & fait,
Ne pour la mort dou roy de France,
Ne dou cardinal ; qu'esperance
Avoit en Dieu & ferme foy
Que Dieus seroit adés pour soy. [a]   760
Or vous diray le bon confort
Qu'il prist en son grant desconfort.

Eloge de la feue reine de France, Bonne de Luxembourg, fille de Jean, roi de Bohême.

Li roys Jehans, dont Dieus ait l'ame,
Ot espousé la milleur dame
Qu'on peüst trouver en ce monde.   fol. 31
Car d'orgueil estoit pure & monde,
Et sot quan que nature donne
De bien : ce fu ma dame Bonne.
Bien le say, car moult la servi ;
Mais onques si bonne ne vi.   770
Fille yert dou bon roy de Behaigne, [b]
Qui fist son fil roy d'Alemaingne,
Et empereur par sa vaillance,
Et par son scens & sa prudence,
Tout maugré Loys de Baiviere,
Qui adont empereres yere ;
Car de l'empire l'a desmis,
Par force d'armes & d'amis.

Eloge du roi de Bohême, dont Machaut fut 30 ans secrétaire.

Cils Behaingnons, dont je vous conte,
N'ot pareil duc, ne roy, ne conte ;   780
Ne, depuis le temps Charlemeinne,
Ne fu homs, c'est chose certeinne,
Qui fust en tous cas plus parfais,
En honneurs, en dis & en fais.
Je fu ses clers, ans plus de xxx.,

a. B. Si comme je le tiens & croy. — b. B. Brahaingne.

Si congnu ses meurs & s'entente,
S'onneur, son bien, sa gentillesse,
Son hardement & sa largesse,
Car j'estoie ses secretaires
790 En trestous ses plus gros affaires.
S'en puis parler plus clerement
Que maint autre, & plus proprement.
 De ceste dame de haut pris
Ot li roys Jehans iiij. fils,
Qui tuit estoient dus clamez,
Moult furent prisiez & amés,
Charles, Loeys, Jehan, Phelippe,
Qui moult en armes se delite.
 Charles, l'ainnés, de Normendie
800 Fu dus; & s'ot la signourie
De Vienne, qu'il fut dalphins.
Et s'estoit tant nobles & fins
Que nature ne saroit faire
Un homme de milleur affaire.
Coronnez à Reins la cité
Fu le jour de la Trinité
L'an mil ccc. lxiiij,
N'i vueil riens mettre ne rabatre.
Là ot moult riche baronnie,
810 Et moult noble chevalerie,
Et tant qu'on ne porroit trouver
Nuls milleurs au bien esprouver.
 Li roy, pour qui ce livre fais,
Y fu, & moustra tous ses fais
Au roy & à sa baronnie;
Et leur requist tous, que aye
Li feïssent au saint passage.
Les uns requeroit par linage,
Et les autres par amité,

1364

Le roi Pierre assiste au couronnement de Charles V.
Dimanche de la Trinité 19 mai 1364.

Il recrute des adhérents à la croisade.

Si com devant l'ay recité. 820
Dont grant planté li accorderent,
Et promeirent & vouerent
Qu'il yroient aveques li,
S'il n'estoient enseveli.
Mais li roys, qui avoit grant guerre,
Ne pooit issir de sa terre,
Qu'il n'i heust trop grant damage ;
Pour ce le saint pelerinage
N'accorda pas, car trop eüst
Mespris, s'acordé li eüst. 830
Et li bons roys qui me norri,
Dont li os sont pieſſa pourry,
Et dont l'ame est en paradis,
Disoit & recordoit toudis
Que li homs fait grant vasselage
Qui bien deſſent son heritage,
Et qu'il n'est aſſaus, ne bataille,
S'on li roet [a] tollir, qui le vaille.

A ceste coronation,
Qui fu apres l'Ascention 840
Dix & sept [b] jours tous acomplis,
Ot cils roys des joustes le pris ;
Et auſſi les alu il querre
A Bruges & en Engleterre,
Et à Paris & en Gascongne,
Tout en pourchaſſant ſa besongne.
Car en Flandres fu longuement,
Où il despendi largement,
A ci grant labeur & grant peinne,
A roy de terre si lonteinne ; 850
A ci grant frais, à ci grant mise

---

a. B, V. *veult*; C. *vuet.* — *b.* A. XVII.

LA PRISE D'ALEXANDRIE.

Qu'il paſſa la mer & ªTamiſe,
Et ſercha mainte region,
Pour avoir ſon entention.
   Et quant il eſtoit bien armez,
Bien montez & bien aceſmés,
La lance eu pong, l'eſcut au col,
Il n'i avoit ſage ne fol
Qui ne deïſt à grant murmure :
860 « Cils roys fu nez en l'armeüre ; »
Tant eſtoit gens, joins, lons & drois,
Hardis, puiſſans en tous endrois.
Jamais ne refuſaſt nelui ;
A peinnes veoit on que lui,
Car il eſtoit toudis errans,
Puis ci, puis là, deſſus les rans, ᵇ
Il s'en venoit lance ſous faurre,
S'abatoit l'un ci & là l'autre ;
Encontre li riens ne duroit ;
870 De ſon bien chaſcuns murmuroit,
Et ſe ſeingnoit de la merveille.
Chaſcuns de ſon bien ſe merveille,
Et je meïſmes m'en merveil,
Quant à li penſe & je m'eſveil.

   AU departir de ceſte feſte,
Il tourna ſon freinᶜ & ſaᵈ teſte,
Si comme homs que rien ne reſſongne,
Tout droit au chemin de Coulongne,
   Et là fiſt ij. mois de ſejour,
880 En beſongnant de jour en jour.
Puis paſſa le Franc & Duringue, ᵉ
Et ala parmi Eſſelingue. ᶠ

1364

Sa belle preſtance ſous les armes.

Son ſéjour à Cologne, en Franconie, en Thuringe & en Würtemberg.

---

a. V. *de.* — *b.* V. *les rens.* — *c.* C, *vingne*; C. *Le franc de Duringue.*
V. *frainc*; B. *frain.* — *d.* B, V, A. — *f.* B *Eſlaingne* [Eſſlingen, en
la. — *e.* V, A. *Daringue*; B. *Di-* Würtemberg].

1364

Tant fist qu'il vint à Erefort,
Une cité puissant & fort,
Seant en biau plain sans montaingne,
Tout droit au fin cuer d'Alemaingne.
Aus contes & aus chevaliers,
Aus bourgois & aus escuiers,
Moustra son emprise & son fait,
Et dist tout ce qu'il avoit fait 890
Es lieus où il avoit esté,
Bien ij. yvers & un esté.
Si que pluseurs li acorderent
Ce qu'il requist, & se croiserent,
Car par trop grant devotion
Leur moustroit son entention.

Son séjour chez le margrave de Misnie.

De là il s'en ala en Misse,
Où maint buef & mainte genisse
Ont esté tollu & emblé.
Et si despent on moult en blé, 900
Car maint y a qui se renvoise,
En buvant godale & servoise;
Et si a moult bonnes gens d'armes,
Biaus chevaliers & beles dames.
Si a tant cerchié & tant quis,
Qu'il trouva le gentil marquis,
Qui sires estoit dou païs.
Mais il ne fu pas esbahis
De li requerir humblement
Confort & aide ensement, 910
En li disant tout son affaire
Et tout ce qu'il avoit à faire.
Quant li roys ot fait sa requeste,
Li marquis, par maniere honneste,
Li respondi moult sagement :
« Sire, bien ay oy comment
« Le saint voiage avez empris,

« Dont je vous lo forment & pris, 1364
« Si que à moy me conseilleray
920 « Et seur piés vous responderay.
« Vous alez devers l'empereur
« De Romme, qui est mon signeur,
« Si que à li me conformeray ;
« Car ce qu'il fera je feray.
fol. 315. « Pas ne di que si grandement
« Le face comme il vraiement ;
« Mais je vous promes & ottroie
« Qu'à mon pooir feray la voie
« Aveques vous pour Dieu servir,
930 « Et pour sa grace desservir,
« Se l'empereur l'entreprent,
« En qui chascuns honneur aprent. »
Li roys forment le mercia
De ce que respondu li a.
Et bien le devoit mercier,
Car li marquis à festier
Le prist, & li donna preu dons,
Com vaillans princes & preudons.

DE là s'en ala en Sassongne,ᵃ Son séjour en Saxe.
940 Com cils qui ne pense ne songne
A chose qui puist avenir
Qu'à honneur où il roet ᵇ venir.
Le duc trouva en une marche
Qui à Lubecque tient & marche.
Si li dist tout ce qu'il queroit,
Et d'aïde le requeroit,
Si com bien faire le savoit,
Et com Dieux apris li avoit.
Li dus commença à sousrire,
950 Qui fu eslifeur de l'empire,

a. B. Sassoingne. — b. B. où il veult; V. là où il veult.

1364

Et respondi courtoisement :
« Sire, je voy certainnement
« Vostre tres bonne volenté,
« Se Diex me doint joie & santé ;
« Moult avez entrepris grant chose ;
« Hardis est cils qui penser ose
« A si tres haute ouevre parfaire ;
« Dieux la vous doint à bon chief traire.
« Aler volez vers l'empereur,
« Qui est mon oncle & mon signeur ;   960
« Et je vous feray compaingnie,
« Car là sans moy n'irez vous mie ;
« Si useray de son conseil,
« Qu'à li volentiers me conseil. »
  Li dus richement l'onnoura,
Et viii. jours o li demoura.
Se li donna de ses joiaus
D'or & d'argent, riches & biaus,
Harnés à jouster & destrier,
Où ne faloit celle n'estrier ;   970
Car li roys joustoit volentiers,
Et li plaisoit moult [a] li mestiers,
Et par tout si bien le faisoit
Qu'à tous & à toutes plaisoit.

Il part pour
Prague, où réside
l'empereur
Charles I de
Luxembourg.

AU ixe jour se partirent,
Et leur voie & chemin preïrent
Tout droit à Prague, une cité
Qui est de grant auctorité.
Li empereres y demeure,
Que Dieux aime, prise & honneure,   980
Qu'on ne tient pas qu'en tout le monde
Ait prince où tant de bien habunde.
Et c'est ses propres heritages.

a. V, A, B. *tant.*

Si fait dou demourer que sages;
Et l'empereris ensement
Y demeure communement.
　Si vous parleray de sa vie,
Car n'est pas drois que je l'oublie. [11]
On ne porroit en nulle terre
Nul plus sage homme de li querre,
C'on dit ça & dela les mons,
Que c'est li secons Salemons.
Il aime Dieu, & sainte eglise
Honneure, crient & sert & prise;
Justice en la balance poise,
A cui qu'il plaise ne qui poise,
N'i regarde amour ne haïne,
Frere, fil, voisin ne voisine,
Grant ne petit; car egalment
La fait à tous & loyaument;
Si que pour ce en pais se repose,
Que nuls contre li ne s'oppose.
Pluseurs eglises a fondées,
Qui sont moult richement doées;
Chartreus, mendians & chanoinnes,
Nonnains emmurées & moinnes.
Il n'est felons ne despiteus,
Einsois est humbles & piteus,
Plus que turtre ne colombele,
N'amis vrais à s'amie bele.[a]
N'il n'est homme qui vers li aille
Qui par tout ce non[b] ne li baille;
Qu'onques si humble creature
A tous ne pot former nature
Selonc son scens & sa richesse,
Sa grant puissance & sa noblesse.
Ne sont pas chier si vestement,

1364

Eloge de
l'empereur
Charles, fils de
l'ancien roi
de Bohême.

a. B, V. à sa dame bele. — b. V. ce nom.

1364

Bien se vuet tenir nettement,
Mais de cointise ne li chaut.
Puis qu'il sont à li bon & chaut.
Il ne vuet pas fole largesse,
Ne escherseté qui trop blesse
L'onneur de tout prince terrien ;
Et pour ce, se tient au moien.
Jamais ne greveroit persone
Pour nulle chose, tant fust bonne,
Einsois garde & norrit ses gens
Sans estre mengiés de sergens. a
Il aimme bien ses bons amis
Et si het fort ses annemis ;
Car voisin n'a, s'il li meffait
Qu'il ne soit amendés de fait.

 Pais a mis par toute Alemaingne,
En Osteriche & en Behaingne,
En Misce, en Baiviere, en Hongrie,
Jusques es marches de Russie,
En Morave, en Prusce, en Cracoe, b
Voire, par Dieu, jusque en l'Estoe, c
Au meins jusques en Ranguenite,
Qui n'est mie chose petite ;
En Poulainne & en Poumerelle,
En Brandebourc, c'est chose bele,
Qu'on y porte, par saint Germain,
Seürement l'or en la main ;
Et je vi d que nuls n'i savoit
Aler, se grant conduit n'avoit.

 Son païs de xvi. journées
A acreü, longues & lées.
Or querez signeur e qui ce face,

1020

1030

1040

1050

a. Dans B la suite est ainsi :
 Et si het fort ses ennemis
 Et de s'en vengier ententis.
b. B. Craquoe. — c. C. L'Etoe;
V. L'Ostoe. — d. V. Et je vis. —
e. B, V. un roy.

Et qui tant ait honneur & grace. 1364
Je ne le say, se Diex me gart,
Entre les crestiens n'autre part,
Mais on le tient au plus riche homme
De crestienté ; c'est la somme.
Fils fu dou bon roy de Behaingne,
Dont Dieus ait l'ame en sa compaingne,
Si qu'il a bien à qui retraire
D'onneur querir & de bien faire.

1060   S'IL est qui fait, il est qui dit.   L'empereur
     L'empereur qu'ay mis en mon dit   vient au devant
Estoit à Prague, en sa maison.   du roi de
On li dit, & c'estoit raison,   Chypre.
Que uns roys qui moult se doit amer
Venoit à li d'outre la mer,
Pour li veoir & acointier ;
Et pour ce qu'il voloit traitier
Comment il li feïst aye
De gens, d'avoir ou de navie,
1070   Pour le tres saint pelerinage,
Qu'on appelle le saint passage,ᵃ
Car cils roys l'avoit entrepris ;
Et qu'il aroit honneur & pris,
Se o li le voloit entreprendre.
   Li empéreres, sans attendre,
Quant il oy ceste nouvelle,
Qui li fu aggreable & belle,
Qu'en son cuer moult se resjoy,
Si tost que la nouvelle oy,
1080   Ses gens & ses barons manda,
Et en l'eure leur commanda
Qu'il fussent tost aparilliez,
Tous montez & tous abilliez ;

a. B, C, V. voiage.

1364

Qu'aler li voloit à l'encontre.
Son clergié manda & leur monstre
Que il facent processions
De toutes les religions ;
Qu'einsi vuet le roy recevoir,
Pour faire vers li son devoir.
 Plus d'une grant demi journée, 1090
Qui fu à bonne heure adjournée,
A l'encontre li est alez.
Mais li champs furent bien balez,
Car il furent plus de xx. mille
Qui tuit issirent de la ville.
 Quant li deux signeur s'encontrerent,
Courtoisement se saluerent,
Et s'en venirent doy à doy.
L'empereur dist : « Foy que je doy
« L'espée de saint Charlemainne, 1100
« Qui l'empire ot en son demainne,
« Qui tramble quant on la tient nue,
« J'ay grant joie de vo venue ;
« Et vous soiez li bien venus
« Et à grant joie receüs. »
Li roy le mercia forment,
Courtoisement & humblement.
 Ainsi ensamble chevauchierent,
Jusques à tant qu'il aprochierent
Les processions qui venoient 1110
Et hympnes & respons chantoient.
Et estoient tous revestis
Li chanoinnes, grans & petis,
Richement de chapes de soie.
Tant fu receüs à grant joie,
Tant aourez,[a] tant enjouis,
Que depuis le temps saint Loys,

fol. 316

---

a. B, V. honnourez.

LA PRISE D'ALEXANDRIE.

  Quant en France revint de Tunes   1364
  Et qu'il ot rapaisié^a les dunes
1120 De la mer, ne fu telement
  Roys veüs, ne si richement.
   Il le mena en son chastel,
  Sus roche taillie à sissel.   Fêtes durant le
  Là trouverent l'empereris,   séjour du roi
  Dont plus fu liez leur esperis,   à Prague.
  Qu'elle avoit en sa compaingnie
  Dont elle estoit acompaingnie
  Maintes riches & nobles dames,
  Dont Dieu gart le corps & les ames,
1130 Qui estoient si acesmées
  Et si tres richement parées,
  De grans biautés, de grans richesses,
  Que toutes sambloient deesses.
  Là fu liement receüs;
  Honnourez, servis & veüs
  Fu d'elles, en fais & en dis,
  Que ce li sambloit paradis;
  N'ailleurs ne vosist jamais estre,
  Fors en ce paradis terrestre.
1140   Là avoit de tous instrumens.
  Et s'aucuns me disoit : « Tu mens, »
  Je vous diray les propres noms
  Qu'il avoient & les seurnoms,
  Au meins ceuls dont j'ay congnoissance,
  Se faire le puis sans ventance.
  Et de tous instrumens ^b le roy
  Diray^c premiers, si com je croy.
  Orgues, vielles, micanons, ^d
  Rubebes ^e & psalterions,
1150 Leüs, moraches ^f & guiternes

a. B, V. *rapasse.*—*b.* B, V; A. *tous*   *d.* B. *intovons.* — *e.* V. *rubeles.* —
les instrumens. — *c.* B, V; A. *diron.*   *f.* B. *monèches.*

Dont on joue par ces tavernes,
Cymbales, citoles, naquaires,
Et de flaios plus de x. paires,
C'est à dire de xx. manieres,
Tant des fortes com des legieres,
Cors sarrasinois & doussainnes,
Tabours, flaüstes traverseinnes,
Demi doussainnes & flaüstes,
Dont droit joues quant tu flaüstes,
Trompes, buisines & trompettes,
Guigues, rotes, harpes, chevrettes,
Cornemuses & chalemelles,
Muses d'Aussay, riches & belles,
Et les ^a fretiaus, & monocorde,
Qui à tous instrumens s'acorde,
Muse de blé, qu'on prent en terre,
Trepié, l'eschaquier ^b d'Engletere,
Chifonie, flaios de saus.

Et si avoit pluseurs consaus
D'armes, d'amour & de sa gent,
Qui estoient courtois & gent.
Mais toutes les cloches sonnoient,
Qui si tres grant noise menoient,
Que c'estoit une grant merveille.
Li roys de ce moult se merveille,
Et dit qu'onques mais en sa vie
Ne vit si tres grant melodie.

Quant il fu heure de mengier,
Il se partirent, sans dangier,
Et s'en alerent en la sale,
Qui n'estoit vileinne ne sale.
Parée estoit de dras de soie,
Et de fin or qui reflamboie;
Et s'en aloient deus & deus.

a. B, V. Elles. — *b*. B. eschiquier.

LA PRISE D'ALEXANDRIE.

Mais il n'avoit nes un d'eus,[a]　　　　　1364
Ne d'elles, qui chiere joieuse
N'eüst & pensée amoureuse.
Et quant la viande fu preste,
Là vinrent li clerc & li preste,
1190　Et dirent Benedicite.
L'empereur par grant amité
Prist le roy & le fist seoir
A l'onneur, pour li mieus veoir.
Des viandes dont servi furent
Largement & de vin qu'il burent
Me tais, car je ne les diroie
S'un jour tout entier y pensoie.
Apres dinner, tout li signeur,
Dedens la chambre l'empereur,
1200　Se retreïrent tuit ensamble.
Et l'empereris, ce me samble,
Dedens sa chambre s'en ala,
Et toutes les dames qu'elle a.

QUANT li roys vit qu'il fu à point　　Le roi de Chypre
　De parler, il n'atendi point,　　　　prie l'empereur
Eins monstra sagement son fait,　　de prendre part
Et l'emprise qu'il avoit fait,　　　　à la Croisade.
En querant aide & confort,
Et tous les en pria moult fort,
1210　Si sagement & par tel guise
Que chascuns d'euls l'en loe & prise
　L'empereur, qui sages estoit,　　　L'empereur
Devant le roy en pie estoit.　　　　propose
Si respondi assez briefment :　　　　une conférence
« Sire, bien ai oy comment　　　　　　à Cracovie
« Vous avez empris ceste voie :　　　avec les rois de
« Dieu la vous doint finer à joie!　　Hongrie
　　　　　　　　　　　　　　　　　　　& de Pologne.

a. Vers faux.

« Car vraiement c'est uns grans fais,
« Ne je nulle doubte n'en [a] fais,
« Que moult grant peinne, moult [b] grant mise,
« Grant ordenance, grant devise,
« Grant cuer, grant scens & grant avis
« Ne couveingne, ce m'est avis,
« D'aler en si lonteinne terre,
« Pour la subjuguer & conquerre.
« Car li annemy de no loy
« Sont moult fort, si com dire l'oy,
« Et tant qu'on ne les puet nombrer,
« Tant sen sceüst clers encombrer.
« Si se couvient bien consillier,
« Ymaginer, penser, veillier
« Comment ceste chose se face,
« Si qu'à s'onneur Dieus la parface;
« Car sans li ne se porroit faire;
« Homs ne doit penser le contraire.
  « Si vous diray que je feray.
« Mes messages envoieray
« Par devers le roy de Hongrie,
« Qui tient moult noble signorie;
« Et devers le roy de Poulainne,
« Qui est de ce païs procheinne.
« Si leur feray prier & dire
« Qu'il ne me vueillent escondire
« D'estre ensamble à une journée,
« Par eaus & par moy ordenée.
« En Cracoe la metterons,
« Et, se Dieus plaist, nous y serons
« Sans querir essoinne, n'alongne
« Pour parler de ceste besongne;
« Car la matiere est grosse & grande.
« C'est bien raison qu'on y entende,

a. B, V; A. *ne.* — *b.* B, V. *& moult.*

« Et qu'on la traite sagement,
« Si qu'elle ait bon definement. »
Quant il ot finé sa parole,
Chascuns dit : « Sagement parole. »
Li roys meismes le tesmongne,
Et li prie fort qu'il l'essongne,[a]
Et il le fist sans contredit,
Tout ainsi comme il l'avoit dit.
    Quant lonc temps orent festié,
Dancié, jousté & tournié,
On donna le pris au milleur.
Et le fist faire l'empereur,
Si que le pris & la loange
Fu donné à ce roy estrange ;
Car par sa lance & son escu
Avoit tous les autres vaincu.

CE fait, de Prague se partirent.
Or diray quel chemin il firent.
Parmi Behaingne chevauchierent
Trois journées, & puis alerent
A Bresselau,[b] à Liguenisse,[c]
A Nuistat,[d] à Suedenisse ;
Costen,[e] Calix,[f] Buton,[g] Glagouve
Passerent, & par Basenouve ;[h]
De là en Cracoe arriverent,
Où les roys dessus dis trouverent,
Qui à l'encontre leur venirent,
Et moult grant joie leur feïrent.
Comment il furent reçeü

1364

Le roi de
Chypre
& l'empereur se
rendent
en Pologne.

a. V. l'en essongne; B. qu'il ensoingne; C. qu'il en songne. — b. B, Brussela; V. Brusselau, Breslau. — c. C. Linguenise, Liegnitz. — d. B, V; A. Muistat, Neustadt. — e. B. Caston; C. Consten. — f. B, V. Calis. — g. B, V. Buthon, Buntzel? ou Bautzen. — h. B, C, V. Bassenouve, Passau ; Glagouve, Glogau.

1364

Honnouré, servi & peü
De pain, de vin & de vitaille,
De toute volille & d'aumaille,
De poissons & d'autre viande,
Il est moult fols qui le demande;
Qu'on ne le doit pas demander,
Pour ce qu'on n'i puet amender,
Tant furent servi grandement.

Conférences de Cracovie.

LA ot un moult grant parlement,
Dont je me vueil orendroit taire, 1290
Car ne le saroie retraire;
Mais finablement il conclurent
Que tuit ensamble aidier li durent,
Si que la response diray
De chascuns; jà n'en mentiray.
L'empereur, tout premierement,
Respondi bien & sagement,
Et promist aide & confort
Et faveur de tout son effort,
A ce saint voiage parfaire; 1300
Et encore vorra il plus faire,[a]
Que les esliseurs de l'empire
Voloit assambler, tire a tire,
Et escrire à nostre Saint Pere
Par coy sa diligense appere,
Aus princes, aus communautés,
Qui sont si homme, & feautés
Li doivent, pour eaus esmouvoir;
Si que quant on devra mouvoir,
Qu'il aient fait leur pourveance 1310
Pour aler y, ou de finance,
Pour baillier à ceuls qui yront
Et qui ceste ouevre asseviront.

a. Vers faux.

L'empereur tantoſt commenſa 1364
Et ſes meſſages avanſa,
Et ſes lettres, pour envoier
A ſes ſubgés, ſans detrier;
Car parfaite devotion
Avoit à l'exaltation
1320 *Dou voiage, & tant le deſire*
Que bouche ne le porroit dire.
Quant l'empereur ot reſpondu,
Li princes qui l'ont entendu,
Et tuit li autre de la place
Dirent que Dieux li ottroit grace
Dou parfaire, car vaillamment
A reſpondu & noblement.
Apres fu le roy de Hongrie,
Qui promiſt confort & aïe
1330 *Au paſſage, & y mettera,*
Quant li poins & li tamps ſera,
Son corps, ſa chevance & dou ſien
Autant comme autre roy creſtien.
Einſi promiſt & voué l'a,
Devant tous ceuls qui furent là.
Apres fu le roy de Poulainne,
Qui tint Cracouve en ſon demaine,
Qu'il promiſt qu'il y aideroit,
Toutes les fois que poins ſeroit,
1340 *Au ſaint voiage mettre à fin,*
Tres volentiers & de cuer fin.
Et tuit li prince qui là furent
Li un vouent, li autre jurent
Que volentiers y aideront,
Et que leur pooir en feront.
Quant il orent parlementé
Longuement à leur volenté,
Il feïrent une ordenance

> Que cis roy iroit en presence
> Aus autres princes d'Alemaigne,
> Car il est bon que de li veingne
> La requeste qu'il leur fera ;
> Et avec ce tout leur dira
> Ce qu'on a fait à l'assamblée
> Qui en Cracouve est assamblée.
> Einsi li signeur l'ordenerent.
>   Mais einsois grans joustes crierent,
> Car il le vuelent festier
> De jouster & de tournier.
> Briefment, il jousterent ensamble
> Et l'emperere, ce me samble,
> Jousta avec les autres roys,
> Qui estoient en grans arrois.
> Mais l'estrange roy ot le pris,
> Com des armes li mieus apris.

1350

1360

Le roi de Chypre prend congé des princes réunis à Cracovie.

> AU partir grant dons li donnerent
> Et longuement le convoierent.
> Il prist congié ; chascuns s'avoie
> En sa maison ; que vous diroie ?
> Il a tant serchié & tant quis
> Que les signeurs a tous requis,
> Car il n'i a ne du:, ne conte,
> Ne noble, dont on face conte,
> Qu'il ne priast & requeïst,
> Et que son fait ne li deïst.
> Et vraiement il les trouva
> Courtois en ce qu'il leur rouva,
> Car il ot response honnourable,
> Qui li fu bele & aggreable.

1370

Nom & titre de ce roi de Chypre.

> OR me couvient ce roy nomer,
> Qui est venus d'outre la mer,

1380

Car raisons est que je vous nomme 1364
Le nom de si vaillant preudomme ;
Et pour ce le vous nommeray,
Qu'assez plus à aise en rimeray.ᵃ
Et se je l'ay mis autrement
Et le mien, au commancement
De ce livre, par tel maniere :
« Adieu, ma vraie dame chiere,
1390 « Pour le milleur temps garde chier,
« Honneur à vous qu'aim sans trichier ! »
C'est pour ce que chascuns n'a mie
Scens de trouver tel muserie.
De Chipre & de Jherusalem
Fu roys : Pierre l'appela l'em.
Or vous ay je nommé son nom,
Qui est & fu de grant renom,
Et sera, s'il joit de s'emprise,
Qu'il a à l'onneur Dieu emprise.
1400 Et Dieux li ottroit bonnement,
Qu'il s'en traveille durement.

OR chevauche li roys de Chipre,
Qui n'est pas vestus de drap d'Ipre,
Mais d'un drap d'or fait à Damas.
Il n'est remes piteus ᵇ ne mas
De sa besongne pourchacier,
Eins ne fait qu'aler & tracier
Les signeurs partout, & querir,
Pour leur aïde requerir.
1410 Tant a erré par ses journées,
Par froit, par chaut & par jalées,ᶜ
Qu'à Vienne vint sus la Denoe,ᵈ
A x. journées de Cracoe.

Il se rend en Autriche.

a. Vers faux. — b. V; A, C. - c. V. gelées; B. gielées. — d. C. remis preceus; B. remis princeus. la Doe, le Danube.

1364

Là trouva le duc d'Osteriche,
Un noble duc, puissant & riche,
Qui estoit sires de la ville
Et dou païs. Et sachiés qu'il le
Reçut si tres joieusement
Et si tres amoureusement ;
Et la duchesse en tel maniere　　　　1420
Li fist si amiable chiere,
Et toutes les dames aussi
Que je ne say pas nomer, si
Que raconter ne le saroie,
Tant menoit chascuns feste & joie.
Taire me vueil de leur mengier,
Car on ne porroit souhaidier
Mieus ne plus honnourablement,
Tant furent servi richement.

Le duc promet
de le seconder
comme le roi
de
Hongrie.

QUANT mengié orent & beü　　　　1430
Tant comme à chascun a pleü,
Tuit alerent en un retrait,
Où li dus souvent se retrait.
Là avoit riche baronnie
Et moult noble chevalerie,
Prelas, dux, contes & marquis.
Li nobles rois les a requis
Tous ensamble, quant l'eure vint,
Que de son fait parler couvint.
Et si sagement sa requeste　　　　1440
Fist, que chascuns en fist grant feste.
Là fu li rois de tous prisiez,
Et loez & auctorisiez ;
Et dist chascuns que Dieux l'envoie
Pour faire ceste sainte voie.

Li dux parla tous li premiers,
Car il en estoit coustumiers,

Et vraiement bien afferoit.   1364
Si li respondi qu'il feroit
1450   Einsi com li rois de Hongrie;
Et de ce ne se doubtoit mie,
Qu'il penroit à lui exemplaire,
Et feroit ce qu'il vorroit faire,
Car il desiroit le passage
Et le tres saint pelerinage.
Li roys de bon cuer les mercie
De leur confort, de leur aïe,
Et de leur tres bonne responfe,
Qu'il ne prisoit pas meins une once
1460   De la responfe des signeurs,
Qui en Craco furent plufeurs.

LI roys vost dou duc congié prendre,   Fêtes données
   Mais li dus ne le vost entendre   en son honneur
Einsois li dist à chiere lie :   à Vienne.
« Einsi ne partirez vous mie. »
Qu'encor le voloit honnourer
Et, pour li faire demourer,
Fist crier joustes & tournois,
Et plufeurs autres esbanois.
1470   Si fust hontes de li partir,
Sans cops de lance departir.
    Là ot une feste si noble
Que de Mes en Coustentinoble
N'ot depuis c. ans la pareille,
Plus gracieuse ne plus belle, [a]
Ne qui fust si très bien joustée,
Ne si cointement karolée.
Li roys formens se travilloit,
Et li dus penfoit & veilloit

a. B; C. *Dont chafcuns forment*   dans A, D & V.
se merveille. Le vers manque

1364	*Comment li roys fuſt bien armez,*	1480
	Bien parez & bien aceſmez,	
	Par quoy li rois ſi bien jouſtaſt,	
	Que devant tous le forjouſtaſt.	
	Et il le fiſt ſi vaillanment,	
	Si bien, ſi honnourablement,	
	Si bien jouſta & tournya	
	Que mieus faiſant de li n'i a,	
	Si que l'onneur li fu donnée	
	Et le pris de ceſte journée.	
	Apres li dus & la ducheſſe	1490
	Dons d'onneur & de grant richeſſe	
	Li donnerent à grant planté.	
	Et li rois de grant volenté,	
	Comme ſages, courtois & frans,	
	La valeur de x. mille frans,	
	Eins que de là fuſt departis,	
	Furent donnez & departis,	
	Car de leurs dons rien ne retint,	
	Fors un gerfaut que ſouvent tint	
	Seur ſon poing; car trop bien valoit;	1500
	Pour ce donner ne le voloit.	
	Et s'avoit la plume plus blanche	
	Que n'eſt la noif deſſus la branche;	
	Pour ce l'ama fort & priſa.	
	Apres tout ce, congié pris a	
	Dou duc & de la compaingnie.	
	Si ſe parti à chière lie;	
	Ne mais gueres n'arreſtera,	
	Juſques en Veniſe ſera.	

Il continue ſon voyage par la Carinthie & le patriarcat d'Aquilée.

 OR deviſeray ſon chemin   1510
 Par eſcript en ce parchemin.
 Il s'en ala en Quarateinne,[a]

a. B. *Quarentainne*; C, V. *Quarantainne.*

Une duché qui est procheinne 1364
Des montaingnes de Lombardie.
Et, par ma foy, je ne croy mie
Qu'il ait ou monde entierement
Si fort païs, car vraiement
On y entre par ii. destrois
Qui sont rostes, [a] longs & estrois ;
   1520   Grans montaingnes a tout entour,
Et maint chastel & mainte tour,
Qu'on ne porroit miner ne prendre,
Tant bien y sceüst on entendre,
Les ii. perilleuses montaingnes
Qui sont arides & brehaingnes.
Le Taure [b] & le Joure passa ;
Et puis son chemin trespassa
Par le païs & la contrée
Dou patriarche d'Aquilée.
   1530   Lombardie laissa à destre,
Et tint le chemin à senestre,
Toudis en costiant la mer.
Doit on bien tel signeur amer
Qui de peinne & de haire a tant,
Pour avoir honneur qu'il atent.

N'EST pas raisons que je vous mente. Jour de son arrivée à Venise, 11 novembre 1364.
L'an mil ccc. iiii. & sexante,
De novembre l'onsime jour,
Cils roy, à qui Dieux doint honnour,
   1540   Vint & arriva à Venise,
Où on l'aimme forment & prise.
   Quant il aprocha la cité,
Li dux, par moult grant amité,
Et li citoien de la ville
Yssirent hors plus de vi. mille,

a. V. roistes; B. roestes. — b. B. Le Tarme ; V. Le Tame.

|1364| Et li alerent à l'encontre.
Chafcuns famblant d'amour li monftre,
Et li firent fefte gringnour
Qu'à leur droit naturel fignour.
En fon hoftel le convoierent ; [12]　　1550
Moult humblement l'acompaingnierent,
Grans dons & grans prefens li firent,
Moult l'amerent, moult l'oubeïrent ;

Il demande le concours des Vénitiens pour la croifade.

FINABLEMENT, que vous diroie ?
　Toute la caufe de fa voie
Leur dift, & les requift de gent,
Ou de navie ou d'argent,
Pour le faint voiaige affevir ;
Car enuis s'en porroit chevir,
Se il li refufient aye,　　1560
Efpeciaument de navie,
Pour ce que moult de gent faudra
Paffer, quant la faifon vendra
Que ceus qui font en Dieus creans
Pafferont fus les mefcreans.
Si demanderent jour d'avis,
Un jour ou ii., ce m'eft avis.
　Quant il furent bien confillié,
Ne vinrent pas comme effilié,
Pour faire leur refponfe au roy,　　1570
Car moult furent de bon arroy,
Parez & veftis cointement,
Si bien, fi bel, fi richement,
Comme fe fuffent duc ou conte.
Et li roys qui tenoit grant conte
D'eaus, les fot moult bien recevoir :
Et leur refponfe concevoir.

LA PRISE D'ALEXANDRIE.

  ET vesci ce qu'il respondirent.
  Premierement il li offrirent
1580 Navie, qu'il delivreront
  A tous ceuls qui passer vorront,
  Et avec ce juste nol pris,
  Et encor, se bien l'ay compris,
  Ayde, faveur & confort.
   Li roys les mercia moult fort
  De leur aïde & de leur offre,
  Qui vaut d'or fin tout plain un coffre,
  Voire par Dieu x. milions;
  Car il n'est mie nez li homs
1590 Qui mieus li peüst recouvrer
  De nefs; c'est legier à prouver.
  Je ne di pas que Genevois
  N'aient la huée & la vois,
  Et tres grant puissance seur mer,
  Ho là ! je n'en vueil nuls blasmer !
  Car comparisons hayneuses
  Sont, ce dit on, & perilleuses.
   De là se partirent à tant ;
  Et li nobles roys, qui entent
1600 A son partir, lui & sa gent,
  S'en alerent par mer nagent,
  Tout droit en l'ille de Candie,
  Pour attendre la baronnie
  Et les vaillans hommes qui vuelent
  Passer en Surie, s'il puelent,
  Pour nostre creatour servir,
  Et pour sa grace desservir.
   Six [a] mois entiers fu à Venise,
  A grant despens & à grant mise ;
1610 Et s'en parti en moys de May, [13]
  Si com laissié dire le m'ay.

a. A. VI.

1364-1365

Les Vénitiens promettent de louer des galères au roi.

1365
27 juin.

Mai
(Date erronée)

1365

Li roys, sa gent, & sa navie,
Et toute sa chevalerie,
Furent prest de monter en mer.
Or les vueille Dieux tant amer
Qu'il les vueille mener à port
De bien, de joie & de deport,
Et que au roy parface s'emprise,
En tel maniere & en tel guise
Qu'avoir en puist loange & gloire, 1620
Grace, honneur, triumphe & victoire;
Et que nostre foy essauciée
En soit, honnourée & prisiée!

27 juin.
Le roi part
de Venise avec
une flotte.

LI roys monta en sa galée,
Qui fu bien & bel aournée,
Si qu'il n'i avoit nul deffaut
De tout ce qu'en galée faut;
Et toute sa gent ensement
Entrerent ordeneement
Dedens leurs vaissiaux, sans atendre. 1630
Or les vueille de mal deffendre
Li dous Jhesu Cris, par sa grace,
Car briefment seront en tel place
Qu'il trouveront leurs anemis,
Mil contre un, n'il n'aront amis
Fors Dieu, qui ses bons amis garde
Par tout, & en fait bonne garde.

Mais dire vueil une merveille,
Dont maint preudomme se merveille;
Et je aussi si fort me merveil, 1640
Que je ne dor onques ne veil,
S'il m'en souvient, que ne me seingne
Et que penser ne mi couveingne.

Combien le roi
Pierre
souffrait du mal
de mer.

Cils nobles rois dont je vous conte,
Toutes les fois qu'en sa nef monte

Et il vient dedens la mer haute,
Il le couvient estre sans faute
Malade si tres durement
Et si tres perilleusement,
Qu'en la mer ja ne dormira,
Ne buvera, ne mengera,
Jusques à tant qu'il voise[a] à terre :
Là puet il sa garison querre ;
Et s'il avient qu'il s'esvertue
Si fort qu'il y boive ou mengue,
Hors le met, car riens n'i retient ;
Si qu'einsi vivre le couvient
Tant comme il est sus la marine :
Là se gist dessous sa courtine,
Tout einsi comme un homme mort,
Qui ne boit, ne mengut, ne dort.
Et si tost comme à terre vient,
Preus, haitiés & garis devient,
Et s'arme, & est en si bon point
Qu'en li mal ne doleur n'a point.

Ne li vient il de grant corage
Et de tres parfait vasselage,
Qui ce mortel peril ne doubte,
Qu'il n'a si petit en sa route
Qui jamais en la mer entrast,
Puis que si forment li grevast ?
Mais il le fait tout à l'onnour
De Jhesu Crit, no creatour,
Où il a parfaite fiance,
Son cuer & toute s'esperence,
Que de peril le gettera
Et qu'en tous cas[b] li aidera,
Pour ce qu'il est en son servise,
Et qu'il l'aimme & le doubte & prise.

a, V. *viengne*; B. *vieingne*. — *b*. B, C, D, V ; A. *qu'en tous*.

> Si ne doubte mort ne prison,
> Glaive, sajette ne poison.
>
> OR s'en va le roy & sa gent,
> Nuit & jour par la mer nagent,
> N'onques n'arresta li rois nobles
> Tant qu'il vint en l'ille de Rodes.[14]
> Quant il y vint, il s'arresta,
> Lui & sa gent bien apresta,
> Et longuement se reposa,
> Car grant mestier de repos a.
> Là demoura ii. mois entiers,
> Et on le vit moult volentiers.
> Li maistres par especial,
> Et les freres de l'Ospital,
> Et aussi tous ceus dou païs,
> De qui il n'estoit pas haïs,
> Grant honneur & grant reverence
> Li feïrent de leur puissance.
> Li roys ordena ses messages,
> Preudommes diligens & sages,
> Où raison & bonne foy a ;
> Et en Chipre les envoia.
> Au partir leur dist doucement
> Et moult tres amiablement :
> « Vous irez en Chypre ; ordenez
> « Que nous aiens planté de nez,
> « Des milleurs & des plus seüres ;
> « Et s'amenez des armeüres
> « Quan que vous en porrez avoir ;
> « Et n'espargniez pas nostre avoir.
> « Car quant sires, qui vuet honneur
> « Et qui het toute deshonneur,
> « Vuet faire ordener une chose,
> « Se son serviteur s'i oppose,

1365
juin-juillet.

Il séjourne à Rhodes, après avoir relâché à Candie.

Il envoie des messagers en Chypre pour faire venir la flotte.

« Qui plaint & pleure ce qu'il donne,
« S'onneur esteint & abandonne,
« Si que ce sont larmes perdues,
« D'envie nées & venues.
« Faites nous tres grant pourveances
« D'escus, de pavais[a] & de lances,
« Et de toute autre artillerie,
« Qu'il convient à nostre maisnie,
« Pour assaillir & pour deffendre,
« Pour murs brisier & citez prendre.
« Amenez selles & estriers,
« Roncins, courciers & bons destriers ;
« Pain, vin & planté de vitaille,
« Et gardez que becuit ne faille,
« Et ouvriers de toutes manieres,
« Fers, clos, panonciaus & banieres,
« Et toute chose necessaire
« Pour faire le chemin dou Quaire,
« Ou d'ailleurs, où Dieux nous menra,
« Qui le chemin nous apenra.
« Amenez nous or & argent,
« Et toute maniere de gent
« Qui porront les armes porter
« Pour nous aidier & conforter ;
« Et les ordenez par grans routes ;
« Et dites à tous & à toutes,
« Qu'en Chypre jamais n'entrerons,
« Ne la royne ne verrons,
« Jusques à tant qu'aiens esté,
« Soit en yver, soit en esté,
« En païs de nos annemis,
« Car voué l'avons & promis. »

a. B, V ; A. *pavaus.*

1365
juillet-août.

Préparatifs qui se font en Chypre, pour répondre aux demandes du roi.

LI message bien l'entendirent,
Et tantost de li se partirent,
Et firent son commandement
Si bien, si bel, si sagement
Que nuls amender n'i peüst, 1750
Tant estudier y sceüst.
 Quant en Chypre furent venu,
Tantost li gros & li menu
Furent mandé par le royaume.
Il n'i ot Gautier ne Guillaume
En toute la mer d'environ,
S'il sot nagier d'un aviron,
Qu'il ne mandassent pour eaus dire
Qu'il apareillent leur navire ;
Car le roy einsi le commande. 1760
Et avec ce il leur prie & mande
Qu'à ceste fois si bien le servent
Que sa bonne grace desservent,
Car il vuet passer en Egypte,
Qui n'est une chose petite.
 Lors d'un commun assentement
Respondirent moult liement,
Qu'il le feroient ; & le firent
Mieus encore qu'il ne leur deirent.
Et c'estoit le plus fort d'assez 1770
Coment tels pueples fust passez,
Et les pourveances aussi,
Qu'on ne fait mie sans soussi,
Et sans avoir mainte pensée,
Pour gouverner si grant armée.
Apres ce aus nobles parlerent,
Et sagement leur exposerent,
Doucement & de bel arroy,
Toute l'entencion dou roy.
 Lors, par une vois, respondirent 1780

Tantoſt, que plus n'i atendirent,
Que volontiers le ſerviroient
Et ſon commandement feroient,
Pour mettre le corps & la vie,
Et qu'il avoient grant envie
D'aler contre les meſcreans,
Qui pas ne ſont en Dieu creans.
Et li pueples qui là eſtoit,
Qui tous drois ſur ſes piez eſtoit,
Reſpondi à x. mille vois :
« Alons, alons ; g'i vois, g'i vois. »
Li meſſagier les mercierent
Tres humblement & s'enclinerent
Vers eaus, & puis ſe departirent.
N'a ceſte fois plus n'en feïrent.
  Et quant à l'autre pourveance,
Firent il tele diligence,
Qu'en brief temps furent aſſevi
A tous poins ; & ſe vous plevi
Qu'il recouvrerent à planté
De vivres, & à volenté,
Armes, chevaus, artillerie,
Pour mettre dedens leur navie ;
Ars turquois, angiens & bricoles,
Chaz, pannons,[a] baniere, frendoles,
Et quanqu'il faut pour aſſaillir
Et pour deffendre ; & ſans faillir.
Il trouverent ſi grant finance
Et tant d'avoir, que, ſans doubtance,
Je ne le ſaroie nombrer ;
Pour ce ne m'en vueil encombrer.
De gent de piet & de cheval
Furent plein li mont & li val,
Quant il firent leur monſtre faire.

a. B, V ; A. *pannos*.

GUILLAUME DE MACHAUT,

1365 août.

Car, si com j'ay oy retraire,
Si grant planté en y avoit,
Que home nombrer ne le saroit.
 Là avoit trompes & naquaires,
Et d'instrumens plus de x. paires,
Qui faisoient si tres grant bruit   1820
Que l'iaue en retentist & bruit;
Et la marine aussi resonne
De leur son, qui doucement sonne.
Puis firent leurs vivres chergier
Dedens leurs nez sans atargier,
Armes, chevaus & toutes choses
Necessaires que penser oses,
Pour si grant fait comme de prandre
La noble cité d'Alixandre.
Tant ont pené & traviillié,   1830
Qu'il ont chergié & abillié
Et mis à point tout leur harnois.
Le soudant ne prisent ij. nois,
Ne tout le remanant dou monde.
Lors s'esquippent en mer parfonde,
Et tant nagierent & voguerent,
Qu'en Rodes briefment arriverent. [15]

25 août.

La flotte chypriote rejoint le roi à Rhodes.

QUAND li bons roys sceut leur venue, [16]
 Il ne demoura pas en mue
En sa chambre ; ein couri au port,   1840
A grant joie & à grant deport.
Moult doucement les festia,
Et leur promist & ottria
Guerredon, merite & salaire
Si grant, que bien leur devra plaire,
Comme cils qui vuet desservir
Ce qu'einsi le viennent servir.
Là ot maint pelerin estrange,

LA PRISE D'ALEXANDRIE.

   Digne d'onneur & de loange,
1850 Qui moult tres grant joie feïrent,
   Quant au rivage les veïrent.
   Li grans maistres de l'Ospital
   Descendi dou chastel aval,
   A moult tres noble compaingnie,
   De chevaliers & de maisnie,
   Pour eaus veoir & conjouir,
   Et pour les nouvelles oïr.
    Briefment des vaissiaus descendirent
   Liement, & terre preïrent.
1860 Mais bonnes gardes y laissierent,
   Qui jour & nuit y demourerent,
   Qu'en si grant fait faut bonne gorde,
   Qui ne soit lente ne couarde.
   Eu chastel de Rodes monterent,
   Et par la ville se logierent,
   Bien & bel, & se rafreschirent,
   Et leurs chevaus en bon point mirent,
   Pour partir, quant le roy vorra.
   Mais, s'il puet, avec lui menra
1870 Les chevaliers & l'amiraut
   De Rodes, qui moult scet & vaut,
   Et qui est de tres grant emprise,
   Dont chascuns l'aime & loe & prise.

   OR vous vueil les vaissiaus nommer
    Qui flotoient parmi la mer.
   Il y avoit coques & barges,
   Panfiles, naves grans & larges,
   Griparies & rafourées,[a]
   Lins & fyacres & galées,
1880 Targes à chevaus & huissiers ;
   Et si avoit de bons courciers,

1365 août

Navires de toutes sortes réunis alors à Rhodes.

---
a. B. Et quaraques longues & lées.

1365
août-septembre

> *Plus tost courans que nuls chevaus,*
> *Pour courir les mons & les vaux,*
> *Si comme l'onde se demeinne*
> *De la mer, quant li vens la meinne,*
> *Et la tourble*[a] *& fait tempester,*
> *Si qu'on ne la puet arrester.*
> *Mais ne vueil pas mettre en oubli*
> *Que li noble & li anobli*
> *De Chypre, & que toutes gens d'armes,*[b]   1890   fol. 311
> *Qui ainment Dieu, honneur & dames,*
> *Estoient à ceste assamblée,*
> *Qui ne fu secrette n'emblée,*
> *Car tous li mondes la savoit.*

Nul des princes
que le roi avait
conviés à la
croisade ne lui
vient en aide.

> **M**AIS *des signeurs nuls n'i avoit*
> *Que li bons roys ala requerre,*
> *Par toute crestienne terre,*
> *Pour avoir confort & aye*
> *D'argent, de gent & de navie,*
> *Et de y venir, s'il leur plaisoit,*   1900
> *Qu'onneur ce faire leur faisoit.*
> *Leur response avez bien veü,*
> *Se ci devant avez leü.*
> *Il li orent moult en couvent ;*
> *Mais, vraiement, ce fu tout vent ;*
> *Car bien say qu'il n'i furent pas,*
> *N'onques il n'en passerent pas,*
> *Et vesci la cause, sans faille.*
> *Ils aiment mieus pais que bataille,*
> *Et c'est grant peinne d'estre preus*   1910
> *A gens qui sont lent & prisceus ;*
> *Mais ce n'est peinne ne labour*
> *A gens qui desirent honnour ;*
> *Einsois leur est pais & repos.*

a. B, V. *trouble.* — b. Le vers ferait faux sans l'addition de *que*.

Or revenray à mon propos :
Toutes gens de piet demourerent
En Chypre, & le païs garderent,
Car honte est de perdre sa terre,
Pour aler une autre conquerre ;
1920 Et se fait cils biaus vasselage,
Qui bien deffent son heritage.

EN Rodes ot un amiral
Qui les freres de l'Ospital,
Qui sont bon chevalier de pris,
Et les gens d'armes dou pourpris
Et dou païs fist mettre ensamble.
Li roy leur pria, ce me samble,
Que o li fussent en ceste armée,
Qui estoit faite & ordenée
1930 En l'onneur de Nostre Signeur.
Tantost li grant & li meneur
Respondirent que il iroient
Volentiers, & que prest estoient
Pour aler où le roy vorra,
Et que ja piet n'en demorra.

LI roys les mercia forment,
Puis fist crier isnellement, [16]
Que le landemain partiroit,
Mais ne dist pas quel part iroit,
1940 Pour ce que se li anemy
Heüssent là aucun amy,
Il lor[a] peüst faire savoir
L'armée,[b] pour lui decevoir.
Et pour ce celoit il sa voie.
Or prions Dieu qu'il le convoie.
Qu'onques mais si grant entreprise

1365
août-septembre

Les chevaliers
de Rhodes se
joignent à lui.

Le roi annonce
le départ à son
armée.

a. B; A. il le lor. — b. B, C, D, V; A. La viëe.

1365
septembre

De tant de gens ne fu emprife.
Qui lors veïft gens efveillier,
Troter, courir & abillier
Coques, nés, avirons & voiles, 1950
Et requeudre les tros des toiles,
Cordes renouer & trecier,
Et les grans maz ès nés drecier.
Et qui veïft les amiraus
Ordener armes & chevaus,
C'eftoit belle chofe à veoir,
D'à fi grant fait bien pourveoir.
Briefment fi furent mis à point,
Que de deffaute n'i ot point,
Eins pooient au point dou jour 1960
Partir fans plus faire fejour.

Le roi confulte fon chambellan, Perceval de Cologne, fur le lieu où il convient d'attaquer les Infidèles.

Li roys fe coucha en fon lit,
A grant joie & à grant delit ;
Et faifoit à chafcun la fefte
De fon armée, qui eft prefte.
Un fien chambrelan appella,
Qui toft oy fon appel a.
Ce fu Percevauls de Coulongne,
Uns chevaliers qui bien befongne,
Car il eft fages & hardis, 1970
Preus, vaillans, en fais & en dis.
Li roys li dift en tel maniere :
« Parceval, j'ay fiance entiere
« En toy, plus qu'en homme dou monde.
« Paffer me faut la mer parfonde ;
« Et fi ne fay où je doy traire.
« Maintes fois as efter au Quaire,
« En Alixandre & en Surie,
« Et en Egypte. Se te prie
« Que tu me vueilles confillier 1980

LA PRISE D'ALEXANDRIE. 61

« *Où nous pourrons mieus esploitier,*   1365
« *Car tous desesperez seroie*   septembre
« *S'en vain la haute mer passoie ;*
« *Et tous li mondes le saroit,*
« *Si que chascuns se moqueroit*
« *De mon armée & de mon fait,*
« *Que j'ay à si grant peinne fait.* »

P*ERCEVAUS le roy entendi,*   Perceval
  Et sagement li respondi :   engage le roi à
                                       se diriger sur
1990 « *Sire, je sui vo creature,*   Alexandrie & à
« *Et si vous aim d'amour si pure*   attaquer la ville
« *Que je ne vous conseilleroie*   un vendredi.
« *Que bien. Mieux morir ameroie*
« *Comment que ne soie pas dignes*
« *De savoir vos secrez couvines,*
« *Si que je vous conseilleray*
« *A mon pooir & voir diray.*
  « *Sire, j'ay esté vraiement*
« *En Alixandre longuement*
2000 « *Prisonniers ; mais je m'esbatoie*
« *Parmi la ville où je voloie.*
« *Si vous diray la vérité*
« *Dou païs & de la cité.*
« *Sire, Alixandre est une ville*
« *Qui tient de tour plus de* x. *mille,*
« *Car elle est grant & plate & lée,*
« *De tours & de haus murs fermée ;*
« *Et si a à chascune porte*
« *Bonnes tours, dont elle est plus forte ;*
2010 « *Environnée est de fossez*
« *Grans, larges & parfons assez.*
« *C'est une ville si pueplée*
« *Qu'on y voit à une assamblée*
« *Cent mille hommes en une place,*

1365
septembre

« Biaus & gens de corps & de face;
« Mais tant sont de foible marrien
« Qu'en armes il ne valent rien,
« Eins s'en fuient comme chevriaus.[a]
« Puis qu'il a gens d'armes entr'eaus,
« Il sont de trop povre couvine ; 2020
« Et si siet droit seur la marine
« Un petit plus d'une huchie.
  « Or est raisons que je vous die
« Une chose moult mervilleuse,
« Et qui est pour eaus perilleuse.
« Ce sont gens qui vivent par sort :
« Et près de la ville a un port,
« Que chascuns le Viez Port appelle,
« Sus une place pleinne & belle,
« Qui entre le port & la ville 2030
« Est pleinne de greve & d'arsille.
« Il tiennent veritablement,
« Tous & toutes communement,
« Que c'est droite necessité
« Que par ce viez port la cité
« D'Alixandre sera gastée,
« Destruite, prise, arse & bruslée
« Et desconfite ; & se vous di
« Que c'iert en jour de venredi,
« Si que, sire, je vous conseil, 2040
« Que vous usez de mon conseil
« Et que faciez vos voiles tendre
« Droit vers la cité d'Alixandre,
« Car Diex si noble destinée
« Vous a, ce m'est vis, destinée
« Qu'en vérité vous la penrez,
« Sans faillir, quant vous y venrez.

a. B, V ; A. chevaus.

« Et eu païs qui est entour
« Il n'i a forterefce entour,
« Deffence ne ville fermée,
« Pour tenir contre vostre armée.
« Je ne vous en fay plus que dire. »

ET li roy commensa à rire,
Qui moult volentiers l'escouta,
Et fus fon chevés s'acouta,
Et li dist : « C'est fort chofe à faire,
« Que ville de fi grant affaire,
« Et fermée fi richement,
« Soit prife fi legierement,
« Mefmement de gent fi petite,
« Comment qu'il foient tuit d'eflite.
« Mais ce n'est mie forte chofe,
« A Dieu qui tout fait & difpofe,
« Que mil defconfiffent cent mille,
« Et de penre une telle ville.
« Ne homme ne s'en doit donner gloire,
« Fors à Dieu qui fait la victoire.
« Il en a l'onneur & le pris,
« Com cils où tous biens font compris.
« Si que, Perceval, je m'acort,
« Et fui dou tout à vostre acort,
« Si qu'en l'onneur de Dieu le pere,
« Et de fa glorieufe mere,
« Et de la court de paradis,
« Où j'aray fiance toudis,
« Nous penrons demain nostre voie
« Vers Alixandre ; & toute voie,
« Nous ferons famblance de traire
« En Chipre, qui eft le contraire ;
« Par quoy des annemis fceüe
« Ne puift eftre noftre venüe. »

1365
Septembre

Héfitation du roi.
Il fe décide à faire voile vers l'Egypte.

A tant la parole laiſſierent,
Si dormirent & repoſerent.

Départ de la flotte.

AU matinet qu'il ajourna,
Li roy bien & bel s'atourna
Et treſtuit li autre enſement.
Meſſe oïrent devotement,
Et puis en leurs vaiſſiaus monterent,
Et en haute mer s'eſquiperent,
En un lundi, bien m'en remembre, 2090
Droit xxviij.[a] jours en ſeptembre,
L'an mil ccc.v. & ſexante.

Lundi, 28 ſept.

Li roys metoit toute s'entente
A tel fin que ſa gent cuidaſſent
Que droit en Chypre retournaſſent.
Mais il penſoit tout le contraire,
Si comme vous l'orrez retraire.

Tant nagierent, de place en place,
Qu'il vinrent tuit, par la Dieu grace,
En un lieu qui eſt appellez 2100
Cramboufe;[b] là ſont oſtelez. [18]
Au matinet, meſſe eſcouta
Li roys, que uns preſtres li chanta,
Et quant la meſſe fu chantée,
Il monta dedens ſa galée;
Et fu le diemenche enſievant.

5-9 octobre.

Une fois loin des côtes d'Aſie-Mineure, le roi annonce qu'on va attaquer Alexandrie.

IL s'en va par la mer bruiant,
Et tuit li autre le ſievirent,
Qui venir à bon port deſirent.
Quant li roys fu bien eſlongiez, 2110
Il ne s'eſt gueres atargiez,
Eins fiſt ſonner une trompette,
Qui haut & cler ſonne & trompette.

a. B, C, D V; A, ſeul, donne: *xviij.* — *b.* B; V. *Crambouxe.*

   Lors s'arresta tout le navire,
   Pour oïr ce qu'on vorra dire.
   Li rois commanda qu'on leur die
   Que chascuns le sieve à navie
   Tout droit le chemin d'Alixandre,
   Car là vuet il aler descendre,
2120   *Se Dieux plaist ; nul n'arrestera*
   Jusques à tant qu'il y sera.
    Qui lors veïst gens esbahir
   Et murmurer par grant aïr ;
   Il y avoit si grant murmure
   Que chascuns d'eaus dit & murmure :
   « *Alixandre est si fort cité*
   « *Et si poissant, qu'en verité*
   « *Tous li mondes ne la penroit.*
   « *Li amiraus* [a] *en geteroit*
2130   « *Cinq cent*[a] *mil hommes en une heure ;*
   « *Nostres roy pour neant labeure*
   « *Et si n'est pas bien consilliez,*
   « *Einsois s'est en vein travilliez ;*
   « *N'il n'a pas gens pour li combattre,*
   « *Car il seront cent contre quatre.*
   « *Nompourquant prenons l'aventure,*
   « *Qui moult est perilleuse & dure,*
   « *Et prions Dieu qu'il nous conforte,*
   « *Et qu'à port de joie nous porte,*
2140   « *Car se là nous couvient morir,*
   « *Il le nous fara bien merir.* »

   E*INSI chascuns se conforta,*
   Et li bons roy les enorta
   Que chascuns ait bonne esperence
   En Dieu & toute sa fiance,
   Car s'il l'ont ades en memoire,

a. A. V^c.

1365
5-9 octobre

Il encourage
ses gens, un mo-
ment ébranlés.

1365
5-9 octobre

Il aront honneur & victoire.
　Il dist: « Signeurs, n'aiez doubtance
« De la planté, de la puissance
« Des anemis Dieu, ne freour,　　　　2150
« Qu'il [a] vivent en si grant errour,
« En tel pechié, en tel misere,
« Qu'il ne congnoissent Dieu le pere,
« Ses commandemens, ne sa loy.
« Pour ce vous di, en bonne foy,
« Que Dieus tous les desconfira,
« Et de leurs mains vous gardera;
« S'il sont plus & nous somes mains,
« Diex les metera en nos mains.
« Une cantique determine　　　　　　2160
« Que jadis, par vertu divine,
« Uns homs en desconfissoit mille,
« Et ij. en chassoient x. mille.
« Dieus le faisoit certeinnement,
« Qu'estre ne peüst autrement,
« Et c'est à li chose legiere,
« De les destruire en tele maniere;
« Si que tous les desconfirez,
« Vous le verrez & le direz. »
　Quant il ot dit sa volenté,　　　　　2170
Il furent tuit entalenté
Telement que le plus couart
Cuidoit bien valoir Renouart.
Si crierent à haute alainne:
« Quant Paris ala querre Helainne,
« Il ne fist pas si grant emprise,
« Nobles roy, com tu l'as emprise;
« Si que de cuer te servirons
« Et avec toy partout irons.
« Ne te lairons n'à mort n'à vie,　　　2180

a. B, V; A. qui.

« Pour riens qu'aveingne ne qu'on die ;   1365
— Mais il feïrent le contraire,
Si comme apres l'orrez retraire, —
« Va devant nous, irons après,
« Sans rien reſſongnier, long ne près. »
   Li jours fu biaus, la mer fu quoie,
Chaſcuns à bien nagier s'emploie ;
Car li vens eſtoit couvenables,
Bons & dous, cois & profitables.

2190   SI ont tant nagié & vogué,   Il jette l'ancre
       Parmi la mer, qui a po gué,   devant le vieux
Qu'au viez port, devant Alixandre, [19]   port d'Alexan-
Vint li bons roys ſans plus atendre,   drie.
En un juedi, ce m'eſt avis,
Jour de la feſte St. Denis ;   Jeudi 9 oct.
Et y vint à l'eure de nonne.
Li roy ſes beſongnes ordonne,
En atendant ſa compaignie,
Dont il vint la plus grant partie
2200 Einſois que la nuit fuſt venue.
   Or le gart cils qui fiſt la nue !
Qu'einſois qu'euſſent but ne mengié,
Furent li anemy logié,
Devant le viés port, à tel route,
Qu'il couvroient la terre toute.
Bien eſtoient plus de c. mille,
Et s'en yſſoit hors de la ville,
Tant & ſi mervilleuſement
Que nuls homs nombrer bonnement
2210 Ne le peüſt en verité,
Tant en y ot grant quantité
Qui empeſchierent le deſcendre
De ſes vaiſſiaus & terre prendre.
Einſois que l'aube fu crevée,

1365
10 octobre

Vendredi
10 oct.
Le roi ordonne le débarquement.
Les Sarrasins entrent dans la mer pour combattre les chrétiens.

Fu venue toute l'armée.

La nuit paſſa & li jours vint
Si biaus, que plus bel ne couvint;
Si qu'il veoient vis à vis
La planté de leurs annemis.
Quant li bons roys cuida deſcendre,   2220
Li Sarraſin, ſans plus attendre,
Entrerent juſques au nombril
Dedens la mer plus de xx. mil;
Car la mer eſtoit là ſi plate,
Si pleinne, ſi coie & ſi mate,
Que pour ce eſtoient demourées
Long dou port toutes les galées,
Auſſi comme à get d'une pierre,
Que ne pooient penre terre.
Li Sarrazin tant s'efforcerent   2230
Que les galées aprocherent.
Tant y ont trait & tant lancié,
Que pluſeurs des nos ont blecié,
Qui bien & bel ſe deffendoient,
Des galées où il eſtoient.
Et pour ytant que leur navie
Eſtoit eſtroitement rengie
Près de la rive de la mer,
L'un ne pooit tant l'autre avier
Qu'il deſcendiſſent ij. & ij.   2240
Et aveques ce chaſcuns d'euls
Eſtoit en mer juſqu'au braier,
Pour les Sarraſins deplaier.
En ce point faut qu'on ſe combate,
Pour la mer qui eſt là trop plate.
Et einſi com chaſcuns deſcent,
Dix[a] ſe combatent contre cent.

a. A. X.

Mais onques mais si druement
Ne vist homs gresler vraiement,
Com lances, sajettes & dars
Volent en l'air de toutes pars,
Pour nos Crestiens damagier.
Mais bien se savoient targier,
Car autrement il fussent mort
Et occis de piteuse mort.
Et aussi moult forment traioient
Les nostres qu'en vaissiaus estoient.

*1365
10 octobre*

LA fu le conte de Genoive,
Qui pour colée qu'il reçoive,
Pour grevance ne pour labour,
Pour froidure ne pour chalour,
De l'estour ne se partira,
Ne le bon roy ne guerpira.
Il ne fu pas des darreniers,
Einsois descendi li premiers.
Juenes homs estoit, lons & drois,
Biaus, gracieus, en tous endrois.[a]
De bien ferir pas ne se faint,
Il abat tout ce qu'il ataint.
Enclos estoit de toutes pars ;
Si se deffent comme un liepars,
Quant on li vuet tollir sa proie.
Mais la force ne fu pas soie,
Car tout ensamble & à une heure
Plus de c. li coururent seure ;
Si que si jours estoient cours,
Se briefment n'eüst heu secours.

Valeur du
comte de Gene-
vois,
Amédée III.

LI roy avoit ij. mareschaus,
Li uns estoit ses amiraus ;[20]

Jean
de Morpho &
Simon Thinoli
se distinguent.

a. B ; V. *lons & adrois.*

L'autre fu Symon Thinoli, 2280
Qui estoit descendus o li;
Et tuit li autre ensement
Descendirent isnellement.
Cils ij. furent si vaillant homme,
Que d'Alixandre jusqu'à Romme,
N'avoit ij. hommes si parfais,
En vaillance, en dis & en fais.
Tuit^a *se fierent en la meslée.*
Là ot mainte teste copée,
Et maint Sarrazin detranchié. 2290
Brief, il ont le conte laissié
Sain & legier, preu & hardi;
N'à ceste heure rien ne perdi.

Belle conduite de Hugues de Lusignan & du vicomte de Turenne.

LI bons princes de Galylée
Yssi après de sa galée,
Devant tous, si hardiement
Et si tres perilleusement,
Qu'on le tint à grant hardiesse
Et à mervilleuse prouesse.
Chascuns li donne los & pris, 2300
Pour le grant fait qu'il a empris.
Mervilleusement se combat;
Il en tue tant & abat
Qu'il fist^b *place à plus de sexante,*
Qui descendirent sans atente.
*Niés fu dou roy & ses prive*z*,*
*Sages, vaillans & esprouve*z*.*
  Et li vicontes de Toureinne^c
Descendi après, qui grant peine
Met à bien faire la besongne. 2310
Chascuns le suit & le ressongne,

---

a. B, V; A. *Tant.* — *b.* V; A. *feist.* — *c.* B. *Containne;* V. *Toutainne.*

Car porté leur a grant damage,
La journée, sus le rivage.

1365
10 octobre

LI roys yssi de sa galée,
L'espée eu poing, la teste armée,
Et entra dedens la bataille.
Là fiert & cope & tue & maille,
Quan qu'il ataint, tue ou mehaingne ;
N'est riens qui à ses cops se teingne.
2320 Trante ᵃ en occist en petit d'eure,
Si que la place li demeure.
Chascuns le fuit, chascuns le doubte ;
Briefment il passoit toute route.
   Il avoit là un amiraut,
Qui estoit venus à l'assaut.
Il dist au roy : « Viens-tu conquerre
« Nostre païs & nostre terre ?
« Je te moustreray ta folie,
« Ton outrage & ta cornardie. »
2330 Lors donna au roy tel colée,
D'une fort lance bien ferrée,
Qu'il le fist reculer ᵇ iij. pas.
Li roy li dist : « Tu ne scez pas
« Encor comment m'espée taille,
« Mais briefment le saras, sans faille. »
Il passe avant ; si li rendi
Tel cop que tout le pourfendi,
Et dit : « Cuvert, ᶜ vous mentirez ;
« N'à roy jamais ne metterez
2340 « La main qu'il ne vous en souveingne. »
Quant li autre de sa compaingne
Virent ce cop, il reculerent
Pour le roy, que trop fort doubterent.

Bravoure du
roi de Chypre.

---

a. B, V ; A. xxx. — b. B, V ; A. recoler. — c. B. cuvers ; V. cuivers.

1365
10 octobre

Bremond de la
Voulte &
Perceval de Co-
logne re-
joignent le roi
dans la mer &
combattent à
ses côtés.

> OR vueil conter une apertise,
>   Que chascuns loe moult & prise,
> De Bremont & de Perceval,
> Qui sont preu, vaillant & vassal.
>   Il estoient en leur galée,
> Et bien veoient la meslée,
> Mais ne pooient terre prendre, 2350
> Ne il ne pooient descendre;
> Si qu'il saillirent en la barge
> Dou roy, qui estoit grant & large,
> Com bon & loyal chambellain;
> Puis, sans eschiele & sans poulain,
> Saillirent dedens la marine.
> En la mer sont jusqu'à l'eschine;
> Là se combatent fierement
> Et si tres orguilleusement,
> Que tous ceuls qui les regardoient, 2360
> A merveilles s'en mervilloient.
> Tant ont feru, tant ont maillié,
> Tant ont fait, tant ont esploitié,
> Que, malgré Sarrazins, ambdoy
> Sont venu d'encoste le roy.
> Li roys les vit, s'en ot grant joie,
> Et dist : « Signeurs, se Dieus me voie,
> « Venus estes à la bonne heure.
> « Or leur couron vitement seure,
> « Si seront tantost desconfit. » 2370   fol. ??
>   Chascuns son commandement fit
> Si bien & si hardiement
> Qu'on ne pooit plus vaillamment;
> Là ne fu pas lons li sermons.
> Li roy, Percevaulx & Bremons
> Se fierent dedens la bataille.
> Chascuns tint l'espée qui taille,
> Chascuns grans cops donne & depart;

De Sarrazins font grant effart.
2380 Mais li roys si fort se traveille
Que chafcuns en a grant merveille.
Aussi Perceval de Coulongne,
Qui a basti ceste besongne,
Moult hardiement se combat;
Quan qu'il attaint tue & abat.
Riens n'est qui contre ses cops dure;
S'espée,ᵃ qui est bonne & dure
Et taillant, scet bien mettre en ouevre;
Bien se deffent & bien se cuevre.
2390 N'il ne doubte mort ne prifon,
Fors deshonneur & mesprison.
Et aussi tuit cil qui là sont
Merveilleusement bien le font.
 Messires Briemons de la Vote
Estoit là com chastiaus sus mote;
Fors & fermes & deffensables,
Plus que Gauvains li combatables.
Ces ij. furent dalés le roy,
En grant couvine &ᵇ bon arroy.
2400 Percevaus estoit à sa destre
Et Bremons fu à sa senestre.
Bremons une hache tenoit,
Dont grans & rutes cos donnoit.
A tant de cops, tant d'ommes mors.
Il estoit grans & lons & fors,
Et plus vif c'un alerion,
Et s'ot corage de lion.
Trop le doubtoient Sarrazin,
Qu'en li avoient mal voisin;
2410 Entour li faisoit grant effart;
Jeᶜ tieng celi pour trop musart

1365
10 octobre.

a. B, C, D, V; A. N'espée. conjure & bon erroy. — c. V; A.
— b. V; A. en; B. En grant   Se; B. Si.

Qui se metoit enmy sa voie
Pour estre mors ; & toute voie
Dieu, honneur amoit & vaillance ;
Et si estoit nez de Provence. [a]

Li bons messire Jehans de Mors
En a plus de l. mors ;
Et messire Guy li Baveus,
Qui doit estre eu nombre des preus,
Et ses ij. fils si bien le font,   2420
Qu'entre les bons des milleurs sont.
Ce sont iij. chevaliers de France,
Qui aiment honneur & vaillance,
Et qui les vont par toute terre,
Où on puet aler, pour les querre.

ET *quant tuit furent descendu*
   Dedens la mer, j'ay entendu,
Et le me dist uns chevaliers,
Qu'il n'estoient pas viij. milliers, [21]
Bons & mauvais, grans & petis ;   2430
Et n'i ot pas de gens de pris,
Qui gens d'armes sont appellez,
Plus de vij.^{c} ou tout dalés ;
Qu'il avoient, si com diron,
Bien c. voiles ou environ.
Li Sarrazin, si com moy samble,
Ne les laissoient mettre ensamble,
Qu'au descendre se combatoient,
Main à main, dont trop les grevoient.
Mais merveilles fu de leur trait ;   2440
Car chascuns rue & lance & trait
Par tel guise & par tel effort
Qu'onques ne treirent si fort
N'onques si viguereusement,

---

a. V. *Et si estoit nez sanz doubtance.*

Ne si tres orgueilleusement
On ne vit Sarrazins combatre

ET s'estoient mil contre iiij.
Toute voie, li nostre firent
Tant qu'ensamble tuit se meïrent.
  Quant il furent tuit assamblé,
2450 Il a à chascun d'eaus samblé
Que li Sarrazin desconfi
Fussent, & en disoient : « Fi,
« Mauvaise gent, mors y serez,
« Si que ja n'en eschaperez ;
« Ne ja pour lancier, ne pour traire,
« Ne porez à garison traire. »
Et li roys dist : « Or y parra
« Qui au jour de hui bien le fera.
2460 « Certes li plus acouardis
« Doit estre ci preus & hardis,
« Car il sont anemi de Dieu ;
« Ne leur lairons place ne lieu,
« Einsois tous les desconfirons.
« Avant ! signeurs, ferons, ferons,
« Si que li nostre se deffendent
« Et à bien batillier entendent,
« Par tel maniere & par tel guise
« Que chascuns son compaingnon prise ;
2470 « Ne homme n'i a qui puist entendre
« A nulle rien qu'à lui deffendre. »

LONGUEMENT dura li assaus.
Li rois, Brimons & Percevaus,
Li princes, sa gent & le conte,
De quoy on tenoit moult grant conte,
Et li mareschal en tuerent
Si grant plenté & afolerent,

1365
10 octobre.

Nombre considérable des ennemis.

Le combat continue avec acharnement

1365
10 octobre.

Qu'il gisoient mors & ocis,
Là cent, là mil, là vint, là sis ;
Si que l'iaue de la marine   2480
Dou sanc avoit couleur sanguine
Une huchie tout entour,
Tant fu fors & crueus l'estour,
 Grans fu & crueus li assaus.
Li roys fu là preus & vassaus,
Et tuit cil de sa compaingnie.
Chascuns son compaingnon deffie
De bien faire & de batillier,
Pour les Sarrazins detaillier.

Les croisés repoussent les Sarrasins hors de la mer & parviennent à gagner la plage.

 Tant ferirent,[a] tant batillierent   2490
Que hors de la mer les chacierent
Et, maugré eaus,[b] preinrent terre.
Qui adonc leur veïst requerre
Les Sarrasins hardiement,
Il deïst que ce hardement
Vint de Dieu, qui les conduisoit
Et à ce faire les duisoit,
Car c'estoit hardement celestre.

Les Hospitaliers, débarqués vers l'Orient, prennent les Sarrasins à revers & les poursuivent jusqu'à la porte de la ville.

Il avoit un port à senestre,
 Devant[c] la cité d'Alixandre,   2500
Où Dieux fist venir & descendre
De Rodes le bon amiral,
Et les freres de l'Ospital,
Qui tuit estoient chevalier
Fort, puissant, apert & legier.
Ils abillierent leurs chevaus,
Et issirent de leurs vaissiaus
Bien & bel & arreement,
Sans avoir nul empechement ;[d]

a. B, V ; 'A. feirent. — *b.* V ; eulz. — *c.* V. devers. — *d.* A. em-
A. maugrens eaus ; B. maugré peechement ; V. empeeschement.

LA PRISE D'ALEXANDRIE.

2510
Puis se meïrent en bataille ;
Chascuns l'espée qui bien taille
Tenoit en sa main toute nue.
Adonc n'i ot resne tenue,
Tant qu'il veinrent en la place
Où de sanc avoit mainte trace,
Puis crierent : « A mort ! à mort !
« Mauvaise gent, vous estes mort! »
Et quant li Sarazin veïrent
Les nostres qui les encloïrent,
2520
En l'eure tournerent en fuie ;
Ne celui n'i a qui ne fuie
Vers la porte de la cité.
Là n'avoit merci ne pité,
Car li nostre qui les chassoient
Sans deffense les occioient,
Si que d'ocire ne finerent
Tant qu'à la porte les chasserent.
Il ot grant meslée à la porte,
Qui estoit grant & large & forte,
2530
Que li Sarrazin la voloient
Clorre & fermer ; mais ne pooient,
Car il y avoit tant de mors,
Qu'il ne marchoient que sus corps,
Qui gisoient gueule baée,
L'un jus, l'autre droit à l'entrée.
Et nonpourquant, à la parclose,
Maugré le roy, elle fu close.

QUANT il furent dedens la ville,
Li Sarrazin, plus de xx. mille,
2540
Monterent par dessus les murs,
Qui estoient haus & seürs,
Et n'i ª avoit porte ne tour

1365
10 octobre.

La porte ayant été fermée malgré les efforts des croisés, le roi fait sonner la retraite.

a. B, V ; A. *Et cui.*

1365
10 octobre.

Qui n'eüst arbaleftre à tour,
Et qui ne fuft tres bien garnie
De treftoute autre artillerie;
Et fe mirent à grant deffenfe.
Mais li roys autre chofe penfe,
Qu'il ne les vuet pas affaillir
Si toft, pour paour de faillir.
Tantoft fift fonner la trompette   2550
Li roys, en figne de retreite;
Si que chafcuns fe retrey
Long de la porte, & fe trey
En une place grant & lée,
Seur le lieu où fu la meflée,
Entre la ville & la marine,
Et n'i avoit ronce n'efpine.

Le roi fait débarquer les chevaux & ordonne le repos.

LI roys le fift pour ij. raifons,
Qu'il n'eft pas drois que nous taifons.
Et vefci la raifon première,   2560
Apres dirons la darreniere.
Chafcuns d'eaus eftoit tous laffez,
Qu'eü avoient mal affez
En la bataille & en la chace;
Si que li bons roys, qui ne chace
Seulement qu'à honneur venir,
Les voloit faire rafrefchir,
Et les navrez aparillier,
Et leurs plaies bien abillier,
Qu'autrement il ne s'en peüft   2570
Aidier, fe meftier en heüft.

L'autre : il voloit fes chevaus traire [22]
Hors des vaiffiaus, car nul contraire
Li Sarrazin ne li faifoient,
Qu'en Alixandre l'atendoient.
Auffi fa gent n'eftoient mie.

Tuit descendu de la navie,
Eins s'abilloient pour descendre;
Si les couvenoit à atendre.
    Quant li cheval furent à terre
Et trestoute sa gent, grant erre
Les menerent devers le roy,
Qu'il trouverent en grant conroy,
Tout à piet, dessous sa baniere,
Qui n'estoit mie tout entiere,
Eins y avoit plus de c. tros
De sajettes & de garros.ᵃ
Li roys moult volentiers les vit
Et moult amiablement dit
A ses chevaliers & à tous :
« Biaus signeurs, rafreschissiez vous,
« Car vous estes forment grevez,
« Et faites penser des navrez,
« Si tres bien qu'il n'i ait deffaut,
« Car certeinnement il nous faut
« Avoir conseil par quele guise
« Ceste grant cité sera prise. »
    Qui dont veïst gens esmouvoir,
C'estoit merveille, à dire voir.
Chascuns disoit : « Se Dieus me faut,
« Jamais ne l'ariensᵇ par assaut,
« Ne par siege, ne par famine,
« Par angien, par trait, ne par mine;
« Ne nous ne li poons grever,
« N'on ne se doit pas esprouver
« A ce qui ne puet avenir.
« Se le roy laissons couvenir,
« Il nous menra à tel pertuis
« Que nous en serons tous destruis,
« Car il sont bien mille contre un. »

1365
10 octobre.

a. V; A. & garros. — b. V; A. aries.

Einsi murmuroit le commun.
Toutevoie il se rafreschirent,
Et en bon estat se meïrent,
Et trestous leurs chevaus aussi,
Tant qu'il furent bien rafreschi.

Li roys son conseill appella,
Et les sages qui furent là,
Et dist : « Signeurs, nous sommes ci
« En assez bon point, Dieu merci,
« Qui nous a fait si belle grace, 2620
« Que veü avons face à face
« Nos annemis & desconfis ;
« Chascuns de vous en est tous fis.
« Si l'en devons moult honnourer,
« Et servir, doubter & amer,
« Car ce ne peüst autrement
« Avenir sans li nullement.
« Or regardons que nous ferons,
« Et se nous les assauterons ;
« Car hontes seroit de partir 2630
« Sans eaus penre, ou sans assaillir :
« Et pour ce à vous tous m'en conseil.
« Or me donnez vostre conseil
« Si bon, que Dieux y ait honnour
« Et nous n'i aiens deshonnour. »
Quant il ot finé sa parole,
Qu'on ne tint mie pour frivole,
Einsois fu moult bien escoutée,
D'eaus tous & pesée & notée ;
Il avoit là un amiraut 2640
Qui respondi & dist tout haut :
« Sire, j'en diray mon penser.
« Vous devez bien considerer

« Cinq[a] choses qui sont à ce fait,
« Si les vous diray tout à fait. »

1365
10 octobre.

L'amiraus premier parla,
Pour ce qu'il n'avoit homme là
Qui deïst mot; eins se taisoient,
Et l'un l'autre se resgardoient.
2650 Li amiraus dist sagement :
« Sire, vous veez clerement
« Que ceste cité est trop fort,
« Et s'a dedens si grant effort
« De gent, qu'on ne les puet esmer.
« Bien l'avez veü en la mer,
« Au descendre de vos galées.
« Car, se ce fussent gens faées,
« S'estoient il de grant deffense ;
« N'onques ne vi gens sans doubtance,
2660 « Qui si vitement assaillissent,
« Ne qui si bien se deffendissent,
« Sire. Et vous les assauterez[b]
« A ces murs où il sont montez ?
« Il sont haus, larges & espès,
« Et s'a bonnes tours près à près,
« Bien garnies d'artillerie
« Et de gens qui ont la maistrie
« De bien traire ; car ce sont gent
« Qui de ce sont trop diligent,
2670 « Si que de toutes pars trairont
« Et vostre gent mehaingneront.
« Or resgardez que ce sera,
« Quant chascuns de haut gettera
« Pierres, caillaus & mangonniaus.
« Il n'i ara si petit d'iaus
« Qui ne vaille un bon chevalier ;

Avis d'un baron
pour ne pas
tenter l'assaut.

a. A. V.— b. A. assautrez.

« Pour vos gens tuer & plaier
« Chafcuns d'iaus vaurra x. des voftres.
« Einfi feront peri les noftres,
« Et mis à mort fans cop ferir. 2680
« Si n'eft pas bon d'eaus affaillir.
  « Encor y a autre raifon.
« Il n'a ne borde ne maifon,
« Ne fortereſce de ci au Quaire
« Où vous vous peüſſiez retraire,
« Non juſques en Jheruſalem.
« Encor opinion ha l'en
« Que vos gens ne puelent acroiftre,
« Einſois ne feront que defcroiftre.
« Et n'atendés ſecours n'aye 2690
« De nul homme qui ſoit en vie,
« Fors de Dieu qui victoire donne :
« Son pooir n'a terme ne bonne.
« Si n'oſeroie confillier
« Que vous aliſſiez effillier,
« Vous & vos gens d'armes, pour prendre
« La forte cité d'Alixandre,
« Efpectaument par affaut. »
  Quant li prince & li amiraut
Oyrent ſon entention, 2700
Chaſcuns tint ſon opinion,
Et dirent tuit communement
Et d'un commun affentement :
« Sire, par noftre loyauté,
« Il vous dit pure vérité. »

Réponfe du roi pour l'offenfive.

Li roys, qui bien l'a entendu,
Longuement n'a pas atendu,
Eins refpondi courtoifement :
« Seigneurs, je ſay certeinement
« Que il dit voir comme evangile. 2710

« Mais ce seroit chose trop vile
« A moy, qui tant me sui penez,
« Que je vous ay ci amenez
« Et s'avons heü tele honnour,
« A l'aïde Nostre Signour,
« Qu'onques chose plus honnourable
« N'avint à nul de nous, sans fable,
« Car nous les avons detranchiez,
« Ocis, desconfis & chaciez

2720 « Maugré leur dens, dedens leur ville,
« Qui tant est grant, fort & nobille ;
« Si que s'einsi me departoie,
« A tous jours mais honnis seroie ;
« Et si me seroit reprouvé
« Toudis, com recreant prouvé,
« Se ne faisoie mon pooir
« D'avoir la ville & mon devoir.
« Si que, seigneur, je vous requier
« Qu'au jour dhui soiez chevalier

2730 « Preu & vaillant, sans couardie,
« Et Dieus fera, je ne doubt mie,
« Pour nous, qui nous ha consillié
« Et qui pour nous ha batillié ;
« Et qui autrement le feroit,
« Je croy que Dieux s'en courseroit.
« Qui vuet venir o moy, si veingne,
« Qu'aler y vueil que qu'il aveingne. »

LORS respondirent tuit ensamble :
« Nous disons ce que bon nous samble ;
2740 « Sire, alez où qu'il vous plaira,
« Que nuls de nous ne vous laira,
« Car nostre honneur & nostre vivre
« Est en vous, pour morir & vivre. »
Quant li roy parler les oy

1365
10 octobre.

Les croisés promettent de le suivre.
Le roi fait annoncer l'assaut.

1365
10 octobre.

En son cuer moult se ressoy.
Si fist crier, sans nul detry,[a]
Parmi son ost, à moult haut cry,
Que toute maniere de gent,
Grant, petit, seigneur & sergent,
Le sievent tuit & sans faillir, 2750
Car il vuet la ville assaillir.

   Avec ce, le crieur cria
Que le premier qui montera
Sus les murs, ara sans doubtance
Mil petis florins de Florence;
Li secons en ara v^c,
Li tiers ccc., & ce fu sens,[b]
Car chascuns plus s'en avensoit
Pour ce qu'à gaaingnier pensoit.

   Et quand on sceut ceste nouvelle, 2760
Onques n'i ot homme rebelle,
Eins firent son commandement
Bien & bel & apertement;
Et se meïrent[c] en conroy
Pour aler aveques le roy.

Le roi décide
qu'on attaquera
la porte
de la Douane.

LI gentils roy en appella
  Un sien chambrelan qui fu là.
Ce fu Perceval de Coulongne,
Qui mort ne prison ne ressongne.
En audience li a dit: 2770
« Perceval, entendez mon dit.
« Vous m'avez dit qu'en Alixandre
« A une porte qui est mendre
« Des autres, & que c'est li lieus
« De la ville où on porroit mieus
« Assaillir, & qu'on la porroit
« Pentre par assaut qui vorroit. »

a. B, V; A. detri. — b. B, V; A. sans. — c. V; A. mirent.

   Percevaus tantoſt reſpondi :
  « *Certes, ſire, je vous le di,*
2780 « *Veoir la poez outreement,* ᵃ
  « *Et chaſcuns ſans empeſchement,*
  « *C'eſt la Porte de l'Audouanne.* ᵇ
  « *N'en la ville n'a drap ne panne,*
  « *Marchandiſe n'eſpiſſerie,*
  « *Ne choſe qu'on meinne en navie,*
  « *Avoir de pois, ne ſaffren d'ort,*
  « *Que, s'on le vuet mener au port,*
  « *Qui n'iſſe hors par ceſte porte.*
  « *Et ne me ſamble pas ſi forte*
2790 « *Qu'on ne l'eüſt legierement,*
  « *Qui l'aſſauroit hardiement.* »
  Li roy hucha ſon conneſtable,
  Qui eſtoit perſonne notable,
  Et auſſi ſes ij. mareſchaus.
  Si commanda que li aſſaus
  Fuſt commenciez ſans plus atendre ;
  Qu'il vuet, s'il puet, la porte prendre.
  « *Et Percevaus vous y menra,*
  « *Qui le chemin vous apenra.* »

2800 **P**ERCEVAUS *fiſt tantoſt ſonner*
   La trompette & haut reſonner.
 Toſt furent rengié & ſerré,
 Et en po d'eure ont tant erré
 Qu'il ſont venu devant la porte,
 Où mainte perſonne fu morte.
  Là fu li aſſaus commenciez,
 Et Percevaus s'eſt avanciez
 Tant qu'il les a menez & mis
 Vis à vis à leurs anemis.
2810 *Là ot grant bruit & grant huée,*

a. B, V. *clerement.* — *b.* V. *de la Douanne.*

1365
10 octobre.

Perceval conduit les chevaliers à la porte de la Douane, où la bataille recommence.

*1365
10 octobre.*

*Grant brait, grant trait & grant meſlée,
Car onques ſi fort ne neja,
Ne la greſle ne verrez ja
Si dru, com ſajettes & dars
Aplouvoient de toutes pars,
Pierres, garros & eſpringales.
Là n'avoit trompes ne cimbales
Qui les reſbaudiſſe, n'envoiſe,
Trop y ot merveilleuſe noiſe ;
Et ſe bien li noſtre aſſailloient,*   2820
*Li autre mieus ſe deffendoient.
   En ce point furent longuement
Que l'un aſſaut, l'autre deffent.
Mais li noſtre petit gaingnoient,
Que Sarrazin maint en bleſſoient,
De cops de pierre & de trais,
Qui d'eaus eſtoient ſouvent trais.*

La vigoureuſe défenſe des Sarraſins oblige les Chrétiens à s'éloigner des remparts.

*Un chevalier y ot d'Eſcoſſe,
Qui ne fu pas mors de la boſſe,
Car il cuidoit le feu bouter*   2830
*En la porte, & ſans arreſter,
D'une groſſe pierre de fais
Fu mors, & tués & deffais:
Quant les noſtres ce cop veirent
Li pluſeur arrier ſe treirent,
Car il y en avoit aſſez
Et de bleciez & de laſſez.*[a]

Perceval va chercher le roi reſté au corps de réſerve avec les Hoſpitaliers.

   *Quant Percevaus vit la retraite,
Comme cils qui deſire & gaite
Le bien, le profit & l'onnour*   2840
*Et la grace de ſon ſignour,
Il n'ot en li que courroucier.*

a. B. *De mors, de navrez, d'afolez.*

Tantost monta sus son courcier
Et s'en ala devers le roy,
Et li dist : « Monsigneur, je voy
« Vostre gent qui se sont retrait
« Pour la deffense & pour le trait
« Des Sarrasins, qui se deffendent
« Moult fort, & à bien traire entendent;
2850 « Et, sire, se Dieux me doint joie,
« Pour le milleur conseilleroie
« Qu'à la porte vous treüssiez,
« Et vos gens y amenissiez.
« Car tel y a, qui se repose,
« Et qui ne vuet aler ou n'ose
« A l'assault,[a] qui s'avanceroit,
« Et qui bons & hardis seroit.
« Moult y vaurra vostre presence;
« Venez y, sire, sans doubtance
2860 « Je croy que nous la gaingnerons,
« Et que tous les desconfirons. »
Li rois estoit sus son cheval,
Et les freres de l'Ospital
Environ lui, trestous ensamble.
Si dist : « Signeurs, que vous en samble? »[b]
Lors dist chascuns qu'en loiauté
Il disoit pure verité.
Li roys & ses gens se tenoient
Entre ij. portes, & gaitoient
2870 Que Sarrasin n'ississent hors,
Car ceuls de l'assaut fussent mors
Se par derrier les encloïssent;
Pour ce gaitoient qu'il n'ississent,
Car on les voloit secourir,
S'aucuns leur vosist sus courir.

a. B, V; A. à l'assaillir. — b. B. Quant au roy parloit se me semble.

Aussi li roys faisoit la garde,
Qui moult desire & moult li tarde
Qu'il voie l'Audouanne ardoir,
Par quoy la cité puist avoir.

LORS li roys descendi à pié.   2880
En sa main tint un fort espié,
Si que tuit & ensamble alerent
Tant, qu'à la porte se trouverent.
Là li assaus recomensa,
Là li plus couars s'avansa,
Là se moustra chevalerie,
Là vit on qui avoit amie,
Là chascuns si bien le faisoit
Qu'à Dieu & au monde plaisoit.

  Li roys avoit au col sa targe,   2890
Dont bien & sagement se targe;
Et certes il li est mestier
Qu'il en sache bien le mestier,
Car les Sarrazins des creniaus
Li ont trait plus de c. quarriaus;
Et li autre n'en sont pas quite,
Car li Sarrazin grant merite
Attendent des nostres tuer.
Si ne font que traire & ruer
Pierres, sajettes & garros.   2900

  Finablement & à briés mos,
Chascuns des nostres tant s'efforce
Qu'il bouterent, par fine force,
Maugré tous, le feu en la porte.
Lors chascuns son eschiele porte
Pour drecier encontre les murs.
Là ne furent pas bien seürs
Les Sarrazins qui ens estoient,
Quant ardoir la porte veoient.

1365
10 octobre.

Le roi
attaque la porte
de la Douane,
un épieu à
la main.

Le feu est mis
à la porte.

   IL y avoit un maronnier,
2910 Qui ne fu pas le darrenier,
   Dont je le pris & aimme & lo,
   Qui se bouta dedens un tro,
   Si com le tro d'une privée,
   Qui estoit viell & si serré
   Que nuls hom ne s'en donnoit garde.
   Li maronniers le tro regarde,
   Et tantost dedens se bouta,
   Dont par là sus les murs monta.
2920 Et tout en l'eure, uns escuiers,
   Qui estoit apers & legiers,
   Monta après à moult grant peinne.
   Lors crierent à haute alainne :
   « Avant! signeurs, montez, montez! »
   Li Sarrasin espoventez
   Furent dou cry, quant il l'oyrent,
   Dont pluseurs des murs s'enfuirent.
   Il cuidoient certeinnement
   Que nostre crestienne gent
2930 Fussent si fort & si yniaus
   Qu'il fussent jà sus les creniaus.
   Pluseurs des nostres s'essaierent
   Au pertuis, mais pas n'i monterent,
   Pour ce qu'il estoit si estrois
   Qu'il n'en y pot monter que trois.

   OR vous ay dit & raconté
    Comment li roys, pleins de bonté,
   Fist par ses gens le feu bouter
   En la porte, sans arrester,
2940 Si qu'elle fu arse & brulée,
   Et toute en cendre degastée.
    Quant la force fu abaissié
   Dou grant feu, la chevalerie

1365
10 octobre

Un marin
& un écuyer pé‑
nètrent sur les
remparts par un
étroit conduit.

Prise & sac
d'Alexandrie.

1365
10 octobre

Et trestout l'ost entierement,
Avec le roy joieusement,
Entrerent dedans la cité.
 Là n'ot Sarrasin respité
Que, s'il fust ateins ou tenus,
Qui ne fust à sa mort venus;
Nos gens queurent de rue en rue,   2950
Chascuns ocist, mehaingne ou tue.
Tué en ont plus de xx. mille.
Et coururent toute la ville,
Car tuit Sarrazin s'enfuioient
Pour les nostres, qui les ᵃ fuioient.
Mais Dieus, qui tout scet & tout voit,
Qui tout gouverne & tout pourvoit,
Qui ses bons amis pas n'oublie,
Eins est toudis de leur partie,
De son paradis acouri,   2960
Et le noble roy secoury,
Et li donna pooir & force,
Pour ce qu'il voit bien qu'il s'efforce
De lui servir & qu'il s'est mis
A destruire ses anemis,
Qu'estre ne peüst nullement
Se fait ne l'eüst proprement;
Et s'avoit la chose ordonnée
Au taillant de sa bonne espée.
Si doist tous seuls avoir la gloire   2970
De ceste très noble victoire.
Les gens le roy furent espars
Par la cité, de toutes pars,
Qui metoient tout à essil.
Là furent Sarrasin si vil
Que hors de la ville fuioit
Chascuns, qui fuir s'en pooit,

a. B, V; A. s'en.

N'onques si grant occision
Ne fu dès le temps Pharaon.

2980
Li roys avoit fait une emprise,
Einsois qu'Alixandre fust prise,
Par son conseil que bon tenoit,
Que se Dieux grace li donnoit
Que la cité fust conquestée,
Il passeroit, la teste armée,
Tout outre pour un pont deffaire,
Qu'est entre Alixandre & le Quaire,
Sus une moult grosse riviere;
Si qu'il ordena sa baniere
2990
Qu'au pont droit tenist[a] son chemin,
Afin que si li Sarrazin
Dou Quaire venissent acourre,
Qu'il ne les peüssent secourre;
Et pour ce aussi qu'on le sievist,
Une guie[b] avoit qui li dist:
« Sire, venez, je vous menray
« Et moult bien le chemin tenray. »
Li nobles roys s'achemina,[c]
Et de chevauchier ne fina
3000
Parmi la ville, tant qu'il vint
A une porte où plus de vint
Estoient ocis à l'entrée.
Ceste porte estoit appellée
La porte dou Poivre, & s'estoit
Li chemins qui au Quaire aloit.

QUANT li roys vint enmi les chans,
Il vit, à milliers & à cens,
Les Sarrasins par grans tropiaus.

1365
10 octobre

Le roi traverse la ville pour aller rompre le pont qui conduit au Caire, par la porte du Poivre.

Il est obligé de renoncer à son entreprise & retourne vers la ville.

fol. 328

a. B; V. qu'au pont doit tenir. — b. V. juye. — c. B, C, V; A. chemina.

1365
10 octobre

Adonques il resgarda ceaus
Qui furent en sa compaingnie,　　　3010
Et trouva qu'il n'estoient mie
De gens d'armes plus de quarante.
Lors dist : « J'ay failly à m'entente.
« Je cuidoie que tuit venissent,
« Et que la baniere sievissent;
« Po somes pour le pont abatre,
« Car se li Sarrazin debatre
« Le nous vuelent, n'est pas possible,
« Eins est à nous chose impossible.
« Trop sont & trop scevent de guile,　　　3020
« S'il sont entre nous & la ville,
« A ce que nostre gent entendent
« A courir la ville, & il tendent
« Se nous estiens d'acier trempé,
« Si seriens nous tui décopé,
« Et s'il entrent en la cité,
« Nos gens seront desbareté,
« Car çà & là les ociront,
« Pour ce qu'ensamble pas ne sont ;
« Et si li nos cloent la porte,　　　3030
« Nous & no compaingnie est morte. »
Einsi en son cuer devisoit
Et à ces v. choses visoit
Li roys, qui estoit esbahis,
Et aussi com tous escahis.
Et ce n'estoit mie merveille,
Car uns chascuns d'eaus se merveille
Coment là s'estoit tellement
Embatus & si folement.
Nompourquant tres bien s'atourna,　　　3040
Et vers la ville retourna,
Et dist à ses gens : « J'ay erré.
« Or cheminons ferme & serré,

« Tout enfamble & le petit pas.   1365
« A ce cop Dieux ne faurra pas,   10 octobre
« Qu'il ne nous conforte & aide,
« Se nous requerons fon aïde.
« Mais il faut que nous nous aidons
« Et que tres bien nous deffendons. »
3050   Einfi li roys les confortoit
Doucement & les enortoit,
Que chafcuns feïft fon devoir,
Pour pris, honneur & gloire avoir.

    Li bons rois a pris fon retour,
Et voloit aler tout entour
La ville, pour faire fermer
Les portes que ne fay nomer.
Mais celles font, ce m'eft avis,
Qui font devers fes anemis.
3060   Or le gart Dieux & fa compaigne!
Qu'einfois qu'à la porte reveingne,
Il encontrera telle encontre,
Qu'il feront bien xx. mille contre
Les xl. qui font o ly;
Si qu'il n'i ara fi joly
Qui ne vofift bien eftre à Londres,
A tout un panier plein d'alondres.

    Li roys chevauche bellement,
Et li Sarrazin fierement
3070   Le fievent tant qu'il l'ont ataint;
La fumiere d'eus l'air ataint,
Car il eftoient efchaufé
Plus que dyable ne maufé.

Q UANT li roys perçut le barnage,   Il repoufſe
    Il tourna vers eaus fon vifage,   les Sarrafins qui
Et tantoft à fa gent commande   l'enveloppent &
Que chafcuns à bien faire entende,   parvient à rentrer dans la
    ville.

Et que vers la porte se traient,
En combatant, & ne s'esmaient,
Que là Dieux se combatera　　　3080
Et de leur partie sera.
Li Sarrazin les assaillirent,
Et si dur assaut leur feïrent
De ferir, de lancier, de traire,
Que ne le saroie retraire;
Mais la contenance diray
Dou roy, que ja n'en mentiray.
　　Li roys seoit sus son destrier,
Et tenoit le piet en l'estrier,
Fort & ferme & seürement.　　　3090
Là se combat si durement
D'une hache bien enferrée
Que riens à ses cops n'a durée.
Il est chastiaus, il est fortresse
A ses gens; tant en tue & blesse,
Tant en abat, tant en pourfent,
Qu'il en a ocis plus de cent.
Et li autre pas ne se faingnent;
Moult en ocient & mehaingnent,
Et tant ont fait qu'il se sont trais　　　3100
A la porte parmi leurs trais,
Et que la porte ont conquestée
Par vive force & bien fermée,
Maugré toute la compaingnie
Des Sarrazins, que Dieus maudie.
　　Mais moult en y ot de bleciez
De trais, de lances & d'espiez,
Et de leurs chevaus affolez,
Qui estoient las & foulez;
Et li Sarrazin en perdirent　　　3110
Pluseurs que li nostres ocirent.

LA PRISE D'ALEXANDRIE.

OR est li roys en Alixandre.
Si li couvient penser & tendre
Comment il soit sires des portes.
Il y avoit de pluseurs sortes
Des Sarrasins qui les gardoient,
Et contre le roy les tenoient.
Li roy ala de porte en porte;
N'onques n'i ot porte si forte
3120 Que par force ne conqueïst,
Et que de ses gens n'i meïst,
Selonc la possibilité;
Qu'il n'avoit pas grant quantité
De gent qui fussent bien haitiez;
Einsois estoient mal traitiez,
Lassé, foulé & travillié,
Mal peü & mal abillié,
Pour le chaut & pour la bataille.
Et si n'avoient pas vitaille,
3130 Ne gouvernance à leur plaisir,
Qu'il n'avoient temps ne loisir
D'eaus aisier, ne de l'aler querre,
Ou de l'avoir en mer n'en terre.
Et li Sarrasin furent mort
De ville & honteuse mort.
C'est la maniere, c'est la guise,
Comment Alixandre fu prise,
Dou second assaut, sans retraire;
Qu'onques pour lancier ne pour traire
3140 N'i ot celui qui se treïst
Arrier, ne qui se retreïst
Vingt piez de terre; & se vous di
Que ce fu en un venredi;
Et fu, pour ce que je ne mente,
L'an mil. ccc.v. & sexante,

1365
10 octobre

Il s'empare de toutes les portes & y met de bonnes gardes.

Landemain de la St. Denis,
Einſois que li jours fuſt fenis. [23]

Q UANT li rois ot ſes bons amis
Dedens toutes les portes mis,
Et chaſcune fu bien fermée
Seüremeni, & bien gardée,
Li jours paſſa, li veſpres vint,
Si que herbergier le couvint;
Car il avoit moult batillié
La journée & moult travillié.
Il choiſi une groſſe tour,
Qui n'eſtoit pas trop en deſtour,
Et s'eſtoit forte & bien aſſiſe,
N'i a celui qui ne la priſe.
Si commanda qu'on l'i herberge,
Et qu'on y prengne la herberge,
Pour herbergier une partie
De ſa milleur chevalerie;
Et que l'autre partie veille
Parmi la ville & ſe traveille
De bien gaitier; & que les gardes
Ne ſoient lentes ne couardes,
N'endormies, & que bon gait
Face chaſcuns, car en agait
Sont Sarraſins pour eaus deſtruire,
S'il veoient leur queue luire.

M AIS la nuit pas bien ne gaitierent,
Car bien x. mil dedens entrerent
De Sarraſins, & reponnirent
Par une porte qu'il ardirent,
Si com li noſtre avoient fait,
Qui la porte ardirent de fait,
Par force au darrenier aſſaut;

1365
10 octobre.

Le roi s'établit dans une groſſe tour pour paſſer la nuit.

3150

3160

fol. 31

3170

Un corps de Sarraſins parvient, durant la nuit, à entrer dans la ville par la porte du Poivre.

Dont ce fu moult tres grant deffaut,   1365
3180   Qu'onques n'i ot home ne garde   10 octobre.
Qui s'en donnast ne preïst garde,
Ne qui veïst fu[a] ne fumée;
Saint Marc est la porte nommée,[b]
Et pluseurs, qui nommer la vuelent,
La porte dou Poivre l'appellent.

LA nuit en la tour reposa,   Préoccupations
Mais heü petit repos a,   du roi
Fors que le repos que nature   durant la nuit.
Puet donner en tele aventure,
3190   Qu'on dit que cils fait la dorveille
Qui dort de l'ueil & dou cuer veille.
Et sans doute il se travilloit,
N'à riens plus ses cuers ne veilloit,
N'à riens ne voloit travillier
Fors qu'à Sarrasins essillier.
    Clere fu la nuit & serie.
Li jours vint, la gaite s'escrie
Dedens un cor sarrasinois :
« Seigneurs, li Alexandrinois
3200   « Sont tuit mis à desconfiture;
« Armez vous tuit grant aleure,
« Et ociez le remenant,
« Qui sont en la ville manant. »
    Li gentils roys, pleins de noblesse,
Se leva & oy la messe,
Humblement & devotement,
Et tuit li autres ensement
De la tour aval avalerent,
Et puis sus leurs chevaus monterent,
3210   Bien armé & bien abillié,
Et de leur fait bien consillié.

a. B, V. *feu.* — b. B. *apommée.*

1365

Récit
de la journée du
samedi
11 octobre
1365.

CONTÉ vous ay dou venredi,
Or vous diray dou samedi,
Comment la chose est avenue.
En Alixandre a une rue
Qu'on claimme la rue dou Poivre.
Des autres forment se desoivre,
Car c'est la grant rue, à droit dire.
Entré y furent tire à tire,
Celéement, en larrecin, 3220
Plus de x. mille Sarrazin,
Parmi la porte qu'il ont arse,
Dont la cendre est ja toute esparse.

Le roi parvient
à forcer le corps
sarrasin à sortir
de la ville
& le poursuit
dans la cam-
pagne.

LI roys de ce riens ne savoit,
Et pour ce grant mestier avoit
De chevauchier seürement,
Et de li garder sagement ;
Car il n'avoit pas avec li,
Si com dire oy l'ai celi
Qui y estoit, plus de l. 3230
Hommes d'armes ou de lx.,
Toutevoie il fu qui li dist,
Dont il reprist moult & maudist
Ceus qui le gait faire devoient,
Quant de ce fait riens ne savoient.
Li roy fu au piet de la tour,
Et sa gent li furent entour,
Tuit prest de faire leur devoir,
Mais vraiement petit pooir
Ont, se Dieux n'est de leur bataille, 3240
Qui toudis pour les siens bataille,
Car l. contre x. mille
Ce n'est mie pareille bille.
  Parmi la ville chevaucha
Li gentis roys qui detrancha

Maint Sarrazin en combatant,
Qu'il en y avoit encor tant,
Qui laiens estoient tapis,
Qu'à merveille; mais l'un n'a pis
3250 Que li autres, car sans doubtance
Tuit sont puni d'une sentence,
C'est par le tranchant de l'espée;
Autre grace n'i est donnée.
Et si s'estoient rafreschis,
Li uns mieus & li autres pis.
 Briefment tant se sont combatu,
Tant en ont mort & abatu,
Tant ont sà & là chevauchié
Que hors de la ville chacié
3260 Les ont; & encor les chassoient
Parmi les champs & les tuoient;
Si qu'il en y ot tant de mors,
Dedens la cité & dehors,
Que je ne le saroie dire,
N'uns[a] bons clers nombrer ou escrire.
Et quant li roys vit qu'il estoient
Si desconfit, qu'il ne s'osoient
Mais aprochier de la cité,
Il couvint de nécessité
3270 Qu'en la ville se retournast
Et ses gens bien ordonnast,
S'il voloit qu'elle fust tenue,
Bien gardée & bien deffendue.
 Li roys dedens la ville entra,
Qu'onques Sarrazin n'encontra,
Grant ne petit, ne fol, ne sage,
Amiraut, ne prince, ne page;
Car tuit avoient fait la vuide.
Li roys la cité tenir cuide.

1365
11 octobre.

a. B, V. *nulz.*

1365
11 octobre.

Mais n'est pas bon de ce cuidier, 3280
Car il faurra à son cuidier,^a
Qu'estranges y avoit pluseurs,
Chevaliers & autres signeurs,
Qui ne loent pas qu'on la tengne
Pour nulle chose qui avengne.

Le roi convoque les barons à une assemblée sur la plage.

Li gentils roys, sans detrier,
Fist parmi tout son ost crier
Que toute maniere de gent,
Gens d'armes, vallet & sergent,
Fussent tuit à une assamblée, 3290
En une place grant & lée
Qu'est entre la ville & la mer,
Autrement ne la say nommer.
Li roys entre sa gent estoit,
Et avoir leur conseil voloit,
Comment il se doit maintenir,
Et s'on puet la ville tenir.
Quant il furent tuit en la place,
Il leur dist : « Signeurs, la Dieu grace,
« Nos annemis sont desconfis, 3300
« Et ceste^b ville avons conquis.
« Or resgardons que nous ferons,
« Et comment nous la garderons ;
« Car de vous la victoire vient,
« Et pour ce doy & me couvient
« Par vostre bon conseil user. »
Aucuns y ot qui, sans muser
Et sans conseil, li respondirent
Par tel maniere & deirent^c
Que, par saint Pierre le martyr, 3310
Il se voloient departir,

a. B. Car fort seroit de eulx   C & V. — b. B, V; A. cest. —
contraitier. Ce vers manque dans   c. V. Par telle maniere, & dirent.

LA PRISE D'ALEXANDRIE.

Et que tenir ne la porroient,   1365
Et pour ce plus n'i demourroient.   11 octobre.
  Li roys leur dist : « Signeurs, por quoy ?
« Se Dieux me doint joie, je croy
« Que, se nous sommes tuit preudomme,
« Et tuit bonnes gens einsi comme
« Jusques à ci avons esté,
« Que par force & par poesté
3320 « Ceste cité deffenderons
« Contre tous & la garderons. »

Un en y ot qui se leva,
  Et qui audience rouva ;
Et il fu tres bien escoutez.
Si li dist : « Sire, ne doubtez
« Que ceste ville a si grant tour
« Que s'on voloit chascune tour
« Garnir, les murs & les creneaus
« De gens d'armes bons & yniaus,
3330 « Vous n'avez mie le vintisme,
« Non, se Dieux me gart, le centisme,
« De gens d'armes qu'il convenroit
« Au garnir ; dont il avenroit
« Que li Sarrazin, s'il voloient,
« Par v.ᶜ lieus y entreroient ;
« Et toute vostre artillerie
« Est despendue & essilie.
« Encor y a un autre point ;
« Vous n'avez de vitaille point,
3340 « Et chascuns là hors la tendra,
« Si que soiens point n'en vendra,
« Ne vous n'en porrez point avoir,
« Pour promesse ne pour avoir.
« Nos chevaus n'ont paille ne fein,
« Si que eaus & nous morrons de fein.

Avis du vicomte de Turenne pour évacuer la ville, vu l'impossibilité de la défendre.

« Et s'est li soudans près de ci,
« Qui amenra, je vous le di,
« Par v.ᶜ fois v.ᶜ mil hommes,
« A si po de gens que nous sommes,
« Et seront fres & bien peüs ; 3350
« Si que, sire, trop deçeüs
« Seriés de ci demourer,
« Pour nous tous faire devourer.
« Car po de chose est, sans doubtance,
« De nous encontre sa puissance,
« Meesmement en son païs.
« Et de li sommes tant haïs,
« Qu'il n'en penroit un à rençon
« Pour la cité de Besençon.
« Et n'atendez secours n'aye 3360
« Fors dou ciel, je n'en doubte mie.
« Or resgardez que ce sera
« Quant li soudans chevauchera :
« Tuit serons pris à la ratiere.
« Si que, sire, en nulle maniere
« Je ne conseille la demeure.
« Partons nous tuit, car il est heure
« Vraiement. » — Ce fu le viconte
De Toureinne qui dist ce conte,
Et ceste response bailla, 3370
Dont li roys moult se mervilla,
Pour ce qu'il li avoit promis
Que s'en païs des annemis,
Par engin ou par hardiesse,
Pooit penre aucune fortresse,
C'un an entier le serviroit,
Et que de li ne partiroit.
Avec ce tuit li estrangier,
En tout, sans muer ne changier,
L'avouerent & l'ensuirent, 3380

1365
11 octobre.

Les croisés
étrangers
appuient l'avis
du vicomte de
Turenne.

Et au roy tout en haut deïrent
Qu'il n'en convenoit plus parler,
Car il s'en voloient raler,
Et que sans doubte il ne porroient
Tenir la cité, ne voloient.

QUANT li roys oy ceste note,
Dedens son cuer forment la note,
Mais onques ne s'en effrea,
De sa maniere n'en mua,[a]
3390   Eins respondi arreement :
« Biau sire, je voy bien comment
« Vous consilliez en verité
« Que ne tenons pas la cité,
« Et qu'elle n'est mie tenable,
« Comment qu'elle soit deffensable ;
« Et que tels en est li peris
« Com de nous tous estre peris.
« Mais il me samble le contraire ;
« Vesci pour quoy, ne m'en puis taire.
3400   « Ceste cité est de grant garde,
« A gent qui est lent & couarde,
« Ou paresseuse, ou endormie,
« Qui deffendre ne s'ose mie.
« Mais un vaut vint & un vaut cent
« Qui hardiement se deffent,
« Especiaument en ce cas.
« Car qui deffent[b] de haut en bas
« Il a des c. pars l'avantage.
« Ne ce n'est que forsen & rage
3410   « D'assaillir encontre ces murs,
« Qui sont haus, larges & seürs.
« Et se bien nous en est cheü,

1365
11 octobre.

Réponse du roi qui engage les croisés à tenir ferme dans Alexandrie jusqu'à l'arrivée des secours.

---

a. V. Ne sa maniere ne mua. — b. V. qui se deffent.

1365
11 octobre.

« Dieux l'a fait, vous l'avez veü.
« Nous avons pris ceste cité
« Maugré eaus & contre leur gré,
« Et si les avons desconfis,
« Chaciez hors, navrez & occis
« Tant qu'elle nous est demourée
« Fort & seüre & bien fermée;
« Et s'est plus fort chose dou prendre   3420
« Mil fois que ce n'est dou deffendre.
« Nous avons arçons, arbalestres,
« Espringales, garros, sajettes,
« Et d'artillerie tout plain,
« Qu'il nous ont laissié tout de plain;
« En ces tours sont & en ces portes,
« Dont elles sont assez plus fortes.
« Si les baterons de leur verge,
« Par saint Julien, qui herberge
« Les pelerins; pas ne m'acorde   3430
« A vostre dit, eins m'en descorde
« Dou tout en tout, tant comme au vivre :
« N'est pas belle chose d'estre yvre.
« C'est bon de vivre sobrement,
« Car on en vit plus longuement.
« Qui bien querroit, il trouveroit
« Saiens dont on gouverneroit
« Tout cest ost iiij. mois ou vj.,
« Ou vij. ou viij. ou ix. ou x.,
« Ou par aventure encor plus,   3440
« Qui est grant chose; & au seurplus
« Nous sommes près de nostre terre;
« S'envoierons des vivres querre
« Et tout ce qu'il nous couvenra.
« Ne le soudant pas ne venra
« Si tost que nous n'aions secours
« De nostre païs ou d'aillours.

« L'empereur de Coustentinoble,
« Qui a le cuer vaillant & noble,
3450 « Venra, se ci sommes assis,
« Einsi le nous a il promis;
« Et aussi venront ceus de Rodes.
« Se Dieux me gart, onques Herodes
« Ne fist si mal que nous ferons
« Quant de ci nous departirons
« Especiaument par tel guise.
« Et que feront ceuls de Venise,
« Ceuls de Gennes, ceuls d'Alemaingne,
« De France, d'Escosse, d'Espaingne,
3460 « Ceuls de Behaingne & de Hongrie?
« Certeinnement je ne doubt mie
« Que cil ne doient acourir
« Qui vuelent à honneur venir.
« Car il n'a en trestout le monde,
« Tant comme il tient à la reonde,
« Place qui soit si honnourable,
« Ne reputée si notable,
« Comme est ceste place où nous sommes.
« Je ne donroie pas ij. pommes
3470 « De cuer où honneur est si morte,
« Qui dou tenir ne se conforte.
« Et qui seroit à Pampelune,
« A Bruges, à Gant ou à Brune,
« Se deveroit il venir ci;
« Et nous y sommes, Dieu mercy,
« Telement que vous en serez
« Toute vostre vie honnourez.
« Aussi seront tuit qui ci sont,
« Pour ce qu'à la prendre esté ont.
3480 « Et s'avons Dieu de no partie,
« Qui a ceste emprise bastie,
« Que ja ne se fust soustenue

1365
11 octobre.

« S'elle ne fust de lui venue :
« Il s'en puet aler qui vorra,
« Et qui bien vuet, il demourra.
 « Mais onques chose si honteuse
« Ne fu, ne si mau gracieuse,
« Ne dont honneur tant abaissons,
« Se ceste fort cité laissons.
« Qui porroit tenir ce recet, 3490
« Mieux vaurroit qu'autre xvij.
« Que [a] de promission la terre
« En porriens avoir & conquerre
« Avec tout le païs d'entour,
« Si que j'aray si grant tristour
« S'il couvient qu'einsi me departe,
« Que, foy que je doy sainte Marthe,
« Jamais n'aray parfaite joie
« Pour vostre honnour & pour la moie,
« Que je tieng pour toute perdue 3500
« Se courages ne vous remue.
« Si vous pri que chascuns demeure,
« Qu'autrement il se deshonneure. »
 Quant il ot finé sa parole,
Les estranges, dont je parole,
Respondirent qu'il s'en iroient,
Et que tenir ne le porroient.

DE Coustantinoble, là mis
 Avoit li papes & tramis
Com legat, le bon patriarche ; [24] 3510
N'est plus preudomme, que je sache.
Si que très bien les sermonna
Et moustré en son sermon a
Comment messires saint Thomas
De bien faire onques ne fu las,

a. B, V. Car.

1365
11 octobre.

fol. 331

Le légat Pierre de Thomas joint vainement ses exhortations à celles du roi pour retenir les croisés.

Mais fu en Ynde la majour,
Pour l'amour de Noſtre Signour,
Et y mourut piteuſement
Pour bien faire & non autrement.
« Auſſi vous eſtes ci venu
« Diſans que vous eſtes tenu
« Pour faire ſon très dous ſervice,
« Dont le partir yert trop grant vice,
« Et s'arez perdu & deffait
« Tout le bien que vous avez fait;
« Car bien & deſhonneur anſamble
« Ne puelent eſtre, ce me ſamble.
« Auſſi dit-on que cils qui ſert,
« S'il ne parſert,[a] ſon louier pert. »
Bien leur mouſtra la ſainte page;
Mais il perdi tout ſon langage,
Qu'il reſpondirent brief & court :
« Nous en yrons ; la vie y court.[b]
« Nous ne volons mie morir
« Seans de fain, ſans cop ferir,
« Ne ce n'eſt riens de no pooir
« Contre le leur, à dire voir. »
Tele fu la concluſion
De toute leur entencion.

QUANT li roys vit tout clerement
Qu'il ne les porroit nullement
Retenir par ſon biau parler,
Einſois s'en voloient aler,
Il monta tantoſt à cheval,
Entre lui & ſon mareſchal,
Et chevaucha dedens la ville.
Et ſachiez certeinnement qu'il le

1365
11 octobre.

Le roi parcourt la ville, encourageant les ſiens à la réſiſtance. Un grand nombre de croiſés abandonnent leurs chefs & regagnent la flotte.

a. B, C, D, V; A. parfeit. — b. B. Plus n'y ſerons, à un mot court.

1365
11 octobre.

>   Faisoit pour donner exemplaire
>   Que tout einsi devoient faire,
>   Et pour donner cuer à sa gent. 3550
>   Mais pour ij. mile mars d'argent
>   Ne le sievissent, eins tournerent,
>   Et en leur galée monterent.
>   Et pluseur autres les sievoient,
>   Qui leur signeur tout coy laissoient.
>   Li roys entour lui resgarda,
>   Et de toutes gens ne trouva
>   Qu'environ vj^{xx} hommes d'armes.
>   Lors dist : « Honneur, amours & dames,
>   « Que direz vous, quant vous verrez 3560
>   « Ces gens qui sont ci esserrez ?
>   « Certes jamais n'aront honnour
>   « Par droit, fors toute deshonnour. »

Les Sarrasins rentrent dans la ville.
Le roi est obligé de se rembarquer.

>   ET d'autre part les Sarrazins
>   Acouroient tous les chemins,
>   Et entroient à grans monciaus
>   En la ville comme pourceaus.
>   Si ne les peüst soustenir,
>   Ne l'estour encontre eaus tenir,
>   Car trop estoient durement. 3570
>   Si se retrey sagement,
>   Et vers ses galées tourna,
>   Qu'ailleurs ressort ne retour n'a.
>   Li roys monta en sa galée,
>   A cuer triste, à face esplourée ;
>   Trop fu courciés, trop fu dolens ;
>   Il n'avoit d'Alixandre à Lens
>   Personne qui fust si dolente.
>   Il se complaint, il se demente ;
>   Des yex pleure, dou cuer soupire ; 3580
>   Homs vivans ne le saroit dire

Son meschief; trop se deconforte
Et dist : « Honneur, or yes tu morte !
« Certes dou tout perdu t'avons
« Sans recouvrier, bien le savons. »

LI gentils roys, pleins de vaillance,
Qui vit ceste desordenance,
Fist tantost mander le legat.
Il vint & congnut son estat ;
3590 Moult doucement le reconforte,
Moult li prie, moult li enorte
Qu'oublie sa triste pensée.
« Alons de galée en galée,
« Sire, fait-il, & les prions
« Pour veoir[a] se nous les pourrions
« Faire demourer par nul tour,
« Et plus ne soiez en tristour. »
Li roys y ala sans attendre ;
Mais onques ne vorrent descendre,
3600 Pour parole, ne pour priere,
Ne n'en firent semblant ne chiere.
Si retourna dont il venoit,
Et vit bien qu'il li couvenoit
Oubeir, qu'à li estrangier
Li font faire le plait Ogier ;
C'est à dire contre son gré
Faut qu'il face leur volenté.
Deux[b] jours demoura sus le port
En tel peinne & en tel descort,
3610 Tant que yaue douce fu faillie.

LORS fist ordonner sa navie,
Et vers Chypre adressa sa voie.
Or prions Dieu qu'il le convoie,

1365
11 octobre.

Vains efforts
du roi & du lé-
gat pour retenir
encore les croi-
sés dans le
port.

Le roi fait
voile vers l'île
de Chypre &
débarque à
Limassol.

a. B, V; A. vir. — b. A. ij.

1365
octobre.

  Car fortune li eſt contraire,
  Qui li a eſté debonnaire.
  Li roys en ſon païs retourne ;
  Sa nef ſe treſtourne & beſtourne,
  Car une tempeſte leva,
  Si grant que ci ne là ne va
  Qu'il ne cuide qu'elle s'affonde   3620
  Ou fons de haute mer parfonde.
  Li vens fu gros, la mer fu tourble, a
  L'onde de la mer l'iaue tourble
  Si qu'il n'i avoit ſi hardi
  Qui n'euſt cuer acouardi ;
  Et treſtuit li autre enſement
  Eſtoient mené telement
  Qu'il cuidoient bien eſtre mort.
  Mais Dieux, qui ne vuet pas la mort
  Dou pecheur, le roy deffendi,   3630
  Et ſeürement le rendi
  En Chypre, dedens ſa maiſon,
  En la cité de Nimeſſon.

Le roi remercie
& récompenſe
les chevaliers
étrangers venus
en ſon aide.

 *Q*UANT *il furent tuit arrivé,*
  N'i ot eſtrange ne privé
  Qui en ſon cuer ne ſe resjoie,
  Et qui ne meinne feſte & joie,
  Quant il ont paſſé tel fortune ;
  Auſſi toute la gent commune
  Dou païs grant feſte en feirent.   3640
  De leurs galées deſcendirent
  Et aus hoſtelx ſe heſbergierent ;
  A grant joie ſe deſarmerent.
  Aſſez briefment li eſtrangier,
  Où le roy trouva maint dangier,
  Se departirent ſà & là,

a. B, V. *trouble.*

Et briefment chafcuns s'en ala.
Six[a] furent, dont je vous diray
Les noms, que ja n'en mentiray ;
3650 Chafcuns avoit o li fa route.
Veʒ ci leurs noms, je n'en fais doubte.[25]
Mais einsois qu'il se departiſſent,
Ne que de Nimeſſon iſſiſſent,
Li roys les paia richement,
Et leur donna moult largement
Or, argent, vaiſſelle, joiaus,
Dras de ſoie & chevaus nouviaus ;
Et à ſon pooir les paioit
Selonc ce que chafcuns eſtoit.
3660 Auſſi fiſt il au remenant
Qui en ſon païs ſont manant.
Li roys en Chypre ſejourna,
Qui pas longuement ſejour n'a.
Là ne fait que voies trouver
Pour Sarraſins nuire & grever.
Il fiſt là un mois de ſejour.

Un matinet, au point dou jour,
Appella un ſien chambellain,
Que chafcuns ainme, & je auſſi l'ain,
3670 Chevaliers eſt de grant renom,
Et Bremont de la Vote a nom.
Et li diſt : « Bremont, chiers amis,
« Nous dormons,[b] & nos annemis
« Ne dorment pas, mais toudis veillent,
« Et de nous grever ſe traveillent.
« Si ne devons mie dormir,
« Ne nous à tel ſejour tenir ;
« Eins devons toudis travillier,

1365
octobre-nov.

Il confie à
Bremond de la
Voulte une ex-
pédition, que la
tempête force à
rentrer en
Chypre.

a. A. vj. — b. B, C, D, V ; le mot eſt en blanc dans A.

« Quant einsi les veons veillier,
« Pour eaus porter honte & damage,   3680
« Car il tiennent nostre heritage.
« Si vous diray que vous ferez :
« Bien & bel vous ordonnerez,
« Et si penrez iij galées,
« Bien garnies & bien armées,
« De quoy vous serez capitainne.
« N'i ressongniez peril ne peinne,
« Qu'envoier vous vueil en Surie.
« Ce sont une gent endormie,
« Si vueil que vous les resvilliez,   3690
« Et que tantost vous abilliez. »
 Quant Bremons oy la nouvelle,
Moult li fu agreable & belle ;
Si l'en mercia humblement,
Et puis le dist secretement
A aucuns de ses compaingnons,
Et dist : « Signeurs, nous nous plaingnons
« Que trop sejournons longuement.
« Je vous menray procheinnement
« En tele place & en tel lieu   3700
« Contre les anemis de Dieu,
« Que je ne say n'en ª mer, n'en terre
« Si bon lieu pour honneur conquerre,
« Car li bons roys le me commande.
« Si convient que chascuns entende
« Secretement à sa besongne,
« Sans querir jour, terme, n'alongne. ᵇ »
 Quant il ot dit sa volenté,
Il furent tuit entalenté
De faire son commandement   3710
Et deïrent apertement :
 « Sire, alez où qu'il vous plaira,

<small>a. V; A, B. Que je ne say en. — b. A. ne alongne.</small>

« Car nuls de nous ne vous laira. »
 Les galées aparillies
Furent, armées & garnies,
Si que au landemain se parti.
Mais il sera en tel parti,
Einsois qu'il soit prime de jour,
Qu'il n'ot onques si grant paour;
Qu'en mer leva une tempeste
Qui toute l'esmuet & tempeste,
Et qu'il n'i ot voile ne mast
Que la tempeste ne tumast.
Li vens fu gros, la mer s'enfla,
Pour le vent qui trop fort souffla,
Si que les ondes ressambloient
Monteingnes, si hautes estoient;
Et dessous sambloit uns abismes.
 Bremons dist : « Onques ne veïsmes
« Nulle tempeste si doubteuse,
« Ne de cent pars si perilleuse.
« Je croy que Dieux est Sarrazins;
« S'il estoit leurs germains cousins,
« S'est il assez de leur partie?
« Veez comment il nous guerrie. »
Bremons flote parmi la mer;
Si le fait gringneur reclamer
Que sa merci li faut atendre;
Autrement ne se puet deffendre.
Einsi fortune le demainne
En grant peril & en grant peinne.
 Tant a floté, tant a vagué
Qu'il & sa gent se sont trouvé
Droit au lieu dont parti estoient,
Dont nostre signeur loer doient.
Bremons à ceste fois ne fit
Grant damage, ne grant profit;

avril 1366

Onques il ne pot terre prendre
En païs où il voloit tendre,
Car fortune l'a ramené 3750
Maugré sien & contre son gré.
   Bremons ala devers le roy,
Et li conta le grant desroy
De la mer & de sa fortune;
Et comment chascuns & chascune
Qui estoit en sa compaingnie
N'avoit esperence de vie;
Et comment par droite contrainte
La mer qui estoit trouble & tainte,
Par sa force & par son vent fort, 3760
Maugré sien, l'avoit mis à port.
Li bons roys respondi : « Bremont,
« Se Dieux me doint joie, il a mont
« Que je ne finay de penser
« Comment la mer porriens[a] passer;
« Et de vous forment me doubtoie,
« Pour le fort temps que je veoie.
« Vous soiez li tres bien venus,
« Et à grant joie receüs,
« Car je croy de vostre retour 3770
« Que Dieux l'a fait pour le millour. »
Ce fu droitement en tempoire
Que l'en trueve la primevoire.

Monstry allait diriger une nouvelle attaque sur les côtes ennemies, quand les circonstances engagent le roi à suspendre les hostilités.

Li roys ne fist pas lonc detry,
  Eins manda monsigneur Monstry,
Qui de Chypre est ses amiraus;[26]
Chevaliers est preus & loiaus,
Et homme de très bon affaire.
Si dist : « Amiraus, je vueil faire
« Une armée priveement;[27] 3780

a. V. *porries*; B. *porrez*.

« Dont vous serez ouvertement
« Maistre, capitainne & meneur ;
« Et n'i ara grant ne meneur
« Qui n'oubeisse à vostre vueil.
« De xxv. voiles la vueil,
« Pour courir sus nos annemis.
« Or ne soiez lens ne remis,
« Mandés vos gens apertement. »
Et il dist : « Sire, liement
3790 « Vostre commandement feray,
« Si que demain tout prest feray,
« Car nos naves & nos galées
« Sont garnies & aprestées ;
« Et pour ce à moy ne tenra pas. »
Mais onques il n'en passa pas,
Qu'en Chypre demoura tout coy ;
Et vez ci la cause pour quoy.

QUANT li soudans sot la nouvelle
Qu'Alixandre, sa cité belle,
3800 Estoit einsi prise & gastée,
Il commanda, sans demourée,
Que tous Crestiens en sa terre
Fussent pris, & qu'on les enserre
Et qu'il soient emprisonné,
Mal traitié & fort rensonné.
Et on fist son commandement,
Et encor plus ; car mortelment
Li Sarrazin si les haioient,
Et en tous lieus les despitoient.
3810 Là avoit il Venitiens
Et pluseurs autres Crestiens
Qui furent pris & enserré,
Feru, batu & aterré
Des Sarrazins villeinement,

oct. 1365
- avril 1366

Le sultan ayant sévi contre tous les chrétiens, les Vénitiens lui envoient une ambassade pour s'excuser & demander le maintien de leurs priviléges.

oct. 1365
- avril 1366

Et traitié moult honteusement,
Non contrestant la marchandise
Qui avoit là moult grant franchise.
　Le duc & la gent de Venise,
Quant il orent ceste entreprise, 3820
Tantost ordonnerent messages
Tous preudommes, hardis & sages,
Et au soudant les envoierent. [28]
Mais einsois bien les enfourmerent
De tout ce qu'il devoient faire.
Tant firent qu'il vinrent au Quaire,
Sans avoir nul empeschement.
　Il avoient un druguement
Qui abreja si leur procès
Qu'au soudan heürent accès, 3830
Et qu'il feirent leur requeste
Par voie soutive & honneste.
Leur requeste ne contenoit
Fors les Crestiens qu'on tenoit
Peüssent avoir delivrance,
Et avec ce, que l'ordenance
Dou soudan & d'eaus acordée
Entre marcheans fust gardée.
C'estoit la fin où il tendoient,
Autre chose ne demandoient.

Réponse du sultan aux réclamations des Vénitiens.

QUANT il heurent dit leur plaisir, 3840
　Longuement & à bon loisir,
Li soudans pas ne respondi,
Car jeunesse li deffendi,
Et innocence li deffent,
Pour ce que c'estoit un enfant,
Qui n'avoit pas xv. ans passez.
Mais il avoit conseil assez,
Qui respondi moult sagement

Et dist einsi premierement :

3850
« *Vous requerez qu'on laisse vivre*
« *Vos Chrestiens & qu'on les delivre,*
« *Et que leur franchise perdue*
« *Ne soit pas, eins leur soit tenue.*
« *Vous nous requerez courtoisie,*
« *Et si nous faites villonnie!*
« *N'est pas chose qui se puist joindre,*
« *Quant vous nous volez poindre & oindre.*
« *Nous ferons ce que vous ferez,*
« *N'autre chose n'em porterez ;*

3860
« *Et se vous nous* a *estes courtois,*
« *Nous serons de la gent d'Artois.*
« *Vous nous poez assez entendre.*
« *La noble cité d'Alixandre,*
« *Qui n'a pareille ne seconde,*
« *Ne milleur en trestout le monde,*
« *Toute est mise à destruction,*
« *N'onques si grant occision*
« *Ne fu dès le temps de Pompée,*
« *Quant Cesar, à sa bonne espée,*

3870
« *Li tolli joie, honneur & gloire;*
« *Et l'enchassa, c'est chose voire,*
« *De Thessale, & mist en essil,*
« *Mais ains en moru v^c mil.*
« *Vostres roys de Chypre l'a fait,*
« *Dont vraiement trop a meffait.*
« *Et fait au soudan grant injure*
« *D'ocire toute creature,*
« *Qu'il & sa gent tenir pooient,*
« *Et qui rien ne leur demandoient.*

3880
« *Si vous venez pour l'amender,*
« *Nous ne volons plus demander ;*
« *Et se vos roys le nous amende,*

---

a. B, V ; A. *non.*

« Nou seron courtois de l'amende.
« S'on le fait, vos amis serons;
« Et ce non, nous l'amenderons;
« Car se l'un ou l'autre n'est fait,
« Tant sera plus grant le meffait.
« Si que, seigneurs, vous en irez
« Et à vostre roy le direz,
« De mot à mot, de chief en chief. 3890
« Et se vous dison de rechief
« Que vo Crestien seront en cage,
« Et en perpetuel servage,
« Sans mais partir, s'on n'en fait tant
« Que le soudan en soit contant. »
Ces mos oÿs, congié preirent,
Et landemain se departirent.

> 1366
> avril

> Les Vénitiens exposent au roi de Chypre les dommages que leur causent les mesures prises par le sultan.

AU retour sont li messagier,
Qui ne finerent de nagier, [29]
Tant qu'à Nimesson sont venu. 3900
Terre ont pris, si sont descendu,
Et monterent haut ou palais
De la ville, qui n'est pas lais.
Quant li bons roys sceut leur venue,
Moult en desire la vehue,
Pour l'amour de ceaus de Venise,
Qu'il ainme de bon cuer & prise.
Quant il furent en sa presence,
Grant honneur & grant reverence
Leur fist li roy; & vraiement 3910
Moult se contindrent humblement,
Et de chief en chief li conterent
Comment vers le soudan alerent,
Et les requestes qu'il ont fait,
Et sa response; & que de fait
Avoit tous les Crestiens pris,

Qui estoient en son pourpris,
C'est à dire en sa signourie.
Et sont en peril de leur vie,
3920 Car tout à un cop les fist prendre,
Après la prise d'Alixandre.

L I roys dist qu'il s'en vengeroit
Et qu'en Surie envoieroit,
Car les navies & les galées
Sont au port toutes aprestées.
Quant li messagier l'entendirent
Moult humblement le requeïrent
Qu'il vosist laissier ceste armée,
Et qu'elle fust contremandée,
3930 Car leur gent, qui sont arresté,
Seroient mort & tempesté
Des Sarrasins, sans nul respit,
S'on leur faisoit aucun despit.
Et encor il li affermoient,
Et en verité, qu'il tenoient
D'aucunes des gens dou soudan
Qu'il ne li querroit de cest an
Chose qu'il[a] peüst bonnement
Qu'il ne le feïst liement.
3940 Et quant li bons roys les oy,[b]
En son cuer moult se resjoy.
Si fist son amirail mander
Pour tout faire contremander.
Ce fist li roys à leur priere,
Car d'amour certeinne & entiere
Le commun de Venise amoit
Et ses bons amis les clamoit.

1365
avril

A la prière des Vénitiens, & dans l'espoir d'obtenir une paix avantageuse, le roi décide qu'on n'attaquera pas les états du sultan.

---

a. V. chose qui. — b. B, V. Et quant li roys les a oy.

1366
avril.

Il ordonne à Monstry de conduire la flotte contre les Turcs en Asie-Mineure.

On avoit adont raporté
Au gentil roy, pour verité,
Que li Sarrazin de Turquie, 3950
Qui sont gent aperte & hardie,
Avoient pluseurs galiotes,
Ce sont galées petiotes,
Pour aler le soudan servir.
Il fist son amiraut venir,
Et li dist : « Fait avons grant mise
« En l'armée qui est sus mise.
« Si seroit grant descouvenue
« S'elle estoit gastée & perdue.
« Pour certein avons oy dire 3960
« Que li Turquoys ont grant navire
« Pour aler devers Babyloinne.
« Montez en mer, &, sans essoinne,
« Prenez gens hardis & seürs
« Et vous en alez sur les Turs. fol. 3
« Se leurs galyotes trouvez,
« Gardez que si bien vous prouvez
« Que riens à ardoir n'i demeure,
« Et vitement leur courez seure.
« Il seront tantost desconfis 3970
« Et mis à mort, j'en suis tous fis. »
Li amiraus n'atendi point,
Eins mist ses besongnes à point,
En mer .. onta. Dieux le conduie,
Et à joie le raconduie !
Mais les galiotes trouva,
Et là telement se prouva
Qu'il les ardi toutes en poudre,
Si que li vens la terre en poudre ; [a]
Et tous ceuls qui dedens estoient 3980
Furent mort, s'il ne s'en fuioient.

a. B. Aussy comme s'eust fait la foudre.

Et pour ce que les juenes gens
Qui d'euls armer sont diligens,
Si tost qu'il ont la teste armée,
Chascuns cuide valoir[a] Pompée
Et font plus qu'on ne leur commande,
S'il ne sont très bien en commande. [30]
 Près de là avoit un chastel[b]
Qu'on tenoit pour fort & pour bel.
Ses noms ne doit estre celez;
Candelor[c] estoit appellez. [31]
Li amiraus, qui estoit là,
A tous ses compaingnons parla
Et dist : « Seigneurs, la Dieu merci,
« Venus somes d'outre mer cy;
« Nostres sires nous a conduit,
« Et donné son seür conduit.
« Si croy qu'adès nous conduira,
« Puis qu'à li servir nous duira.[d]
« Alons en droit à Candelour,
« Pour conquerre pris & honnour;
« Alons, car je tien fermement
« Que nous l'arons legierement. »
Sans plus plaidier ont retournés
Et leurs visages & leurs nés.
 Tant nagierent & tant feïrent
Que près de Candelor venirent.
A la terre sont descendu;
N'à riens qui soit n'ont entendu
Fors à Candelor assaillir,
Car il n'i cuident pas faillir.
La barbacanne ont de prinsaut
Gaaingnie, & dou premier assaut;

1366
avril-mai.

Les Chypriotes
attaquent sans
succès Candelore.

---

a. B, V; A. de valoir. — b. B, V; A. Pres de la mer avoit j. chastel.   c. B, V. Candelour.   sains & saulz nous ramenra.   d. B. Et

1366
avril-mai.

Et puis le chastel assaillirent,
Mais vraiement il y faillirent,
Car fors fu & bien deffendus.
Si ne fu ne pris ne rendus.
Eins disoient en leur deffense :
« Moult remaint de ce que fols pense. »
Si que de l'assaut se partirent,   4020
Et en leurs nés se retreïrent ;
Et sans perdre sont retourné
Au lieu dont il furent tourné.

Résignation du roi à la suite de cet échec.

Et quant li gentis roys le sot,
Il ne fist mie comme sot,
Eins loa Dieu devotement
Et sa douce mere ensement ;
Et fist faire processions,
Veus, promesses, oblations,
A la gloire de Dieu toudis   4030
Et de la court de paradis.
L'armée est au port demourée,
Toute preste & toute ordenée,
Pour partir quant li roys vorra,
Et quant son milleur point verra.

Les négociations continuent entre le roi & le sultan. Insuffisance des pouvoirs donnés aux messagers égyptiens.

Et li messagier là estoient,
Qui aveques le roy traitoient
De par leur commun de Venise
Et de par le soudan, que prise
Fust une journée d'acort ;   4040
Car riens n'i valoit le descort,
Et que li soudans le desire
Plus assez qu'il ne vuelent dire.
Li roys leur respondi briefment :
« Signeurs, je say certeinnement
« Que vous desirez bonne pais ;

LA PRISE D'ALEXANDRIE. 123

    « Et en verité je fi fais,
    « Sauf m'onneur & mon heritage.
    « Mais trop feroit chofe fauvage,
4050 « De traitier à vous qui n'avez
    « Point de pooir, bien le favez.
    « Et, fans doubte, fe je veoie
    « Gens de par lui, je traiteroie ;
    « Et mieus vorroie par amour
    « Avoir le mien que par rigour.
    « Je ne voy ci autre traitié
    « Ne de guerre, ne d'amitié. »
    Quant li meffagier l'entendirent,
Il s'enclinerent & preïrent
4060 Congié dou roy, puis s'en tournerent
Vers le foudan & li conterent,
Sagement & par bel arroy,
Toute l'entencion dou roy.

LI foudans en ot moult grant joie;
    Si leur dift : « Seigneurs, je vorroie
    « Que oubliez fuffent tous meffais,
    « Et qu'aucuns bons traitiés fuft fais
    « Ou bons acors, c'eft mes confaus. »
    Adont manda ij. amiraus, [32]
4070 Les plus notables de fa court;
Si leur dift : « Signeurs, brief & court
    « Il couvient qu'en Chypre en alez.
    « Trente Sarrazins appellez
    « Tels com vous les vorrez eflire,
    « Des plus fages de mon empire,
    « Que vous enmenres avec vous,
    « Et ferez fouvereins de tous.
    « Au roy direz que mon defir
    « Eft d'avoir pais, que moult defir.
4080 « Traitiez le mieus que vous porrez,

*1366
24 mai.*

Arrivée en Chypre de nouveaux négociateurs égyptiens amenés par les Vénitiens.

1366
juin.

« Selonc ce que de li orrez. »
 Avoir & pooir leur donna,
Et le seurplus bien ordonna
Son conseil qui bien le sceut faire.
 Atant se partirent dou Quaire,
Tant ont erré par leurs journées
En terre, en mer & en galées,
Qu'il sont à Nimesson venu.
Encor ne leur est avenu
Empeschement ne destourbier ; 4090
Et aussi tuit li messagier
De Venise avec eaus estoient,
Sans partir, & les conduisoient.

Conditions de paix proposées par le roi aux émirs.

LES ij. amiraus descendirent
 Des galées, puis se vestirent
Et s'aournerent richement,
Et tuit li autre gentement ;
De dras de soie se parerent,
Et puis haut eu palais monterent.
Li roys leur fist moult bonne chiere ; 4100
Là parlerent de la matiere
Pour quoy li soudans les envoie,
Moult longuement. Que vous diroie ?
Longuement ont parlementé,
Chascuns disoit sa volenté.
 Finablement li roys leur dit :
« Seigneurs, entendez à mon dit.
« Li soudans tient mon heritage ;
« De tous Crestiens prent treuage ; [33]
« N'est homs qui en son païs voise 4110
« Qu'il ne vive en peinne & en noise.
« Toute marchandise est perdue ;
« A Crestien n'i ha foy tenue.
« Il a pris les Veniciens

» *Et tous les autres Creſtiens*
« *Qui eſtoient en ſon païs,*
« *Dont forment ſommes eſbahis.*
« *N'eſt Creſtien, tant ait vaſſelage,*
« *S'il va en ſaint pelerinage*
4120 « *Dou ſepulcre, qu'il ne rençonne*
« *Ou occie, s'il ne li donne.*[a]
« *Dont li vient ceſte auctorité,*
« *Qu'il nous tient en ſi grant vilté?*
« *Doit il avoir ſeur nous maiſtrie,*
« *Avantage ne ſignourie?*
« *En tous cas noſtre foy deſpite,*
« *Eu*[b] *monde n'a ſi bon hermite*
« *Qui ne ſe deüſt mieus offrir*
« *A mort que tel choſe ſouffrir.*
4130 « *A tous Creſtiens fait injure,*
« *Contre Dieu & contre droiture.*
« *Li mundes doit eſtre communs,*
« *Et li ſoudans en fait comme uns.*
« *Sires, qui trop fierement regne,*
« *Cuide il qu'il ne ſoit que ſon regne?*
« *Faites ces choſes reparer,*
« *Car li pueples pas comparer*
« *Ne doit, par droit, ſa couvoitiſe*
« *Qui maint cuer eſprent & atiſe,*
4140 « *Car li pueples aſſeʒ à faire ha.* »
Einſi li roys leur declaira
Et diſt toute s'entencion,
Clerement & ſans finction,
Et ſi leur fiſt pluſeurs demandes
Moiennes, petites & grandes
Que je n'ay pas encor eſcript,
Car trop lonc en ſeroit l'eſcript.

1366
juin.

a. B, V; A. *s'il ne donne*. — *b.* B. *Au*; V. *Ou*.

1366 juin.

Les messagers égyptiens demandent que des ambassadeurs chypriotes se rendent au Caire.

Quant il ot finé sa parole,
　Clérement & sans parabole,
Li messagier ont respondu :　　　　　4150
« Sire, bien avons entendu
« Ce qu'il vous a pleü à dire,
« Où riens ne volons contredire,
« Car bien & bel & sagement
« Avez parlé & clérement.
« Mais nous n'avons mie puissance
« De parfaire aucune ordenance
« De l'eritage & dou treü,
« Dont à parler vous a pleü ;
« Si que, sire, nous vous prions　　　4160
« Très humblement, & supplions
« Que vous prenes aucuns des vostres,
« Que nous menrons avec les nostres,
« Seürement, jusques au Quaire ;
« Et qu'il soient de tel affaire
« Qu'il sachent moustrer vostre entente,
« Et la passée & la presente,
« Au soudan, & nous esperons
« Que si courtois le trouverons
« Que nous cherrons en bon acort. »　4170

Fêtes données aux ambassadeurs égyptiens.

Li roy respondi : « Je l'acort. »
　Courtoisement leur ottria,
Et puis moult bien les festia,
Et fist jouster en leur presence
Ses chevaliers maint cop de lance.
Li Sarrazin se mervilloient
Coment il ne s'entretuoient ;
Car il sont dou gieu desapris,
Pour ce qu'il ne l'ont pas apris.

4180	Ll gentils roys, qui riens n'oublie, Avoit en sa chevalerie[a] Un tres bon clerc, maistre en decrez, Qui estoit sages & discrez. [34] Il le manda; si li commande Qu'il escoute bien & entende. Il li dist : « Aler vous couvient, « Par devers le soudan qui tient, « Nostre hiretage & nostre terre ; « Et pour ce avons nous à lui guerre.	1366 juin-novembre. Le roi fait choix d'un de ses conseillers, nommé Antoine, pour aller au Caire.
4190	« De tous Crestiens prent truage, « Et pluseurs tient en grant servage. « Si ferez une instruction « De toute nostre entention, « La quele nous deviserons « Mot à mot, & y metterons « Tout ce que vous devez querir « Et en nostre non requerir, « Par quoy vous en soiez certains. « Mais ne dites ne plus ne mains	
4200	« En nostre non, ne de par nous, « Seur peinne de nostre courrous. « Vous estes sages & legiers ; « Si yrez avec ces messagiers, « Qui droit au soudan vous menront « Seürement & ramenront. » Li clers fist son commandement Volentiers & diligemment, Et moult liez fu de ceste alée, Pour voir[b] le Quaire & la contrée.	
4210	Et quant l'instruction fu faite, Li roys, qui ne pense ne gaite Fors à ses annemis destruire,	

a. C. en sa chancellerie. — b. A. vir; B, V. veoir.

Fist beccuit & vitaille cuire;
S'en fist leur galée garnir
Largement jusqu'au revenir.

LI Sarrazin ès nés[a] monterent
Et le clerc avec eaus menerent.
Tant ont vogué,[b] tant ont erré
Par mer & par chemin ferré
O le clerc, qui a non Anthoinne,[c] 4220
Qu'il sont venus en Babiloinne,
Où li soudans les atendoit.
Quant il les sot, pour eaus mandoit,
Si que le clerc à li menerent
Dou bon roy, & moult l'onnourerent.
Li clers li fist la reverence
Et li soudans, selonc s'enfance,
Le reçut gracieusement.
Là parlerent moult longuement
Dou roy de Chypre & de ses fais; 4230
Comment il est bons & parfais.
Quant il orent assez rusé,
Li clers li a tout exposé
L'entencion de son signour
Si bien, si bel,[d] si à s'onnour
Et en tous cas si proprement
Qu'on ne porroit mieux nullement.
Quant il ot sa legation
Dit & fait sa conclusion,
Li soudans fort merencolie 4240
Et ses consauls d'autre partie
Ad ce que li roys leur demande.
Mais trop est long de sa demande,

a. B. en mer. — b. B, V. vagué. c. C. Antoinne. — d. B, D, V; A. & si bel.

Car, pour parler ne pour rouver,
Ne pot li clers acort trouver;
Eins se departi sans acort,
Et s'en revint tout droit au port
De Nimesson, où il trouva
Le roy qui encor se leva,
4250 Car il estoit assez matin. [35]

LI clers li dist en son latin
Tout ce qu'il a trouvé de fait,
Et que briefment il n'a riens fait,
Et qu'il ne trueve acort ne voie
De pais, dont parler vueille ou doie.
Quant fait ot sa relation,
Au roy bailla l'instruction
Et dist qu'il ne la perde point,
Qu'encor porra venir à point.
4260 Li gentils roys prist à sousrire,
Quant il l'oy & dist : « Biau sire,
« Encor venra telle saison
« Qu'il nous fera toute raison,
« S'il plaist à Dieu, mon creatour,
« En qui sont trestuit mi retour,
« Et en qui j'ay fiance pleinne,
« Ou je seray mors en la peinne. »
Tantost fist son conseil mander
Pour savoir & pour demander
4270 Comment il se doit maintenir,
Puis qu'il ne puet à pais venir.
Si que longuement consilla,
Et trouvé en son conseil a
Qu'il face une très grosse armée,
Et qu'il mande par la contrée
Ses subgés & ses bons amis
Pour destruire ses anemis.

*1366
juin-novembre.*

Antoine rend compte au roi de sa mission.

L'ARMÉE ordena li bons roys
De c. voiles & xxiij. [36]
Et quant elle fu toute preste, 4280
Il ot si grant mal en sa teste
Que par tout le corps se doloit.
Et ainsi, com partir voloit,
Li prist une grant maladie,
Qui si le contraint & maistrie
Que tout son fait fu depecié
A ceste fois & empeeschié.
Moult fu malades longuement
Li gentis roys, & tellement
Que li temps d'iver seur lui vint, 4290
Si que sejourner li couvint.[a]
Mais Dieux, qui de ses amis pense,
Fist qu'il fu en convalescence.
Et si tost qu'il se pot armer,
Apparillier fist seur la mer
Tres grant navige & mervilleus.
Et s'estoit li temps perilleus,
Et trop plus qu'autre fois[b] divers,
Pour ce qu'il estoit grans yvers.

QUANT il ot fait son appareil, 4300
Tel qu'onques mais ne fist pareil,
Fors à la prise d'Alixandre,
Li gentils roys, sans plus atendre,
Qui mort ne peril ne doubta,
Dedens sa galée monta,
Et toute sa gent avec li.
Mais homme n'i avoit que li
Qui sceust rien de sa pensée,

a. V, à la suite, un blanc sans lacune dans le texte. A. *le convint*; B. *le couvint.* — *b.* V. *Et plus quatre fois.*

Ne quel*a* part seroit son alée.
Et quant il fu bien eslongiez, 4310
Grant paour ot d'estre plungiez,
Qu'en la mer qui est noire & brune
Leva une si grant fortune
Qu'onques homs si grande ne vit.
   Or*b* oiez comme il se chevit.
Li roys fu v. jours & v. nuis
En tels anuis, en tels peris
Qu'onques il ne pot aprochier
Terre, ne greve, ne rochier
De ses anemis nullement. 4320
Et si tres perilleusement *c*
Estoit jour & nuit, sans cesser,
Que homme ne l' porroit penser.
Car par la grant force dou vent,
Li gentils roys cuidoit souvent
Que sa galée fust plungie,
Et aussi toute sa maisnie. *d*

ET quant en son païs revint
Li bons roys, si foibles devint
Pour ce qu'il ne pooit mengier 4330
Et s'avoit souffert le dangier
De la mer; & sa maladie
N'estoit pas encor bien garie
Parfaitement, que sans mentir
Il ne se pooit soustenir.
Si demoura dedens sa chambre
Presques tout le mois de novembre,
Tant qu'il fu de tous poins garis
Et ses maus curés & taris.
Si ne metoit mie s'entente 4340

1366 novembre.

Les mauvais temps empêchent tout débarquement.

Le roi retombe malade.

Novembre 1366

---

a. V; B. quelle. — *b*. V; B. Ores. — *c*. B; V; A. perillement. — *d*. V. navie.

En chiens, n'oisiaus, n'en dame gente,
Fors en ses anemis grever.
Là vuet il mettre & esprouver
Cuer, corps, vigour, vie & puissance,
Son tans & toute sa chevance.
 On vit bien sa grant volenté;
Car si tost comme il ot santé,
L'armée qui estoit deffaite
Fu dedens xv. jours refaite,
Mieux & plus efforciement   4350
Que devant, si ne say comment.

LI soudans en oy nouvelle,
 Un sien amiraut en appelle, [37]
Qui moult estoit de li privez,
Et li a dit : « Vous ne savez,
« Li roy de Chypre vuet venir
« Seur nous ; plus ne s'en puet tenir.
« Toute sa gent a mis ensamble,
« Et nostre gent devant li tramble
« Et fuit ; certes il nous nuira   4360
« Tant, s'il puet, qu'il nous destruira.
« Ottroions li ce qu'il demande,
« Si que jamais ne nous offende ;
« Car cils ne vit pas qui n'a pais.
« Nous n'avons cure de ses plais,
« De ces guerres, de ces riotes.
« L'autrier ardi les galiotes
« De Turquie, & d'Alixandre
« Mist les maistres portes en cendre,
« Et tua bien trois cens mil hommes.   4370
« Vraiement en grant peril sommes,
« Et en doubte de perdre terre,
« Se longuement dure la guerre. »
 Li amiraus li acorda

Tout ce qu'il dit & recorda.
Tantost li consaus fu mandez,
Li soudans dist : « Or m'entendez,
« Signeurs, j'ay grant fiance en vous,
« Car vous estes mes hommes tous. »
4380 Tout ce qu'avoit dit leur compta,
Et chascuns moult bien le nota ;
Et dit chascuns que par sa loy
Bon est d'envoier vers le roy.
Il avoit là ij. amiraus,
Qu'il tenoit pour bons & loiaus,
L'un, le plus grant de son hosté,
Et l'autre y avoit ja esté.
Et si fist mander un cadis,
Moult sage homme en fais & en dis ;
4390 Cadis, c'est un clerc en leur loy,
Autrement appeller ne l'oy.
Si leur fist procuration
A grant deliberation,
Selonc la loy, pour ottrier,
Pour jurer, pour ratefier
Et pour promettre qu'il feroit
Tout ce que acordé feroit.
Si qu'en Chypre les envoia ;
Moult leur dist & moult leur pria
4400 Qu'en toutes manieres s'acordent ;
Car s'il font pais, pas ne se tordent.
Li amiral ont pris congié,
Qui n'ont pas dormi ne songié,
Einsois faut que chascuns entende
Ad ce que leurs sires commande.
Quarante Sarrasins ont pris,
Honnourables & bien apris,
Si qu'avec eaus les ont mené.
Quant il furent bien ordené,

1366-1367
Hiver.

1366-1367
Hiver.

Le landemain se departirent, 4410
Si tost comme le jour veïrent.

Le roi suspend encore les hostilités.

S'IL est qui fait, il est qui dist,
Li roys le sot; pour ce deffist
Son armée, & desassambla
Sa gent qu'à grant peine assambla.
Les ij. amiraus n'ont finé
D'aler, eins ont tant cheminé
Qu'en Chypre au port sont descendu.
On ne lor a pas deffendu,
Car li roys les fist recevoir, 4420
Et tres bien en fist son devoir,
Pour ce qu'il savoit grant partie
Dou fait de leur messagerie,
Et la puissance qu'il avoient,
Et pour quoy devers lui venoient.

Les bases d'un traité avantageux sont enfin arrêtées avec les émirs.

LES amiraus devers le roy
Alerent en moult riche arroy.
Quant il furent en sa presence,
Moult li firent grant reverence;
Et li roys tel chiere leur fist, 4430
Qu'à chascun d'eaus tres bien souffist.
Il dirent leur legation,
Et dou soudan l'oppinion,
Et commencierent à traitier.
Li uns d'eaus dist que sans gaitier
Traitassent amiablement,
Pour pais avoir & pleinnement.
Moult longuement parlementerent,
Et finablement s'acorderent.
Li amiraut ont acordé, 4440
Ottroié, promis & juré,
Comme procureur dou soudan;

Chascuns mist le doy à son dan, 1367
janvier-février.
Si comme leur guise le donne,
Qu'au soudan, en propre personne,
Feront l'acort ratefier,
Jurer, tenir & ottrier.
Et li roys plus ne demandoit,
Car il a tout ce où il tendoit,
4450 Ou au mains la plus grant partie.
Et c'est raison, que je vous die,
Que le traitié fu profitables
Pour le roy & tres honnourables.

CE fait, uns ermins d'Ermenie, *Un Arménien vient annoncer au roi que les Turcs assiégent son château de Gorhigos.*
Devant toute la compaignie,
Vint au roy, le traitié pendant,
Et li dist : « Bons roys entendant,
« Ne⁽ᵃ⁾ te feray nulle mensonge,
« Et ço que diray n'est pas songe.
4460 « Le grant Caraman de Turquie,
« Qui est un Turc que Dieux maudie,
« A ton chastel de Courc⁽ᵇ⁾ assis.
« Tous ceuls qu'il trueve sont occis,
« Bien a xlv. mil Turs ;
« Si qu'il n'y a portes ne murs
« Dont on puist issir ne descendre,
« S'on ne vuet morir sans attendre ;
« Ta gent sont dedens assegié.
« Si sui venus ci sans congié :
4470 « Tel mestier ont de ton secours,
« Que mort sont, se ne les secours. »

QUANT li roys oy le message, *Le roi charge son frère, le prince d'Antioche, d'aller secourir Gorhigos.*
On perçut bien à son visage
Et à la chiere qu'il faisoit

a. B, C, V; A. Je. — b. C, V; A, B. Court, ici & plus loin.

1367
janvier-février.

Que li sieges li desplaisoit.
Tantost le prince en appella,
Un sien frere qui estoit là,
Et li dist : « Frere, vous irez;
« Gardez que bien vous atirez.
« Ci ne valent souspirs ne larmes : 4480
« Vous penrez vj.c hommes d'armes,
« Qui seront de tres bonne estofe.
« N'y a celui que je n'estofe,
« Si bien qu'il n'i faudra laniere ;
« Tuit serez dessous ma baniere.
« Partez vous demain sans demeure,
« Car il convient que je demeure
« Pour parfaire tout le traitié
« Que nous avons yci traitié ;
« Et se convient que je delivre 4490
« Ces ij. amiraus à delivre. »

Description du château de Gorhigos.

SI vous vueil dire & deviser
Au mieus que j'y a saray viser
Comment li chastiaus est assis
De Courc, qui est grans & massis
De tours, de creniaus & de murs,
Qui sont haus, fermes & seürs. [38]
Courc siet en pais d'Ermenie,
Et s'est assis par tel maistrie
Que la mer li bat au gyron, 4500
Et non mie tout environ.
Devant la porte a une place,
Qui tient ij. archies d'espace ;
Et puis une haute montaingne
Qui est moult rote b & moult grifaingne.
Et se n'i a que trois entrées,
Qui sont rotes & si po lées,

a. A. je y. — b. B. roite; V. roste.

Qu'il n'i puet monter nullement
C'un homme ou ij. tant seulement.
4510 Jadis y ot une cité
Qui fu de grant auctorité;
Mais elle est toute confondue,
Destruite à terre & abatue.
 Et devant Courc a une yslette,
Où jadis ot une villette.
L'isle est apellée Colcos,
Et c'est li lieus, bien dire l'os,
Où enciennement Jason
Conquist la dorée toison.

1367
janvier-février.

4520 OR revenray à mon propos.
 Li grans Caramans & ses os
Sus la montaingne estoit logiez.
Deux^a engins y avoit dreciez
Qui toudis jour & nuit getoient
Eu chastel, & tout le gastoient.
 Il y avoit un capiteinne
Qui vj. fois en une semainne
Envoia par devers le roy
Pour li moustrer le grant desroy,
4530 Le despit & le grant damage
Qu'on faisoit en son heritage;
Et que tenir ne se povoit,
Se secours ne li envoioit.
Li roys qui ja^b bien le savoit,
Son commandement fait avoit
Au noble prince d'Entioche,
Qui est fors com chastiaus sus roche,
En batailles fermes, seürs,
Sages, avisiez & meürs,
4540 Dous aus gens d'armes & humains,

Attaques
répétées du Ca-
raman contre
Gorhigos.
Le roi fait
armer six galères
pour l'expé-
dition.

a. A. ij. — b. B, V; A. qui a.

*1367
janvier-février.*

    Et s'estoit ses freres germains,
Engendrez de pere & de mere.
Et monsigneur Jaque, son frere,
Fu avec li à ceste emprise.
  Or vueil deviser la devise
Comment li bons roys ordonna,
Qui là moult de son or donna.
Au prince bailla vj. galées,
Bien garnies, bien estofées.

Principaux chevaliers de la 1re galère, montée par le prince d'Antioche.

LI princes avoit la premiere,   4550
Qui estoit aperte & legiere,
Si que c'estoit uns drois souhais.
Là fu li contes de Rohais ;[a]
Et s'estoit jour & nuit o ly
Messires Simons Thynoly,[b]
Et maint autre de son païs,
Dont il n'estoit mie haïs. [39]

Seconde galère, commandée par le tricoplier Jacques de Norès.

LE tricoplier ot la seconde,
Qui legierement flote en l'onde
De la mer. Bien estoit garnie,   4560
Et s'avoit en sa compaingnie
Monsigneur Jehan Guibelin[c] [40]
Qui est attrais de noble lin :
Et monsigneur Jaque Petit,
Qui Sarrazins ainme petit ;
Et bien leur a moustré, sans faille,
A son espée qui bien taille ;
Et messires Robers li Rous,
Uns bons chevaliers ; & si vous
M'en volez plus avant enquerre,   4570
Plus n'en say ; nez fu d'Engleterre.

a. B. Rouhays ; V. Rouhais. —   c. B, V. Jehan Guibellin.
b. C. Thinoly ; V. Thinuli.

APRÈS meſſires Jehans Paſtés, [41]
Uns chevaliers qui s'eſt haſtés
D'entrer en la maiſon d'onneur ;
Car bien ſcevent grant & meneur
Qu'il a toudis quis dès s'enfance
Pris, honneur, armes & vaillance ;
Et tant a fait que receüs
Eſt eu nombre des eſleüs,
4580 Car ſon grant bien bon le parfait
De cuer, de penſée & de fait ;
Et monſigneur Guy le Baveus,
Qui n'eſt mie de li mains[a] preus.
 Ces ij., ſus haute mer ſalée,
Avoient la tierce galée.
Ces ij. au roy firent depry,
Que monſigneur Jehan Monſtry[b]
Leur baillaſt pour leur ſouverain.
Mais li bons roys, par ſaint Verain,
4590 Diſt qu'il leur voloit bien baillier,
Pour leur galée avitailler,
Et que là ſeroit leur compains
Et non mie leur ſouverains.
 Là ot maint chevalier eſtrange,
Digne d'onneur & de loange,
De mainte eſtrange region,
Dont je vous feray mention.
Des François eſpeciaument
Vous parleray premierement ;
4600 Car avec ces ij. ſe tenoient,
Pour ce que de leur langue eſtoient.
 En la galée dont je vous[c] conte,
Vingt cinq[d] chevaliers par conte
Avoit, que tous vous nommeray ;

1367 janvier-février.

Troiſième galère commandée par Jean de Monſtry.

a. V. *moins*. — b. C. *Mouſtri*. — c. B, V ; A, C. *dont je*. — d. A *xxv*.

Ne jà ne vous en mentyray,
Eins les nommeray tout premiers,
Et puis apres les escuiers :
Messires Foulquaus d'Achiach, [a]
Qui n'est pas long de Berjerach, [b]
Dont longuement me suis teüs   4610
Estoit là, & fu esleüs
De tous à porter la baniere
De Nostre Dame toute entiere.
Et certes il est vrais François ;
Je le puis bien dire, qu'ençois
Volt deguerpir toute sa terre
Qu'estre homme dou roy d'Engleterre,
N'à son fil, le duc de Guienne,
Quant la duchée fu premiers sienne.
Deux fois en champ s'est combatus,   4620
Sans estre vaincus n'abatus ;
Et en bataille plus de xxx.,
Voire certes plus de quarante,
De grans proesses a fait maintes.
Nés est de l'eveschié de Saintes.
 Là fu li sires de Clervaus,
Messires Guillaumes de Saus,
Messire Oiselet dou Fay, [c]
Messire Jaque de Mailly,
Et le signeur de Nantoullet [d]   4630
Qui est cointe & appertelet ;
Renaus & Robers li Baveus,
Qui sont cousin germain tous deus,
Et enfant de monseigneur Guy ;
Messires Giles de Poissy,
Et de Bouviller Joudouin,

---

a. A. d'Áchiac ; C. d'Alchiach. B. du Fay. — d. V. Nantoillet ; C.
— b. V. Bergerac. — c. V. de Fay ; Nanthouillet.

Et le signeur de Saint Martin, [a]
Messires Gobers [b] de la Bove,
Qui moult volentiers dance & joye [c]
Aveques dames & pucelles,
Quant elles sont cointes & belles;
Et monseigneur Vautier [d] de Lor,
Qui ne fait pas trop grant tresor;
Messires Jehans de Lornis;
Et si estoit, ce m'est avis,
Uns chevaliers qu'est sans reproche,
C'est messire Hervé le Coche;
Messires Raus de Chenevieres,
Et messires Jehans de Vendieres;
Messires Philippe d'Omont,
Et Saquet de Blaru [e] qui mont
Desire honneur & pris avoir,
Trop plus les ainme qu'autre avoir;
Messire Pierre de Gresille, [f]
Qui het le temps, quant il gresille;
Jehans de Saus, [g] Robert Baillida; [h]
Ces ij. furent chevalier là,
Et pluseurs autres Chypriens,
Genevois & Venitiens,
Qui estoient vaillans & bons,
Dont je ne say nommer les nons.
   Or vueil les escuiers nommer,
Qui là monterent seur la mer
En la galée dont je di:
Premiers Mansars de Rosigny, [i]
Qui au siege fu si vaillans
Qu'on le tint pour des mieus faisans.
Morir le fit ses vasselages

a. B, C, V; A. *Saint Marin.* — *e.* V. *Blasru.* — *f.* C. *Groisille.*
b. V. *Robers.* — *c.* B; A, C, V. *houe,* — *g.* C. *Saux.* — *h.* C. *Ballida.*
hove — *d.* C. *Wautier;* V. *Gautier.* — *i.* B, V. *Resigny;* C. *Rossigny.*

<small>1367
janvier-février.</small>

Dont ce fu pités & damages;
Jehans de Reins au cuer hardi,   4670
Et puis Raulins[a] de Handreſſi;[b]
Après le baſtart de Corbon.[c]
Bonau[d] de Bon, Baudri de Bon,
Sont ij. frere, & furent au ſiege,
Et ſont de l'eveſchié de Liege;
Jehan de Contes,[e] Robeſſon Bonne,
Qui grans cops de l'eſpée donne.
   Et ſi ne vueil pas oublier
Le bon Jehan de Bouviller
Que j'aim, n'Endruet de Braibant,[f]   4680
Sans orgueil nul & ſans bobant.
Deux très bons eſcuiers de Flandres,
Qui ne ſont pas des autres mendres
En hardement & en bonté:
C'eſt Lambequin de le Conté;
L'autre a nom Hoſtes Boutellin,
Qui het tant la gent Apollin
Que ij.[c] en a mis à mort,
Dont je n'ay pité ne remo ;
Et Hervey de Lamenevain,   4690
Un bon eſcuier de la main,
Y fu, & s'ot en ſa compaingne
Dix bons eſcuiers de Bretaingne,
Qui tuit ſont à bien faire entais,
Ne ſçy leurs noms, pour ce m'en tais,
De Chypre & d'autre region
Dont je ne fais pas mention.

<small>Quatrième
galère,
commandée par
Florimont de
Leſparre.</small>

LA quarte galée conduit,
A grant joie & à grant déduit,
Uns chevaliers de grant renon;   4700

<small>a. V. Raoulins. — b. C. Andreci.   Bon an. — e. C, V. Coutes. —
— c. V. Corlon. — d. B, C, V.   f. B, V. ne Druet de Breubant.</small>

Florimont de Lesparre a non.
Nez est dou païs de Gascongne,
Si com la langue le tesmongne;
De Lesparre est sires clamez.
Mais il fu repris & blasmés
D'une escarmuche que là fist,
Qui ne fu pas de grant profit,
Comment qu'il le feïst pour bien
Et pour vaillance, on le scet bien,
4710 Si com ci après le sarez
Quant bien leü ce livre arez.
 Là ot iij. chevaliers estranges :
Monsigneur Bertran de Benanges,[a]
Qu'on tenoit pour bon chevalier,
Cointe, apert, courtois & legier;
Qui ainme honneur & het debas,
Oncle dou captal est de Bas;
Monsigneur Jehan de Rochefort,
Qui est Bretons & tire fort
4720 A haute honneur & soir & main ;
Monsigneur Jehan de Sovain,
Qui est Engevins, là estoient,
Et nuit & jour se compaingnoient ;
Thiebaut dou Pont[b] & maint preudomme
Estoient là, que pas ne nomme.

LA v[e] avoit Cordeliers
 De Puignon[c] qui est chevaliers
Bons & hardis, vaillans, adrois,
Sages, courtois en tous endrois.
4730 Et s'ot bonne chevalerie
De la duché de Normendie,
Car le signeur de Baqueville[d]

*1367
janvier-février.*

*Cinquième
galère,
commandée par
Le Cordelier
de Puignon.*

---

a. B. *Venanges.* — b. B, V. *Thibaut de Pont.* — c. B, C, V. *de Pignon* ; D. *du Pignon.* — d. B, C, D, V ; A. *La Queville.*

1367
janvier-février.

> Et le signeur d'Estouteville,
> Qui est drois sires de Torcy,
> Et le très bon seneschal qui
> Het & fuit toutes maises langues ;
> Aussi le signeur de Bellangues,[a]
> Signeur de Vimes[b] en Vimeu,
> Comme sage, vaillant & preu;[c]
> Messires Jehan de Caïeu,   4740
> Qui moult bien y tenoit son lieu,
> Y furent & mains compaingnons
> Dont je ne say nommer les noms.

Sixième galère commandée par Bermond de la Voulte.

> MESSIRES Bremons de la Vote[d]
> Ot la siste, qui par mer flote
> Plus legierement c'une aloe
> Ne vole, dont chascuns la loe.
> Garnie estoit de bonnes gens,
> Qui sont songneus & diligens
> De serchier la mer & la terre   4750
> Pour avoir honneur & acquerre.
>   Il y avoit un sien cousin
> Que bien congnoissent Sarrasin
> Aus grans cops qu'il leur donne & baille
> De son espée qui bien taille,
> Moult leur fait peinnes & martyres,
> C'est de la Vore li drois sires.
> Et si avoit dou Dauphinal
> Un chevalier sage & loial,
> C'est li sires de Chassenages.   4760
> Et vraiement ses vasselages
> N'est pas oubliez ne teüs,
> Eins est souvent ramenteüs,

---

a. B, V. de Belleangues. — b. B, D. Vime. — c. Ces deux vers, donnés par B & ajoutés à la marge de D par le copiste, manquent dans A, C & V. — d. B, V. de la Volte.

LA PRISE D'ALEXANDRIE.

1367
janvier-février.

fol. 339.

  Car chascuns l'aimme & loe & prise
  Qui scet son fait & son emprise;
  Et li signeur de Monbouchier[a]
  Que li Dieux d'armes a moult chier;
  De Faucourt messire Phelippes,
  Qui ne prise mie ij. pipes
4770 Le Caraman ne sa puissance,
  Et messire Amé de Coutance,[b]
  Qui prise encor meins son orgueil;
  Messire Hues de Vernueil
  Et le signeur de Flavigny
  Furent là, & Rabette aussy,
  Et Tribouillart de Tribouville;
  Et un chevalier de Sezille;
  Et pluseurs autres dont ne say[c]
  Les noms, si que je m'en tairay.

4780 ES[d] vj. galées, dont je vous conte,[e]
   Six cens hommes d'armes par conte
  Estoient[f] apers & legiers,
  Et environ trois cens archiers.
  Mais le prince & le tricoplier
  Florimont & Le Cordelier
  Ne feïrent pas lonc sejour,
  Eins partirent tout en un jour.
  Ne furent en ville n'en bourc
  Jusqu'à tant qu'il vinrent à Courc.
4790 Messire Bremons & Monstry[g]
  Un jour feïrent de detry
  En Chypre, que un jour demourerent;
  Et tantost après eaus alerent.
   Les iiij.[h] galées s'en vont

Départ de
quatre galères
pour Gorhigos.
26 février.

a. V. Moult bouchier; B. Mon Vouchier. — b. V. Cousance; B. Confance; C. Confante. — c. V; A. je ne say. — d. V. Les. — e. B, V; A. je conte. — f. B, V. Qui estoient. — g. C. Moustri. — h. B, V; A. les iij.

Et li maronnier qui ens sont
Tant ont à la mer estrivé
Que tuit sont à Courc arrivé,
Par un dimanche bien matin. [42]
Et vraiement li Sarrazin,
Qui dessus la montaingne estoient   4800
Logié, bien venir les veoient.
Et, si tost comme il les veïrent,
De la montaingne descendirent,
Non pas tuit, mais une partie,
Pour faire aus nos une envaye.

ENTRE la montaingne & la ville
Estoit la gent pleine de guile.
Et les nostres, en grant couvine,
Descendirent de la marine,
En Courc entrerent par la porte,   4810
Qui estoit bonne & belle & forte,
Quant il furent tuit descendu,
Longuement n'ont pas atendu ;
Einsois issirent tuit à plain
Par la porte devers le plain.
  Le prince & sa gent s'arresterent,
Pres dou chastel, & s'ordonnerent
Bien & bel & par grant avis,
Car il veïrent[a] vis à vis
Les annemis Dieu qui traioient   4820
De toutes pars, quanqu'il pooient.
Mais li princes n'ot pas conseil
De lui combatre, car à l'ueil
Voit ceuls qui les doivent secourre,
Pour ce ne leur voit pas sus courre ;
Et s'atendoit les ij. galees
Qui darrier furent demourées,

a. V. veoient.

Où milleurs gens avoir devoit,
Et plus qu'avec lui n'en avoit.

4830   ENTRE lui & les annemis,
Qui seur le plain s'estoient mis,
N'avoit point ne fossé, ne barre,
Si que li sires de Lesparre
S'avança & leur couri seure.
Mais ne fu pas à la bonne heure,
Qu'il & sa gent furent blecié
Et villainnement rachacié.
De trait fu bleciez en la main
Et messire Jehans Sovain
4840   Y fu bleciés par mi le pié
D'une sajette ou d'un espié.
Thiebaus dou Pont fu presques pris;
Mais uns escuiers de haut pris
Le deffendi moult vaillamment;
Là le secouri vitement
Messire Jehan de Rochefort,
Qui li fist aide & confort;
Et le bon signeur de Benanges,
Et pluseur compaingnons estranges,
4850   Li aidierent tant qu'il revint;
Mais il en tua plus de xx.
En leur bataille. Et eu chastel
Se retreïrent bien & bel,
Com gent sage & bien ordenée.
Plus n'i ot fait ceste journée.

Le diemanche dont je vous chant,
Einsi comme à soleil couchant,
Arriva Monstry & ses gens.
Là fu li bons messire Jehans
4860   Pastez, li vaillans & li preus,
Et messire Guys li Baveus,

136.
28 février.

Escarmouche
imprudente du
sire de Lesparre.

Arrivée
de la galère
de Monstry.

1367
28 février.

Le prince d'Antioche tient conseil pour savoir s'il faut attaquer les ennemis retranchés sur la montagne.

Avec très bonne compaingnie
De chevaliers & d'escuirie,
Preus, vaillans & d'election,
Dont je vous ay fait mention.

QUANT eu chastel furent retrait
Tout belement & tout atrait ;
Et li Sarrazin ensement
S'estoient tout premierement
Mis de la plainne en la montaingne ; 4870
Honte & mescheance leur veigne,
Car ce sont gent qui trop nous héent,
Et qui à nous destruire béent !
Tous les chevaliers a mandé
Le prince, & leur a demandé
Conseil de ce que faire doit,
Car ses anemis à l'ueil voit
Qui sont logiez en forte place ;
Si qu'il est bien raison qu'il face
Par leur conseil ce qu'il doit faire 4880
Contre la gent de put affaire.
          Messire Guis a entendu
Le prince, si a respondu
Sagement, sans faire demeure :
« Sire, il est tard ; si n'est pas heure
« De conseillier, à dire voir,
« N'encor ne poons nous savoir
« Leurs alées ne leurs venues,
« Leurs entrées ne leurs issues,
« Si que demain nous les sarons 4890
« Et seur ce nous conseillerons.
« Et si porra bien avenir
« Que vous verrez Bremont venir ;
« S'il vient, vous en serez plus fors. »
Chascuns respont : « C'est nos acors. »

Après Messire Jehans Pastez
Li dist : « Sire, ne vous hastés,
« Car mauvaise haste n'est preus,
« Et ce sera honneur & preus
4900 « De faire ce fait sagement,
« Et nom pas trop hastivement.
« Nous sommes en l'eure venu,
« Et tantost nous a couvenu
« Yssir hors à moult petit fait.
« Sages est qui par avis fait,
« Et se messires Bremons vient,
« Milleur conseil ne nous couvient ;
« Car il est sages & soutils,
« Loyaus, preudons, nobles, gentils,
4910 « Et sa gent hardis & vassaus
« En batailles & en assaus.
« Et s'oy dire, en Alemaingne,
« Au noble & bon roy de Behaingne,
« C'uns sires doit en toute terre
« Estre à son dessus de sa guerre.[a]
« Et à son dessous au tournoy. [43]
« Ne je ne voy chose encor n'oy
« Que Bremont ne doiez atendre,
« Et se povez moult bien entendre
4920 « A conseillier au matinet. »
Li princes respondi : « Bien est.
« Je lo que cils consaus se teingne,
« Et que au matin chascuns reveingne.[b] »
Atant de là se departirent,
Et en plusieurs pars se partirent,
Car chascuns logier s'en ala,
Li uns sà & li autres là,
Li uns pis & li autres mieus,
Près dou chastel, en plusieurs lieus.

a. B, V. pour la guerre. — b. V. reviegne.

1367
28 février.

On se résout à attendre l'arrivée de Brémond de la Voulte.

ol. 340.

1367.

Li autre furent ès galées,
Qui en mer furent aencrées,
Qu'au[a] chastel pas tous ne pooient,
Pour les engins qui y getoient.

Lundi 1ᵉʳ mars.
On se rend compte de la forte installation du Caraman.

LE lundi matin se leverent,
Et seur la place s'en alerent
Pour considerer les alées,
Les yssues & les entrées
Des Sarrazins; car sans doubtance
Mout avoient là grant poissance.
Quant il orent bien tout veü,
Ymaginé & conceü,
Leur maniere & leur logement,
Et leur estat tout clerement,
Longuement n'ont pas sejourné,
Eins sont au prince retourné,
Pour avoir conseil qu'on feroit,
Et s'à euls se combateroit.

Les matelots de Monstry engagent inconsidérément une affaire.

ET einsi comme il conseilloient
En une chambre où il estoient,
Il oïrent une grant noise;
N'i a celui qui ne se coise
Pour oïr que ce pooit estre.
Si ouvrirent une fenestre
Pour mieux veoir & plus à plain
S'il avoit nelui seur le plain.
Et envoierent seur la tour
Pour veoir le païs d'entour.
Si leur fu raporté & dit
Par[b] un qui les congnut & vit
Aler en la place premiers,
Que c'estoient les maronniers

4930

4940

4950

4960

a. B; V. qu'ou; A. que. — b. B, V; A. de.

Monstry qui font une esquermuche.
Et Monstry un sien vallet huche,
Et l'i envoie pour savoir
De l'esquermuche tout le voir.
Et tantost li a raporté
Et dit que c'estoit verité,
Et que tuit s'effréent forment
Et s'arment tuit communement, ᵃ
4970 Et sonnerent trompes, naquaires,
Et instrumens plus de x. paires.
« Vous pouvez oïr leurs tabours :
« Qui ne les oit, il est bien sours.
« Et jà sont descendus aval
« Pluseurs à piet & à cheval ;
« Et li autre gardent le pas
« Pour ytant qu'il ne vuelent pas
« Que nuls puisse monter amont. »

MESSIRE Philippes d'Omont
4980   Respondi : « Que vaus cils sermons ?
« Partons nous & si nous armons. »
Si que tuit en l'eure s'armerent
Et sus la place s'en alerent.
Et vraiement il s'ordenoient
Com gens qui leurs annemis voient.
  Là vit Pastez & li Baveux
Et Monstry que c'estoient ceuls
Qui issoient de leur galée
Et faisoient la retournée,
4990 Car li Sarrasin les chassoient,
Et la place perdu avoient.
Les ij. enfans Monsigneur Gui
Le Baveus y estoient, qui
Moult vaillament se combatoient

1367
1ᵉʳ mars.

Un grand
nombre de che-
valiers &
Monstry lui-
même finissent
par prendre part
à l'action.

---

a. B, V; A. communiment.

1367
1er mars.

Et la place tenir cuidoient.
Mais il ne la porrent tenir,
Einsois les couvint revenir.
Et le Douin de Bouviller
Ne se faisoit mie celer,
Car fierement se combati,   5000
Et plus de xx. en abati ;
Et ses freres ne se feint mie,
Eins li fait bonne compaingnie.[a]

Un combat s'engage entre la montagne & le château.

QUANT il veïrent la maniere,
Il leverent une baniere
Et ordenerent leur[b] bataille.
Chascuns l'espée qui bien taille
Tenoit en sa main toute nue.
Adont n'i ot ordre tenue,
Car tantost leur coururent seure   5010
Si fierement, qu'en petit d'eure
La place qui estoit perdue
Leur fu tout quittement rendue,
Et les mirent, qui que s'en pleingne,
Jusques au piet de la montaingne
Et si près que li Sarrazin
Qui leur estoient dur voisin
Pooient geter pleinnement
Sur eaus, sans nul empeschement.
Là ot mainte teste copée,   5020
Grant brait, grant bruit & grant huée,
Quant ceuls qui estoient dessus
Veïrent leurs gens einsi confus,
Mors & bleciez & affolez
Et de Crestiens defoulez.
Ils lançoient pierres, caillos,

a. B donne ici, au-dessous d'une miniature, la rubrique : *Comment les Crestiens desploierent une baniere de Nostre Dame.* — *b.* V. *une.*

  Mangonniaus, fajettes, garros
  Plus dru que la noif ne la gresle
  Ne chiet quant il nege ou il gresle.
5030 *Là furent blecié durement*
  Pastez, li Baveux & leur gent;
  Messires Guillaumes de Saus
  Et Monstri, li bons amiraus,
  De la Bove li bons Gobers,
  Qui n'est pas à son avoir sers;
  Il fu bleciés eu visage
  Par hardement & vasselage,
  Et tout de pierres & de trais.
  Mais pour ce ne se sont retrais
5040 *Qu'il n'aient maintenu l'estour,*
  Tant qu'il ont victoire & honnour.
  Mais il furent très bien batus,
  Et pluseurs à terre^a abatus.
  Le bon Mensart^b de Resigny
  Ne doy je pas mettre en oubly,
  Car il y fu bons & vaillans,
  Et li uns des très bien faisans;
  Par mi les jambes fu bleciez
  En pluseurs lieus, bien le sachiez.
5050 *Et nompourquant ceste journée*
  Fu pour son honneur adjournée.
  Les Sarrazins moult y perdirent
  Et nostre gent se retreïrent
  Tout bellement, car bien savoient
  Que le pas gaingnier ne pooient;
  Et sans doubte il estoit si fors
  Que riens ne vausist leur effors.
  Si se treïrent en la place;
  Mais adès avoient la face
5060 *Tournée vers les annemis*

a. B, V; A. *autres.* — *b.* B. *Mansart.*

1367
1er mars.

Les Chrétiens repoussent les Turcs, mais font de nombreuses pertes.

Tous enſamble, com bons amis;
Car vraiement, tout en alant,
Retournoient en reculant,
Et en retournant relevoient
Les blecieʒ qui cheüs eſtoient.
Tant ont la montaingne eſlongné
Que dou chaſtel ſont aprochié,
Et qu'il furent en mi la pleinne.
Là reprent chaſcuns ſon alainne,
Car plus eſtoient eſchaufé   5070
Que s'au feu ſe fuſſent chaufé.
 Là eſtoient & là leur vint
Hommes d'armes environ vint,
Qui eſtoient fres & nouviaus,
D'armes leur plaiſoit li reviaus,
Et s'eſtoient fors & corſus.
Si leur coururent encor ſus,
Et veſci la cauſe pour quoy.
Il veoient le grant deſroy
Des annemis Dieu qui traioient   5080
A eaus, & pierres leur gettoient
Fort & dru & eſpeſſement,
Et ſi très feloneſſement
Que ne le vous ſaroie dire.
Et ſi veoient le martyre
De ceuls qui eſtoient blecieʒ,
Dont c'eſtoit piteʒ & meſchieʒ.
Et comment que bien blecié fuſſent
Et que repoſer ſe dehuſſent,
Avec les autres s'en alerent,   5090
N'onques pour ce ne ſejournerent.
 Là recommanſa le hutin,
Plus grant que celui dou matin.
Mais nos gens ſi bien s'i prouverent
Que les Sarraʒins rebouterent

Jusques au pié de la montaingne;
Et la gent sauvage & griffaingne
D'en haut, trop plus fort qu'onques mais,
Leur getoient pierres de fais.

  LA fu mort, droit au piet du mont,
Messires Philippes d'Omont;
Dont ce fu pitez & damages,
Car grans estoit ses vasselages.
Hardis estoit comme lyons,
N'onques ne fu veüz li homs
Qui onques[a] en jour de sa vie
Li veïst faire villonnie.
Et là fu bleciez si forment
Un très bon escuier Norment
Qu'en l'eure fu mort, sans respas,
Tout droit à l'entrée dou pas.
Bonau de Bon[b] y fu occis
Et aveques li plus de vj.
Hommes d'armes, dont ne saroie
Nommer les noms; & toutevoie
Il furent mort piteusement,
Comment que ce fust vaillamment.
Toute la route s'arresta
Seur le corps des mors à esta,
Car il les cuidoient lever
Et eaus eu chastel raporter.
Mais il en vain se[c] travilloient,
Qu'à force avoir ne les pooient,
Car la force n'estoit pas leur,
Dont il avoient grant doleur.
  Là se combati bien & fort
Messires Jehans de Rochefort,

1367
1ᵉʳ mars.

Mort
de Philippe
d'Aumont.
Bravoure
d'autres chevaliers.

5100

5110

5120

---

a. B, V; A. *qu'onques.* — *b.* B, V; A. *Bonau en bon.* — *c.* B, V; A. *nie.*

1367
1ᵉʳ mars.

Et y fu très bons chevaliers.
Aussi y fu bons escuiers
Mensaus,[a] nommez de Resigny, 5130
Sus le corps de Bon, son amy[b],
Et son cousin ; car il s'amoient,
Et compaingnons d'armes estoient.

Quant nos gens virent l'aventure
Qui moult leur fu crueuse & dure,
Tous ensamble se retreïrent
Et seur la place se meïrent
Si com l'autre fois tout à fait ;
N'à ceste heure n'i ot plus fait.
Mais n'est pas raison que j'oublie 5140
Un chevalier de Normendie,
Qui Saquet de Blaru[c] s'apelle.
Y debati si sa querelle
Seur le corps Phelippe d'Omont,
Qu'il n'i a homme en tout le mont,
S'il en heüst autretant fait,
Qu'on ne le tenist à grant fait.

Sur les ordres du prince, les combattants rentrent au château.

EINSI nos gens se sont retrait,
Qui sont en plus de cent lieus trait,
Dont les fers ne sont mie hors, 5150
Et blecièz en teste & en corps
De pierres & de mangonniaus
Que li Turc ont getté sur eaus ;
Et si veoient clerement
Qu'il ne pooient nullement
Gaingnier le pas ne la bataille,
Car il n'i a homme qui vaille
Qui ne soit einsi atournez ;
Et, pour ce, sont il retournez.

a. B. Maussart; C, V. Mensart. — b. V. de son bon ami. — c. V. Blasru.

5160 Et s'estoient xxx. contre un
De gens d'armes & de commun,
Li Sarrazin, que Dieus confonde!
De pierre d'engin ou de fonde.
 Sus la place fu li barnages,
Où il trouverent ij. messages
Dou prince qui là les atendent
Et estroitement leur commandent,
De par le prince, qu'il retournent
Eu chastel & plus ne sejournent,
5170 Car le prince est forment courciez
De ce qu'il sont ainsi bleciez,
Et quant onques il commencerent
L'escarmuche. Si retournerent
Et raporterent Rochefort,
Qui estoit bleciez si très fort
Qu'il ne se pooit soustenir
Ne sans aide revenir;
Et maint autre que pas ne nomme,
Qui le jour furent tuit preudomme.
5180 Les ij. messages nommeray,
Ne ja ne les vous celeray.
L'un estoit monsigneur Fouquaut
D'Archiach, qui moult scet & vaut;
Et l'autre Bertran de Benanges,
Qui est hardis & arme ranges,
Et là fu bleciez eu visage,
En venant faire son message,
D'une sajette barbelée.
 Il avoit là, de la galée
5190 Monstry, vj.^{xx} hommes armez,
Mais si estoient entamez,
Si bleciez & si mal traitiés
Qu'il n'en y ot pas xx. haitiés.
Chascuns fist remuer sa plaie,

1367
1er mars.

<small>1367</small>

Po en y a qui ne s'efmaie
Pour le chaut qui trop les grevoit ;
Et po de mires y avoit.
 Li prince fift fermer la porte,
Et les clés avec li enporte,
Pour ce qu'entrer on n'y peüft,   5200
N'iffir, fe bien ne li pleüft.
 Celle nuit vint & defcendi

<small>Arrivée de Bremond de la Voulte.</small>

Bremons. Et quant il entendi
Comment noftre gent font menez,
A po qu'il ne fu forfenés ;
Et tant avoit de dueil & d'ire
Que ne le vous faroie dire.

<small>2 mars.</small>

<small>Les chevaliers font d'avis de demander des renforts en Chypre, avant d'attaquer la forte pofition du Caraman.</small>

LA nuit paffa & li jours vint,
 Si biaus que plus bel ne couvint.
Au matin, li princes manda   5210
Les chevaliers, & demanda
Confeil comment on puift trouver
Voie pour Sarrazins grever,
Qu'en fi très forte place eftoient
Logié, qu'avoir ne les pooient
Sans grant dommage & fans grant perte :
« Chafcuns le voit, ch'eft chofe aperte,
« Et fi vient fi très mal à point,
« Que noftre gent font en tel point
« Qu'à peinnes s'en puet on aidier.   5220
« On ne puet gueres fouhaidier
« Plus mal que la chofe nous vient ;
« Et pour ce avifer nous couvient,
« Et que chafcuns fon confeil die
« Loyaument & fans flaterie ;
« Car il nous couvient tous enfamble
« Boire à un hanap, ce me famble,
« Et chofe à tous touchant trouvée

« Doit estre de tous esprouvée. »
5230 Chascuns dist son oppinion;
Mais toute leur conclusion
Fu d'envoier devers le roy,
Et qu'on li mande le desroy,
L'estat, la maniere, la guise
Dou Caraman & son emprise,
Sa puissance & son logement,
Et qu'on leur envoie briefment
Ce qu'on porra d'arbalestiers.
Car il leur est trop grans mestiers,
5240 Et c'est la chose que la route
Dou Caraman plus forment doubte,
Et qui plus leur porra grever,
Quant ce venra à l'estriver.
Et aussi, qu'on n'oublie pas
Comment nos gens furent au pas
Bleciez, navrez & malbaillis,
Et des Sarrasins recueillis;
Et dire ceuls qui là sont mors
Au pas, dont grans est li remors.

5250 ET encor fu il devisé,
Quant bien y eurent tuit visé,
Par bon conseil, seür & sage,
Que cils qui fera le message
Emmenra toutes les galées
Qui furent à Courc arrivées,
Par quoy Turq & Sarrazin cuident
Que Crestien s'en voisent & vuident,
Et que dou chastel point n'ississent;
Einsois closement se tenissent
5260 Pour assaut que Turquois[a] feroient;
Et se d'amont descenderoient

a. B, C, V. *Pour essaier que Turc.*

1367
2 mars.

On renvoie les six galères en Chypre avec le tricoplier & l'on se renferme dans le château.

En la plainne pour assaillir,
Qu'adont porroient il faillir [a]
Hors, & combatre main à main
Sans atendre jour ne demain ;
Et, ci entre deux, gariront
Les Crestiens qui navrez sont.
C'est le conseil, c'est l'ordenance
Des chevaliers, en la presence
Dou prince ; & il l'a acordé   5270
Einsi com je l'ay recordé.
   Le tricoplier fu esleüs
Et devant tous ramenteüs
Pour faire la messagerie ;
Et il ne la refusa mie,
Ains [b] y ala. Dieus le conduie
Et li doint bon vent & sans pluie !
Le chastel feirent garnir
Mieus qu'on pot jusqu'au revenir.
Moult se tenirent closement   5280
Et li Sarrazin ensement
Qu'en viij. jours onques n'issirent, [44]
Ne Sarrazin ne descendirent.
Et, nompourquant, toudis traioient
Engins & canons qu'il avoient,
N'en faisoient point de sejour.
   Or avint au ix.e jour
Que nos gens, à cui Dieux doint grace,
Estoient seur une terrasse,
C'est assavoir les estrangiers,   5290
Qui estoient fors & legiers,
Seur la terrasse s'esbatoient,
Et de pluseurs choses parloient ;
Et de là pooient voir
Le Carman & tout son pooir.

a. B. Pour escarmouchier & ferir. — b. B, V ; A. Ainsi.

OR vous diray ce qu'il avint.
Li Caramans logier se vint
Droitement devant ses engiens,
Et ses gens, que j'apelle chiens,
5300 Au bout de la cité deserte;
N'i avoient point de couverte,
Car nos gens de plain les veoient
Qui dessus la terrasse estoient.

 Un diemenche, à l'eure que nonne
En Chypre doit sonner ou sonne,
Tous leurs pavillons descendirent,
Et tous ensamble se treirent
Au logeis dou Caramant.
Je ne say pour quoy ne commant,
5310 Li sires de Lesparre vit
Qu'il se deslogeoient & dit,
S'on l'en creoit, hors isteroient
Et qu'assez sejourné avoient.
Devers le prince sont alé,
Si ont tant dit & tant parlé
Que les portes furent overtes,
Et que le prince leur dist: « Certes
« Moy & mon frere sommes cy
« Sain & haitié, la Dieu mercy;
5320 « Et n'i ara celui de nous
« Qui ne soit armez avec vous,
« Ne qui de bien faire se faingne,
« Et qui l'aventure ne prengne
« Tele come Dieux la nous donra;
« Et quant le tricoplier venra,
« Se nous les avons desconfis,
« Liés en sera, j'en suis tous fis.
« Mais nous faisons tout le contraire
« De son conseil, ne m'en puis taire,
5330 « Et dou vostre; bien le savez,

1367

Le Caraman, s'étant porté en avant de ses machines pour s'approcher du château, on se résout à l'attaquer.

7 mars.

« Qu'autrement consillié l'avez. »

Le prince & sa gent s'ordenerent
Et tuit li Crestien s'armerent.
Et quant il furent bien armé,
Bien abillié, bien acesmé,
Et euls & toutes leurs maisnies
S'ordenerent en trois parties,
Et en feïrent trois batailles,
Qui n'estient mie de merdailles,
Eins estoient, je le say bien,   5340
Toutes gens d'onneur & de bien.
 Li princes conduit la premiere
Et faisoit porter la[a] baniere
Nostre Dame, car c'est uns signes
Biaus & bons, gracieus & dignes.
Bremons conduisoit la seconde ;
N'il n'avoit homme en[b] tout le monde
Qui mieus conduire la sceüst,
N'à qui li mestiers tant pleüst.
Lesparre la tierce conduit,   5350
Qui sagement la guie & duit.
 Or vous vueil un conte conter.
Nos gens ne pooient monter
Sus la montaingne nullement
Fors par trois lieus tant seulement,
Qu'il n'i avoit que iij. entrées
Vers le chastel, assez po lées,[c]
Entre viés murs & viez terraces ;
Ne riens n'i avoit que les places.
Nostre gent issirent à plain   5360
Et se meïrent seur le plain.
Le prince ot la voie senestre

---

a. B, V ; A. *sa*. — b. B, V ; A. *&*. — c. V. *pelées*.

1367
7 mars.

Le prince divise ses gens en trois batailles, qui marchent sur l'ennemi de trois côtés différents.

Et Lesparre prist celle à destre,
Et Bremont avoit la moienne,
Car par droit devoit estre sienne,
Pour ce que plus n'en y avoit.

1367
7 mars.

ET quant li Caramans les voit
Qu'il estient en tel conroy,
Il dist : « Certeinnement je voy
5370 « Gens enragiez & hors dou sens ;
« Il ne sont pas plus de vj. cens,
« Et se^a nous viennent assaillir !
« Bien nous devra chascuns haïr
« Et diffamer, par Mahommet,
« Se nous, qui sommes eu^b sommet
« De ceste montaingne logié,
« Bien avisié & bien rengié,^c
« A si grant gent que nostre page
« Les devroient, sans avantage,
5380 « Enchacier, tuer & occire,
« S'il nous pooient desconfire,
« Et si nous deveroit on pendre.
« Avant, signeur, or dou deffendre !
« Car qui bien se deffendera
« Au jour d'ui mes amis sera. »
Or est raisons que je vous conte
Dou Caraman un petit conte.
Je vous di bien qu'il n'a signeur
En Turquie de li gringneur,
5390 Ne qui face tant à doubter.
De tous se fait trop fort doubter.
C'est uns homs de trop grant emprise,
Dont maint home le loe & prise.
Plus est hardis que nuls lions ;

Confiance
du Caraman sur
l'issue du
combat.

a. V. si. — b. V. ou. — c. V. angié.

1367
7 mars.

Moult feroit or vaillans li homs,
Et bien de l'espée ferroit,
Qui corps à corps le conquerroit.

Les Francs refoulent les Turcs, tournent les engins, s'emparent du camp & s'arrêtent pour prendre du repos.

QUANT nos gens furent seur le mont
   Tous ensamble montez amont,
Ils se meïrent comme uns murs   5400
Entre les engins & les Turs ;
Et les veoient vis à vis.
Adont parla, ce m'est avis,
Li bons princes, que Dieus confort !
Et sa gent amonnestoit fort,
Qu'il fussent preudomme & vaillant   fol.
Et qu'il ne fussent pas faillant
A ce besong ; car qui fuiroit
Vraiement il se destruiroit ;
Car il ne saroit pas l'usage   5410
Ne dou païs ne dou langage,
Et si ne saroit où fuir.
Bremons & Lesparre ensievir
En tous cas le prince voloient,
Et à leurs gens einsi disoient ;
Chascuns le sien amonnestoit
De bien faire, & mestiers estoit,
Car qui là vaillans ne sera
Jamais honneur ne l'amera,
Et si perdra tous les biens fais   5420
Qu'en toute sa vie ara fais.

Les Turcs sont ébranlés par l'impétuosité de l'attaque.

LI Turc furent en grant effroy
   Quant il veïrent le conroy
De nos gens, & se mervilloient
Qu'engins ne garros ne doubtoient ;
Pierres, sajettes, n'autres trais,
Dont on leur a c.^m trais.

Trompes, naquaires & tabours
Sonnoient si fort que li bours
5430 Et la mer en restentissoit.
De la noise qui en yssoit
Paour avoient & doubtance,
Et n'i avoit nulle ordenance,
Eins estoient en maintes pars
Par dessus la montaingne espars.
Pluseurs montoient à cheval,
Li autre descendoient le val
Qui estoit par devers la terre.
Ni a celui qui ne s'esserre;[a]
5440 Tentes, pavillons destendoient[b]
Et sambloit qu'aler s'en voloient.
 Et nos gens estoient tout quoy,[c]
Et vesci les raisons pour quoy.
Conseil n'eurent pas à ceste heure
Qu'il leur alassent courir seure.
Li pluseurs estoient blecié,
Et s'estoient trestuit à pié ;
Et si estoient moult foulez
Dou chaut, & pesamment[d] armez,
5450 Car chaut faisoit à desmesure
Dessus la roche haute & dure ;
De leurs pavillons, de leurs tentes
Avoient gaingnié ne say quantes,
Et leur place & tous leurs engiens,
Et aussi pluseurs de leurs biens.
S'en disoient : « Ja Dieu ne place
« Qu'il nous chassent de ceste place,
« Einsois nous les en chasserons
« Ou à eaus nous combaterons. »

1367
7 mars.

a. V. qui ne se serre. — *b.* V. — *c.* V. coi. — *d.* V. pesaument. descendoient.

1367
7 mars.

Le Caraman
rallie ses gens
& les ramène
au combat.

Q UANT le Caraman vit comment 5460
Nos gens se tiennent fermement,
Et qu'autrement ne chasseront
Ne de là ne se partiront,
A son pooir se ralia
Et à haute vois s'escria :
« Avant, signeurs ! se bien ferons,
« Certes nous les desconfirons ;
« Il sont lassés & ne sont gaires,
« Sonnez cors, trompes & naquaires,
« Afin que chascuns se ralie. » 5470
Adont une moult grant partie
Des Sarrazins qui s'en aloient
Au Caraman se ralioient.
Samblant de combatre feïrent
Et en bataille se meïrent,
Mais po de talent en avoient
Et tout le contraire pensoient.

Le prince
d'Antioche sou-
tient le choc
principal.

O R vueil devifier leur maniere.
Quant il veïrent la baniere
De Nostre Dame & la bataille 5480
Dou prince, il alerent sans faille
Celle part moult apertement
Joint & ferré & tellement
Qu'il deüst à chascun sambler
Qu'à li vosissent assambler ;
Et si tost qu'il estoient près,
Il s'en retournoient adès.
Et li princes ne se mouvoit
De sa bataille, einsois tenoit
S'espée en sa main toute nue, 5490
Et chascuns lance ou besague.
Archiers, arbalestriers traioient
De toutes pars, quan qu'il pooient.

*Pluſeurs fois feïrent ce tour
Qu'adès faiſoient leur retour,
Et ſans cop ferir ſe partoient
N'autre damage ne faiſoient;
Mais noiſe faiſoient ſi grant
Qu'on n'i oïſt pas Dieu tonnant.*
5500 *Leur cheval eſtoient couvert
L'un de jaune & l'autre de vert,
De moult eſtranges couvertures
Et de ſauvages pourtraitures.*

*LI jours paſſa & la nuit vint
Moult eſpeſſe, dont il avint
Qu'il furent tuit eſvanuy,
Et le Caraman s'en fuy.
Noſtre gent apres eaus alerent,
Et grant damage leur porterent,*
5510 *Qu'il ſe ferirent en la queue.
Mais la nuit, qui fu noire & bleue,
Les fiſt par force departir
Et retourner. Là departir
Maintes colées veïſſiez,
Et maint mort, ſe vous y fuſſiez.
Là ot mervilleuſe meſlée,
Là ot feru maint cop d'eſpée;
Là ot grant hui & grant debat.
Li Caramans fort ſe combat,*
5520 *Car il faiſoit l'arriere garde,
Mais il en fera maiſe garde
Et ſi n'en rendera ja conte
Qui ne ſoit à ſa très grant honte.
Et li bons princes d'autre part,
Qui rutez*[a] *cops donne & depart;
Chaſcuns le fait bien endroit ſoy*

1367
7 mars.

Le Caraman eſt mis en déroute.

Pourſuite & maſſacre des Turcs.

---

a. B, V, *mains rude.*

1367
8 mars.

Pour s'onneur garder & sa loy.
Bremons & Lesparre & leur gent
Y veinrent isnellement
Pour eaus decoper & chassier. 5530
Chascuns tint le bon branc d'acier;
Si les affolent & mehaingnent
Et tuent tous ceuls qu'il ataingnent.
Si fierement leur courent seure
Qu'il ont tant fait qu'en petit d'eure
Li Turc se meïrent en fuie.
N'i a celui qui ne s'enfuie;
Et li Caramans s'en fuy,
Qui le pot fievrre, il le fievy;ᵃ
Et tuit li signeur de Turquie, 5540
N'i a celui qui se ralie,
Eins se meïrentᵇ à la voie,
Grant & petit. Que vous diroie?
Li champs au prince demoura,
Qui en occist & acoraᶜ
Plus de x. milliers en la place;
Mais certes ce fu par la grace
De Dieu le pere, qu'autrement
Ne peüst estre bonnement.

 Einsi fu li chastiaus rescous 5550
Des Turs qui s'en furent tous.
N'onques puis n'i ot si hardi
Qui n'eust cuer acouardi
Ne qui osast porter dommage
Au gentil roy n'à son barnage.ᵈ
Et leurs messages envoierent
Par devers lui; si s'acorderent
Si bien qu'encor ont bonne pais.
Vraiement ce fu uns grans fais,

a. B. *le pot sevre il le suye;* V. *Ains se mirent tuit.* — *c.* B. *a-*
le pout suivre il le suy. — *b.* B, V.   *coura.* — *d.* B, V. *linage.*

5560 Mais pas ne say je vraiement
Se la pais dura longuement. [45]

LI Crestien se sont retrait
Tout belement & tout atrait;
Les pavillons & les engiens,
Tout le charroy & tous les biens
Que li Turq avoient laissié
Ont trouvé; si les ont chergié
Et mené dedens le chastel,
A grant joie & à grant revel.
5570 Par mi le lieu sont retourné
Où l'esquermuche avoit esté;
Les mors ont pris & recueillis,
Si*a* les ont tous ensevelis
Et les ont mis en terre sainte.
Là ou il plouré larme mainte;
Là fu pleins & regretez mont
Messires Philippes d'Omont,
Et un escuier bel & bon
Qu'on appelloit Bonau de Bon,
5580 Qui fu pris de ses bons amis,
Pleins, plourez & en terre mis;
Et tous les autres ensement,
Bien & bel & devotement.
Quant li mort furent enterré
Et tuit li navré defferré
Des virerons & des sajettes
Que li Turc leur avoient traites,
Et que leurs plaies remuées
Furent, lavées & bendées,
5590 Le prince & sa gent reposerent,
Qu'onques Turq ne s'i opposerent,
Car tuit avoient fait la vuide.

1367
8. mars.

Prise du camp
ennemi.

a. B, V; A. se.

1367

9, 10, 11 mars.

Sages est qui si à point vuide,
Car mort estoient vraiement
S'il heüssent fait autrement.
Là demoura iij jours entiers
Le prince, & le fist volentiers,
Pour ce qu'emmener ne pooit
Les navrez ; chascun le veoit, 5600
Et si atendoit les galées
Qui en Chypre estoient alées.

11 mars.
Retour du tricoplier, annonçant l'envoi de secours, désormais inutiles.

AU tiers jour vint le tricoplier
Qui n'osast penser ne cuidier
Que nostre gent einsi peüssent
Les Turs enchacier, ne dehüssent.
Il arriva sus la gravelle,
Et on li conta la nouvelle,
Dont moult grant joie demena.
Tantost au prince le mena
Uns chevaliers qui là estoit, 5610
Qui sus la greve s'esbatoit.
Quant li princes venir le vit,
Mout tres bonne chiere li fit,
Et moult li demanda dou roy,
Et s'il faisoit aucun arroy
Pour eaus secourir & conforter.
Le tricoplier prist à jurer
Qu'il faisoit si grant appareil
Que pieça ne vit le pareil.
Et quant li princes l'entendi, 5620
Tout en l'eure, li respondi :
« Je loe & conseil qu'on li mande
« Que son armée contremande,
« Et que li Turq sont desconfit
« A s'onneur & à son profit. »
Et lors li conta la besongne,

Et aussi chascuns li[a] tesmongne,
Com gens qui avoient grant gloire
D'avoir si très noble victoire.

> 1367
> 12-14 mars.

5630 QUANT il furent bien reposé
Et li navré mieux disposé,
Le prince & toute la brigade,
Grant & petit, sain & malade
Monterent dedens les galées
Que le tricoplier amenées
Avoit de Chypre, & s'en alerent.
Mais tres bonnes gardes laissierent
Eu chastel & en la fortresse ;
Puis preïrent la droite adresse
5640 Vers la cité de Famagouste ; [46]
Et à qui qu'il grieve ne couste,
Il sont arrivez à droit port,
A grant joie & à grant deport.

> Le prince d'Antioche laisse quelques renforts à Gorhigos & ramène l'armée en Chypre.

QUANT li roys vit sa gent venir,
Il ne se pot onques tenir
Qu'à l'encontre ne leur alast
Et les degrez ne desvalast
De son palais, tant desiroit
Les nouvelles qu'on li diroit ;
5650 Car il doubtoit moult la vaillance
Dou Caraman & sa puissance,
Et ce qu'il avoit tant de gens
Que contre un estoient deus cens,
Voire encore plus, à mon cuidier,
Et dont bien se pooit aidier.
Quant li roys le prince a veü
Moult liement l'a receü,
Et tous ceuls qui o li estoient

> Satisfaction du roi Pierre.

a. B; V. luy; A. le.

*1367
mars.*

Qui de la besongne venoient.
Li princes eu^a palais monta, 5660
Et de chief en chief li conta
De l'esquermuche, & leur emprise;
Comment la montaingne fu prise,
Et comment leurs engins gaingnierent
Et dedens Courc les amenerent,
Leurs pavillons & leurs harnois;
Ne la vaillance d'une nois,
N'aporterent^b qu'il ne perdissent
Trestout, & qu'il ne s'enfuissent.
Quant tout li ot dit & conté, 5670
Et li roys l'ot bien escouté,
Dieu loa & li fist grant chiere,
Et pour ceaus qui gisent en biere
Fist prier Dieu devotement
Et dire messes hautement.

*janvier-février
1367.
Suite des
négociations
pour le traité de
paix.
Détails sur
quelques
articles du pro-
jet de paix.*

OR vous ay dit, bien le savez, [47]
Comment li sieges fu levez.
Si revenray à ma matiere
Pour ce qu'elle soit tout entiere;
Et vous diray de point en point, 5680
Si que je n'en mentiray point,
Ce que les amiraus traittierent
Avec le roy & ordenerent,
Car certeinnement mal feroie
S'à dire le vous oublioie.
Premiers vous diray le traitié
Qu'il ont acordé & traitié.
Je vous di tout premierement
Qu'il acorderent^c telement,
Que tous les prisons d'Alixandre 5690

a. B, V. *ou.* — b. V. *n'emporterent.* — c. V. *s'acorderent.*

Que li bons roys prist ou fist prendre,
Quant elle fu prise & conquise,
Leur renderoit par tele guise,
Que li soudans li renderoit
Tous les Crestiens que pris tenoit. [48]
Apres ce fu di & traitié
Que li rois aroit la moitié
En tout le profit dou commerque [49]
Que marchandise paie & merque.
5700 *Commerque est une imposition,*[a]
Et sachiez qu'en la region
De toute Surie & d'Egypte
N'a cité ne ville petite,
S'on y marchande qui ne paie
De x. deniers un; c'est la paie
Qu'on paie tout communement
Par tout & especiaument
A Sur, à Baruth,[b] *à Sajette,*[c]
A Alixandre, à Damiette,
5710 *A Triple; & en Jherusalem*
Et à Damas le paie l'en.
De ce x.[me] *nuls n'eschape,*
Tant ait grant cote ou longue chape,
Car chascuns y va à l'offrande
D'ou qu'il soit, puis qu'il marcheande.[d]
Li tiers poins qui fu en la pais
Fu à trop grant peinne parfais,
Car il fu forment debatus,
Promis, escris & rabatus;
5720 *Et nompourquant il fu passez.*
Je croy qu'oy avez assez
Qu'il n'a Crestien en tout le monde,
Puis qu'il passe la mer parfonde,

---

a. B, D, V; A, C. *est imposition.* — *c.* V. *Sagette.* — *d.* V. *qu'il y*
— *b.* V; A. *Bruch;* B, C. *Baruch.* *marcheande.*

*1367
janvier-février.*

*Pour faire le très saint voiage
Qu'au soudan ne paie trevage :
Car de v. florins de Florence
Rachete son chief sans doubtance.
Li roys moult grant courrous en a ;
Pour ce fist tant qu'on ordena
Que deformais chascuns iroit
Franchement & quites seroit,
Mais qu'il heüst lettres de lui
N'il n'en vuet excepter nelui,
Einsois vuet que chascuns y aille
Sans paier ne denier ne maille.* [50]

 *Li quars poins fu moult glorieus,
Moult dignes & moult precieus.
Ce fu de la sainte columpne,
Où Jhesu Cris, o sa couronne,
Fu batus, ferus & lyez,
Einsois qu'il fust crucefiez,
Qui est moult petitement mise
De Jherusalem en l'eglise
Où miracles faisoit jadis.
Li amiraus & li cadis
Ont juré qu'il l'envoieroient,
En Famagouste où il estoient,
Au bon roy qui tant la desire
Que je ne le saroie dire ;
Car s'il l'a, il n'en penroit mie
Tout l'avoir qui est en Surie,
Eins la mettra si richement
Et si très honnourablement
Que d'outre la mer d'Engleterre
La venront pelerin requerre.
Encor a il entention
De faire par devotion
Une chapelle belle & gente,*

5730

5740

5750

Où chanoinnes ara & rente,
5760 Où la columpne mettera;
Et avec ce il pourchassera
Tant par^a devers nostre Saint Pere,
Que, s'il est ainsi qu'il appere,
Qu'aucuns ait permise la voie
Au Saint Sepulchre, il li ottroie
Qu'il face son pelerinage
A la columpne & son voiage,
Et qu'il soit quittes & absos,
Soit grans, petis, sages ou fos,
5770 Se li soudans empeschement
Y metoit,^b & non autrement.
Et pluseurs autres couvenances
Dont il feirent ordenances;
Mais en bonne foy vous plevi
Que je ne les say pas ne vi.

Quant la pais fu bien acordée,
Promise, ottroyé & jurée
Dou roy & des ij. amiraus,
Il dist devant leurs ij. consaus:
5780 « Seigneurs, toute raison s'acorde
« Que ceste pais & ceste acorde
« Soit publiée par la terre
« Dou soudan sans alongne querre;
« Et je la feray publier
« En mon païs, sans detrier,
« Moult volentiers, par quoy les nostres
« Puissent aler avec les vostres,
« Et les vostres paisiblement
« Veingnent dessa seürement;
5790 « Par quoy marcheandise queure;

1367 janvier-février.

Le roi approuve le projet de traité & propose d'envoyer des messagers au Caire pour obtenir la ratification du sultan.

a. B, V; A. *Tant que par.* — b. V; A. *il metoit.*

1367
janvier-février.

« Qu'avis m'est, se Dieux me sequeure,
« Que c'est deffaus en toute court
« Quant marcheandise ne court.
« Il a seans un chevalier
« Qu'on appelle le Tricoplier,
« Le plus sage & le plus notable
« Qui soit en ce païs, sans fable.
« Et s'a saiens iiij. personnes
« Notables, souffissans & bonnes.
« Les ij. sont au roy d'Arragon,   5800
« Qui ce traitié tiennent pour bon,
« Qu'acordé l'ont tout d'une vois.
« Aussi vesci ij. Genevois
« Dont les noms ne vueil pas celer.
« Sachiez qu'il se font appeller
« Monsigneur Jehan Imperial,
« Qui a le cuer franc & loyal.
« L'autre a nom, à ce corps ynel,
« Messires Pierre Raguenel. [51]
« Tuit ont esté à ce conseil,   5810
« Et pour ce je lo & conseil
« Qu'il s'en voisent avecques vous,
« De par leur roy & de par nous.
« Le Tricoplier envoieray
« Avec eaus, & bien li diray
« Qu'au soudan le die & requiere,
« Et que l'accort en tel maniere
« Jure, comme nous l'avons juré,
« Et par nos fois asseüré.

Il offre de remettre à l'ambassadeur tous les captifs musulmans & demande en échange les prisonniers chrétiens.

« En mon païs a mil esclaves   5820
« Qui furent en celiers, en caves,
« Pris à la prise d'Alixandre,
« Je li vueil renvoier & rendre,
« En signe de pais & de joie,
« Par tel couvent qu'il me renvoie

« *Tous les Creſtiens qu'il a pris*   1367
« *Et arreſtez en ſon païs,*   mars.
« *Et qu'il leur rende leur avoir*
« *Quel part qu'on le porra ſavoir.* »
5830   *Les ij. amiraus l'acorderent,*
Et le ſens de lui moult priſierent.

L*I roys le Tricoplier manda,*   Le roi envoie
  Et au partir li comanda   le Tricoplier
Et li diſt ſa volenté toute.   comme chef
Si ſe parti de Famagouſte   d'une
Et les mil eſclaves o li,   ambaſſade au
Qui s'en vont à cuer moult joly,   Caire.
Car tuit cuidoient eſtre mort,
Sans reſpos, de honteuſe mort.
5840   *Les amiraus les conduiſoient*
Et vers le ſoudan les menoient.
Or ramaint Dieux le Tricoplier!
Car il vorroit eſtre templier
Où plus parfont lieu d'Alemaigne
Où de Pruſſe, einſois qu'il revengne.

I*L avoit de bons chevaliers*   Le roi permet
  Et de notables eſcuiers,   à quelques che-
Riches gens & de grant arroy   valiers d'accom-
En la compaingnie dou roy,   pagner le Tri-
5850   *Qui moult humblement li prierent*   coplier & refuſe
Par pluſeurs fois & ſupplierent   l'autoriſation
Qu'avecques les embaſſadeurs,   à un grand
Qui de la pais furent traiteurs,   nombre.
Peüſſent aler pour veoir
Le Quaire & le païs; qu'eſpoir
Par le ſepulchre revenroient,
Car grant devotion avoient

1367
mars.

De tous les sains lieus visiter.[a]
Mais li roys ne l' vost acorder
Qu'à monsigneur Guy le Baveux, 5860
Un François moult chevalereus,
Et à ij. enfans qu'il avoit,
Dont chascuns chevaliers estoit,
Hardi estoient & preudomme ;
Vesci leurs noms, je les vous nomme :
Li uns avoit à nom Robert,
Qui n'estoit rude ne trubert ;
Et Joudouin de[b] Biauvillier[c]
Se fait li autres appeller.
Encor vous di-je que li roy 5870
Donna congié à un anglois,
C'est messires Robers li Rous,
Qui est fors, puissans & estous,
Et en armes preus & legiers.
Et si avoit ij. escuiers
A qui li roy abandonna
L'aler, & congié leur donna.
Li uns avoit nom Jehan de Coutes,
Qui congnoissoit les honneurs toutes ;
Li autres Jehan se clamoit 5880
De Biauviller,[d] qui moult amoit
Armes, honneur, honneste vie,
Et croy qu'il avoit belle amie.

Motifs de ce refus.

MAIS je n'ay pas la raison dit
Pour quoy li roys a escondit
Pluseurs de sa chevalerie
D'aler vers la gent renoye.
De ses gens a toudis à faire ;
Et s'il les tenoient au Quaire,

fol. 346

---

a. B, V; A. viseter. — b. B, C, V; A. le. — c. B. de Beauviller ; C. de Biauviller; V. Joudoyn de Bouvillier. — d. B. de Beauviller.

5890 *Il font fi plain de defraifon,*
De fauffeté, de traifon,
Qu'il feroient trop mal venus
Se d'eaus eftoient retenus;
Et s'en porroit eftre fon fait
Gafte; de tous poins & deffait,
Ou on les porroit tous tuer
Et en la riviere ruer,
Dont li nobles roys derveroit[a]
De dueil, qui einfi le feroit.
5900 *Pour ce ne vuelt*[b] *que nuls y voife,*
Car le peril voy bien & poife.

EN Chypre avoit un efcuier
Qu'on devroit mettre & eftuier[c]
Droitement ou fiege d'onnour,
Car riens ne het fors defhonnour.
Il aimme armes & amours
Et dames; là font fes clamours;
Et s'eft courtois & honnourables,
Larges, loiaus & amiables,
5910 *Hardis, vaillans, frans & gentils,*
En tous cas fages & foutils;
Et quant il a la tefte armée
Si bien fcet ferir de l'efpée,
Et fi très bien s'en fcet aidier
Qu'on ne porroit mieux fouhaidier.
On l'apelle Jehan de Reins,
Qui d'onneur porte tous les reins.
  D'aler au Quaire fupplia
Le roy, mais efcondit li a,
5920 *Ne pour riens que faire peüft*
Ne pot faire qu'au roy pleüft.

1367
mars.

Moyen qu'emploie Jean de Reims, de qui Machaut a fu tant de chofes, pour accompagner l'ambaffade au Caire.

a. B, V; A, C, D. *dezueroit.*   *c.* B. *mettre à efcuier*; C, D, V.
— *b.* V; A. *vueil.*   *eftuier* comme A.

1367
mars.

Et quant li bons Jehans ce vit,
Oiez comment il se chevit.
Là ot un chevalier de Gennes [a]
Qui portoit d'asur iiij. kennes, [b]
Si pres de l'uevre de nature
Comme on les puet faire en pointure;
Et c'estoit li uns des messages, [52]
Qui moult estoit preudons & sages.
Jehans de Reins à li traita;   5930
Tant li fist & tant esploita
Et si sagement se contint
Qu'en sa galée le retint
Et le tenoit de sa famille.
Ne fu ce maniere soutille [c]
Qu'en Babyloinne le mena
Seürement & ramena?

Cils Jehans dont je vous parole,
M'aprent & m'enseingne & m'escole
Et m'ameniſtre ma matiere;   5940
Car il vit toute la maniere
De Courc, dou Quaire & d'Alixandre
Et de Triple, & si fu au prendre.

Départ des ambassadeurs chrétiens & musulmans pour l'Egypte. Leur arrivée à Alexandrie.

L'AN mil ccc.lxvj. [53]
 Se partirent, ce m'est avis,
Li messagier à tout leur route
De la cité de Famagouſte,
Le xiiij.^e jour de mars.
Mais qui donnaſt c. mille mars
Aus esclaves, se Dieux me voie,   5950
Il n'eüſſent pas si grant joie
Comme il avoient dou retour.
Oubliée eſtoit leur triſtour,

a. V. Jannes. — b. B, D. à ij. chainnes; C. d'asur à ij. kan-nes; V. à ij. jambes. — c. C. Ne fu ce maniere subtille.

Qu'il savoient pour verité
Qu'en Alixandre la cité
Les devoit li bons roys livrer,
Et frans & quites delivrer.
Mais li roys a bien comandé
Au tricoplier qu'il a mandé
5960 Que par Jherusalem reveingne
Et que la sainte escharpe [a] prengne,
Et que seur toute rien se garde
Que bien seürement la garde,
Car tant l'aimme & tant la desire
Qu'il n'en penroit mie l'empire
De Romme ou de Coustentinoble,
Tant est relique digne & noble.
Brief il n'en penroit nul avoir
S'ainsi est qu'il la puist avoir.
5970   Par mer s'en vont li messagier
Qui ne finerent de nagier
Tant qu'il sont venu à bon port,
A grant joie & à grant deport.
Et se vous di qu'à bien esmer
N'a que v.^c m. de mer
De Chypre jusqu'en Alixandre;
Et là alerent il descendre,
Le jour de feste Nostre Dame,
En mars, sans perdre home ne fame.
5980 Et fu tout droit, selonc m'entente,
L'an mil ccc. sept & sexante,
Einsi com li ans renouvelle.

SI[b] vous diray autre nouvelle,
  Et vous feray un incident,
Pour un mervilleux accident
Qui adonques avint au Quaire

a. B, V. Et que la sainte estache. — b. V. Or.

1367
mars.

25 mars.

Odieux projets formés par l'émir Yelboga & un renégat génois, nommé Nassardin, pour faire avorter les négociations.

1367
mars.

Pour le traitié rompre & deffaire.
Or est raison que je vous die
Qu'eu temps de la messagerie
Qui fu faite des amiraus 5990
Et du cadix qui est si faus
Qu'il n'a de nulle raison cure,
Au Caire avint une aventure
Que je ne^a vueil pas oublier,
Eins la vueil dire & publier.
   Au Caire avoit un amiral,
Vuit de tout bien, plein de tout mal,
Qui estoit sages & soutis
Et à tout mal faire ententis.
Des mauvois estoit tous li pires, 6000
Et des autres amiraus sires,
Et avoit le gouvernement
Dou soudan tout entierement,
De son regne & de son païs;
Et si estoit d'aucuns haïs,
Car on avoit moult grant envie
De son estat & de sa vie;
Son nom pas ne vous celeray,
Einsois le vous exposeray.
Irbougua estoit appellez, [54] 6010
Et se mieux savoir le volez,
C'est Yeux de buef en droit françois.
   Et si avoit un genevois
Qui deüst or estre noiez,
Car faus estoit & renoiez;
Devenus estoit Sarrazins,
Et s'avoit à nom ^b Nassardins.
Amiraus & grans druguement
Estoit dou soudan. Et briefment
Ces ij. avoient entrepris 6020

a. B, V; A. *que ne.* — *b.* V; A. *Et s'avoit non.*

A destruire le roy de pris
Qui de Chipre a la signourie.
Or vous diray la renardie,
La traïson, la mauvaitié
Qu'il avoient fait & traitié,
Qu'elle ne doit estre celée,
Eins doit bien estre revelée.

VOUS avez oy & tenu^a
   De la pais tout le contenu
6030 Que j'ay ci devant recité;
Si que sachiez, en verité,
Que fait l'avoient faussement;
Et très malicieusement
Estoit ceste pais pourpensée.
  Et vesci toute leur pensée.
Il ne pooient recouvrer,
Pour penser ne pour labourer,
Le grant damage & la grant perte
Qui à tous estoit toute aperte,
6040 Comment Alixandre fu prise,
Et la menue gent occise;
Si ne se^b pooient vangier
Dou roy tant com li estrangier
Et les gens d'armes le servissent;
Et s'il avenoit qu'il partissent,
Quant li roys bonne pais verroit,
Nulles gens d'armes ne tenroit,
Dont il porroit estre honnis;
Car s'il n'estoit de gens garnis,
6050 Ses gens de Chipre ne porroient
Rien encontre euls, s'il y venoient.
Einsi cuident le roy destruire,

1367
mars.

Mauvaise foi
des négocia-
teurs arabes ve-
nus en Chypre.

a. V. entendu. — b. B, V. s'en.

1376
mars.

Quant il verront leur queue luire
Et toute Chypre entierement.
Mais il ira bien autrement,
Comment qu'il aient leurs galées,
Près de cc., bien apreſtées,
Qui flotent dedens le flumaire
Qu'eſt entre Alixandre & le Quaire.
 Encor y a un autre point,   6060
Lequel je n'oublieray point.
Se la pais fuſt bien affermée,
Il eſt certein qu'en leur contrée
Veniſſent gens de toutes pars,
François, Alemans & Lombars,
Et de mainte autre region.
L'un veniſt par devotion
Au ſepulchre en pelerinage
Et fuſt quites de tout ſervage;
L'autre veniſt pour marchander,   6070
Et li autres pour demander
Le demi commerque dou roy; [55]
Et encor plus certes, je croy,
Qu'en[a] toutes les notables villes
Qui ſont pour marchandiſe abilles
Li roys y heüſt de ſes gens,
Chevaliers, bourgeois ou ſergens,
Pour lever & pour recevoir
La rente qu'il y doit avoir;
Et s'il en levoit les profis   6080
Sept mois ou viij. ou ix. ou x.,
De tout cela ne leur chaloit,
Car la traïſon le valoit;
Et quant li traïtre verroient
Que Creſtien aſſeür ſeroient,
Garder feroient & fermer

a. B, V; A. que.

Tous les pors qu'il ont sus la mer,
Si qu'à un jour & à une heure,
Les penroient tous sans demeure;
6090 *Ne jamais d'eaus n'eschaperoient,*
Ainçois[a] *tous les decoperoient,*
S'arient[b] *les corps & la chevanse.*
Mais n'est pas voirs quan que fols pense.
 Encor y ot une cautelle
Qui est de traïson ancelle,
Pour mieux la fausseté couvrir,
Que je vueil dire & descouvrir.

IRBOURGA *pensoit en son cuer*
 Que li roy de Chypre, à nul fuer,
6100 *Ne lairoit qu'avec leurs messages*
N'envoiast des siens bons & sages,
Par quoy li soudans acordast
Ceste pais & qu'il la jurast.
Irbouga hucha Nassardin;
Si li a dit en son latin,
C'est à dire en Arabech:
« *Crestiens penrons par lebech.* [56]
« *Se li roys Chypriens envoie*
« *Vers le soudan, je loeroie*
6110 « *Qu'à ses gens faciens bone chiere,*
« *Lie, honnourable & esclatiere,*
« *Et qu'il aient vins & vitaille*
« *Que li soudans leur paie & baille.*
« *Par nos villes le manderons,*
« *Si qu'einsi les deceverons,*
« *N'il ne porront apercevoir*
« *Que nous les vueillons decevoir,*
« *Ainsois*[c] *penseront que jamais*

1367
mars.

Yelboga &
Nassardin
se proposent de
paraître favo-
rables aux am-
bassadeurs chré-
tiens, pour les
mieux tromper.

---

a. V. A. *Einsi.* — *b.* B; V. *s'aroient.* — *c.* B, V. *ains se.*

« Ne doie faillir ᵃ ceste pais. »

EINSI decevoir les cuidoient ;
Et certes il se decevoient,
Car il n'i avoit Sarrazin
Qui ne deïst à son voisin,
En soupirant, s'on en parloit,
Que ceste pais riens ne valoit,
Et que tout estoit deshonneur
Et grant honte pour leur signeur.
Uns enfes estoit li soudans
D'environ xiij. ou xiiij. ans,
Qui n'avoit pas bien congnoissance
De leur mauvaise decevance.
 Einsi avoient ordené
Que Crestien fussent mal mené,
Mais Dieux, qui est lassus en haut,
A ses amis onques ne faut ;
Eins les conforte & les gouverne
En terre, en mer & en taverne,
Qui est la chapelle au dyable ;
(Et vraiement ce n'est pas fable,
Car on y aprent à jurer,
A mentir & à parjurer,
Ordure, luxure & usure,
Et toute mauvaise apresure,
De jour, de nuit & à toute heure ;
Voire eu païs où je demeure ;)
Volt punir ceste trayson
Et les siens metre à garison.

IRBOUGA, dont je vous devise,
Avoit ordené la devise
De ceste tres grant fausseté.

a. B, V; A. *defaillir.*

En Chypre avoit ij. fois efté,
Avec celui qui retournoit
Et qui les chetis ramenoit.
   Or vous vueil dire de Yrbouga.
Un jour esbatre s'en ala,
Acompaigniez petitement,
Mais en son droit esbatement
Fu tous par pieces decopez,
Pour ce qu'il eftoit encopez
6160 Que mauvaifement fait l'avoit
Et autrement qu'il ne devoit.
   Et cils qui eftoit en fon lieu
Jura plus de c. fois fon dieu
Que ja le traitié ne tenroit
En la guife que fais eftoit ;
Dont il avint que le tricople
Vofift eftre en Conftentinoble,
Car Sarrazin pour ceft acort
Eftoient en fi grant defcort
6170 Et en fi grant controverfie
Qu'en grant peril fu de fa vie :
Dont au bon roy fu raporté
Qu'on l'avoit pris & arrefté.
Le foudan qu'eftoit un enfant
En avoit le cuer moult dolent,
Mais ne se[a] favoir entremettre
Si qu'il y fceüft confeil mettre,
Car quant pueples eft en rumour
N'i a courtoifie n'amour,
6180 Einfois eft fi mortels peris
Com pour en l'eure eftre peris.[b]
Einfi fu li vers retournez
Et tous li maus feur lui tournez
Et fe Naffadin[c] à la fefte

1367
mars.

Confufion
des avis & des
projets autour
du jeune fultan,
au fujet du
traité.

a. V; A. Mais il ne. — *b.* V. perils. — *c.* B, V. Naffardin.

Heust esté, il fust sans teste,
Car eschapez ne fust à piece
Qu'il ne fust taillez piece à piece.

OR revenray à mon propos,
Car encor à parler propos
De la matiere dessus dite,
Qu'elle me plaist & m'i delite.
Quant les messagiers Chypriens
Avecques pluseurs Crestiens,
Et ceuls dou roy Arragonnois,
Et les messagiers Genevois,
Et les iij. signeurs sarrazins
Furent descendus de leurs lins,
De leurs barges & de leurs naves,
Et aussi trestous les esclaves,
Li amiraus d'Alexandrie
Leur envoia par courtoisie
De sa maisnie & de sa gent
Qui les reçurent bel & gent
Et moult tres honnourablement ;
Et s'avoient commandement
Qu'on les menast en leurs hostels.
Mais il furent tres bien montés,
Qu'assés chevaus leur envoia
Pour les Crestiens qui furent là.
Et quant il furent à cheval,
Premierement à l'amiral
Alerent faire reverence ;
Et il les reçut sans doubtance,
Bien & bel & courtoisement
Et moult très amiablement ;
Et puis aus hostelx les menerent
Et si très bien les herbergierent,
Qu'il n'avoient point de deffaut

De tout ce qu'à corps d'homme faut.   1367
                                                               mars.

6220   MAIS en mil jour ne^a vous diroie   Joie générale à
        Le gieu, la feste & la grant joie   Alexandrie
        Que ceuls d'Alixandre menoient,   lors de l'arrivée
        Des prisonniers qui revenoient,   des prisonniers.
        Car l'un y avoit son voisin,
        L'autre son frere ou son cousin,
        Et l'autre son oncle ou son pere.
        Or estoient hors de misere
        Et s'estoient tuit d'Alixandre
        Si qu'il ne pooient entendre
6230   A riens fors qu'à eaus ressjouir
        Et à leurs amis conjouir.
           Encor y avoit autre cause
        Dont leur joie vient & se cause.
        Li communs la pais desiroit
        Tant que nuls ne le vous diroit,
        Et on disoit communement
        Par tout & veritablement
        Que la pais estoit confermée
        Dou roy de Chypre & acordée,
6240   Et que le soudan la tenra
        Quant le cadix à li venra,
        Et les amiraus, qui là sont,
        Qui par tout la publieront.
           Huit^b jours entiers y sejournerent,
        Et en la ville se jouerent,
        Qui estoit grant & longue & lée,
        De tours & de murs bien fermée.
        Au partir furent deffraié,
        De quanqu'il avoient fraié,
6250   Des gens le soudan proprement
        A bonne chiere & liement;

a. V; A. Mais en nul jour je. — b. A. viij.

1367
3 avril.

Tant que Naſſardins les vint querre
Li renoiez, car en la terre
N'avoit homme qui les peüſt
Si bien conduire ne ſceüſt,
Pour ce qu'il ſavoit les langages,
Le païs & tous les paſſages.

Les ambaſſa-
deurs chrétiens
partent pour le
Caire.

A l'entrée dou mois d'avril
Qu'oiſillons chantent en l'arbril,
Haut & cler, & font maint hoquet,   6260
L'an mil ccc.lxvij.,
Au matinet, ſans plus attendre,
Se departirent d'Alixandre
Li meſſages dont j'ai conté.
Il ſont tuit à cheval monté
Et cheminerent ſans contraire
Tant qu'il ſont venu au Flumaire.
Entre ij. n'ont pas fait ſejour,
Eins y alerent en un jour.

Digreſſion ſur
le Nil.

LE Flumaire*a* eſt une riviere   6270
Belle, clere, ſeinne & legiere,
Si douce comme yaue puet eſtre,
Et keurt en Paradis terreſtre. [57]
Or vous diray dont elle vient
Sans mentir & ce que devient.
 Quant Noſtres Sires fiſt le monde,
Où tous biens naiſt, croiſt & abonde,
Il fiſt premiers le firmament,
La terre & quanqu'il y apent ;
Le biau ſoleil & les planettes,   6280
Les eſtoiles cleres & nettes,
Et la lune, pour alumer
Par nuit l'air, la terre & la mer,

a. B, C, D, V; A. fuviaire.

  Le jour, la nuit & la femainne,
  L'omme, la femme, à po de peinne;
  Et einſi le truis je en la bible
  Car riens n'eſt à Dieu impoſſible.
   Il fiſt le Paradis terreſtre,
  Dont l'omme fu ſigneur & meſtre,
6290 Et dedens le miſt pour ouvrer;
  Legierement le puis prouver.
  En ce paradis delitable,
  Qui eſt à treſtout delitable,
  Noſtres Sires y miſt un flueve,
  Si comme Geneſis le prueve,
  Plus bel ne puet on deviſer,
  Pour amoiſtir & arrouſer
  La terre, & cils flueves la duit
  A porter fueille, fleur & fruit,
6300 Herbes, arbres, racine & greinne
  Pour vivre creature humeinne.
   A l'iſſir de ce Paradis
  Que Noſtres Sires fiſt jadis
  Se depart cils flueves en quatre,[a]
  Nuls à droit ne le puet debatre.
  Le premier a à non Phyſon,
  Et le ſecond a non Gyon,
  Le tiers Tygris, l'autre Eufrates :
  Ce ſont leur iiij. noms. Après
6310 Phyſon eſt uns flueves qui bat
  Par mi la terre de Enlath;[b]
  Gyon va en Ethyopie,
  Tygris au Quaire & en Surie,
  Et paſſe delès Damiette ;
  Là chiet en mer, & c'eſt ſa mette.
  Toutevoie on l'apelle au Quaire
  Et en Surie le Flumaire.

1367
mars.

a. B, C, D, V; A. iiij. — b. B, D, V. Emlath; C. Emlac.

En Arabich c'est son droit non,
Outre mer est de grant renon.

1367
6 avril.

Suite du voyage des ambassadeurs vers le Caire.

APRES ce, ceuls qui les convoient   6320
Prinrent congié quant le flun voient ;
En Alixandre retournerent
Et nos gens en Flumaire entrerent.
En ce flun sont li messagier
Qui s'efforcierent de nagier.
Si ont tant à l'eaue estrivé
Que tuit sont au Quaire arrivé;
Par de lés [a] *l'ille de Rousset*
Passerent à un matinet,
Où li roys S. Loys fu pris   6330
De Sarrazins & entrepris.
Et le vj.[e] *jour de mars,* [58]
Einsois que li jours fu espars,
Vinrent au Quaire, ce me samble,
Crestiens & Sarrazins ensamble;
Ou flun furent v. jours entiers,
Et on les vit moult volentiers
Quant il furent tuit descendu,
Car moult longuement atendu
Pluseurs Sarrazins les avoient   6340
Qui à veoir les desiroient,
Le soudan par especial
Et en après li amiral
Et toute la [b] *gent de leur court.*

6 mars
(6 avril)

Magnifique réception qu'on leur fait au Caire. Satisfaction du peuple qui croit la paix assurée.

OR vous vueil conter brief & court
L'onneur, le samblant & la joie
Qu'on leur fist en chambre & en voie,
Car li plus grant & li menour

a. B, V; A. d'ales; C. Par devers; D. Par delées. — b. B, V; A. leur

Leur faisoient feste & honnour.
Certes dire ne vous porroie
En un an la feste & la joie
Qu'on faisoit en chambre & en rue
Par le Quaire de leur venue.
Moult richement les ostelerent
Et en leurs hostelx les menerent;
Le Tricoplier, messires Guis,
Toutes leurs gens & ses ij. fils,
Et messires Robers li Rous
N'eurent c'un hostel pour euls tous;
Et un autre les Genevois,
Aveques les Arragonnois.
Et tous les jours on leur bailloit
Argent, pour quanqu'il leur failloit.
 Mais li pueples toudis s'efforce
De faire feste & joie pour ce
Qu'il cuidoit que la pais fust faite,
Et elle estoit toute deffaite;
Eins avoient vin & viande,
Et tout ce qu'apetis demande,
Largement & à grant planté,
Et espices à volenté.

Q UARANTE jours y demourerent,
Et Babyloinne leur moustrerent
De chief en chief, & puis le Quaire,
Qui sont cités de tel affaire, [59]
Que chascuns est, ce m'est avis,
Mil[a] fois plus grande que Paris,
Et si sont ij. fois mieus pueplées.
 Puis leur moustrerent les galées
Qui estoient seur le Flumaire
Pour l'isle de Chypre deffaire,

a. B, V. *Deux.*

1367
avril-mai.

Long séjour
des
ambassadeurs à
Babylone &
au Caire, dont
ils visitent les
curiosités.

1367
avril-mai.

Si com devant l'ay devisé,
Se vous l'avez bien avisé;
Et pour destruire li bon roy
Qui n'i pensoit que bonne foy.
Mais partout leur admenistrerent
Chevaus assez qu'il chevauchierent,
Qui estoient de paremens
Pour les signeurs, & pour leurs gens,
Chameux, roncins & haguenées, 6390
Bien & richement ensellées.

Quant il eurent tout visité,
Si com je vous ay recité,
Le lonc & le lé des[a] ij. villes
Et leurs ouevres qui sont soutilles,
Les galées & le Flumaire,
L'estat, la guise & le repaire,
Et ce vint au chief de iij. jours;

Ils sont conduits à l'audience du sultan.

Deux amiraus les ambassours
Menerent devers le soudan, 6400
Et encor leur amena l'an
Chevaus pour aler eu chastel,
Qui est grans, mervilleus & bel.
Si n'est pas raison que je oublie
La maniere & que je ne die
Comment il furent receü
Et qu'il ont trouvé & veü.

Je vous di qu'il a une place,
Grant & longue & large d'espace,
Droitement, au pié dou chastel, 6410
Là trouverent il un tropel
De iiij. a v. mille chevaus,
Qui estoient des amiraus
Et de leurs gens qui les tenoient,
Et là leurs signeurs atendoient.

a. B, V; A. de.

Au piet dou chastel descendirent
Et en bel arroy ᵃ se meïrent,
Et puis il monterent amont.
Là de gens avoit si grant mont
6420 Que ne le saroie nombrer,
Tant bien m'en sceüsse encombrer.
Xxxiiij. amiraus trouverent
Avec le soudan, puis entrerent
Main à main dedens le palais,
Qui n'estoit trop biaus ne trop lais.
Fais ᵇ est en fourme d'une eglise,
Et de l'ancienne devise,
A pilers & à votes fais ;
Et si n'estoit pas contrefais,
6430 Car tous d'uevre sarrazinoise
Estoit, contraire à la françoise.
Li soudans estoit en un lit
Basset, bien paré pour delit ;
Et à sa destre coste estoient
Deux grans amiraus qui tenoient
Chascuns une hache en sa main.
Ne say s'il le font soir & main,
Ou s'on le faisoit pour veoir
Que pas ne le faut pourveoir,
6440 Et qu'il est toudis pourveüs
Si qu'estre ne puet deceüs.
D'autre part les cadix estoient
Qui leur fausse loy gouvernoient,
Et les amiraus tout entour,
Parez comme duc ou contour.
En ce palais, dont je vous conte,
Avoit mil chevaliers par compte,
Chascuns à dorez esperons,

1367
avril-mai.

---

a. V. *conroy*. — *b.* V. *Mais*.

1367
avril-mai.

Et n'avoient nuls chaperons,
Car chascuns avoit faciole
Sus sa teste, fust sage ou fole ;
Chascuns avoit l'espée ceinte[a]
Et tenoient moult grant enceinte,[b]
Tant estoient serré & joint
L'un devant l'autre & si à point
Qu'estre ressambloient ij. murs.
Entre ij. tymbres & taburs,
Menestriers[c] de bouche, cymbales
Faisoient restentir les sales,
Et[d] si grant noise demenoient
Que toutes[e] les gens essourdoient.
A l'entrée de ce palais
Où on[f] feïst bien un eslais,
Tant estoit grans & lons & lez,
Ot c. Sarrazins aus ij. lez,
Et chascuns tenoit une hache
Dont on tuast bien une vache.

Cérémonial auquel on les astreint pour approcher du sultan.

QUANT li dessus dit messagier
Furent entreaus, sans atargier,
Leur firent oster leurs solers ;
Et s'estoit li temps nés & clers ;
Et vesci la raison pourquoy,
Autre cause n'i say ne voy.
On avoit par grant signourie
Paré de tapis de Turquie
Le palais si très richement
Qu'on ne pooit mieux nullement.
Si ne voloient qu'afolez
Fust des Crestiens ou defoulez ;
Et pour ytant les deschaussoient.

6450

6460

6470

6480

a. V; A. B. *sainte.* — *b.* V; A. B. *ensainte.* — *c.* B; A. *menestres.* *d.* B, V; A. *Car.* — *e.* B, V; A. *tous.* — *f.* B, V; A. *Qu'on.*

Ou puet eftre qu'il le faifoient
Pour plus humblement aourer
Le foudan, & mieux honnourer.
  Or vous diray la contenance
Quant il firent la reverence.
Si toft comme il porent choifir
Le foudan, fans penre loifir,
Et tantoft fans effoinne querre,
Il leur couvint baifier la terre,
6490 *Et à toutes leurs gens auffi,*
Qu'il le couvenoit faire ainfi.
Et quant il furent relevé
Droit emmi le palais pavé,
A ij. genous fe genouillerent ᵃ
Et feconde fois la baiferent,
Et toutes leurs gens enfement,
Qu'eftre ne pooit autrement.
Quant il furent en la prefence
Dou foudan, par droite ordenance
6500 *La baiferent la tierce fois.*
Lors fe preïrent par les dois ᵇ
Et parler au foudan alerent;
Mais toutes leurs gens demourerent
A l'uis dou palais, & veoient
Le miftere & quanqu'il faifoient.

  LE Tricoplier premierement
    Par la bouche dou druguement
Dift au foudan ce qu'il queroient,
Et pour quoy là venu eftoient.
6510 *Quant il ot dit tout fon plaifir,*
Longuement & à grant loifir,
Et les autres eurent parlé
Qui eftoient bien emparlé,

1367
avril-mai.

Le Tricoplier
de Chypre ex-
pofe l'objet de
fa miffion & fe
retire.

---

a. B, V. *s'agenoillerent.* — b. B, C, V; A. *bois.*

1367

La chose estoit toute ordenée[a]
Qu'on leur donroit autre journée.
A ceste fois plus ne feïrent
Et au soudan congié preïrent.
Encor vueil autre chose dire,
Mais que vous vous tenez de rire.
Il ne veoit pas leurs talons,   6520
Qu'il venoient à reculons.
Se darrier heüst une perche,
Il fussent pris à la cauperche,
Ou feïssent le soubresaut.
Mais einsi reculer leur faut,
Adès devers li le visage,
En reculant, nostre message,
Ne point ne li tournent le dos.
En ce point furent à brief mos,
Tant qu'il furent hors dou palais.   6530
Lors se sont vers leurs chevaus trais,
Et ij. amiraus les menerent,
En leurs hostelx & convoierent.[b]

On leur envoie des robes d'honneur pour se présenter aux audiences suivantes.

CEPENDANT li soudans fist faire
Robes sarrazines au Quaire   fol. 350.
Pour eaus & pour toutes leurs gens;
Par x. ou par xij. sergens
En leur hostés les envoia.
Li uns d'eaus très bien les ploia
En disant qu'il les vestiroient,   6540
Quant devant le soudan iroient.
Et vraiement c'est la maniere
Qu'il donne à chascun robe entiere
Qui en message va à li;
N'onques messages n'i failli.

a. B, V; A. estoit ordenée. — b. B, V; A. conjoierent.

Li temps passa, li termes vint
Qu'aler au soudan les couvint,
Si qu'à[a] sa court se transporterent
Et en droit estat le trouverent
6550 De l'autre fois, ne plus ne meins.
Et se devez estre certeins
Que chascuns avoit sarrazine
Robe dou soudan, bonne & fine,
Bien vestue & bien endossée;
Einsi furent à leur journée
Et iij. fois la terre baisierent
Si com devant, puis s'en alerent
Au soudan faire leur requeste.
Or gart Dieux leur corps & leur teste!
6560 Car s'il ne les prent tous en cure,
Il sont de mort en aventure.

 Quant li soudans & ses consaus,
Où il avoit xxx. amiraus,
Les orent très bien entendu,
Il ne leur ont rien respondu,
Fors tant, sans plus, qu'il leur meïrent,
Autre journée, & leur deïrent
Qu'adont il leur responderoient
De tout ce qu'il leur requeroient.

6570 IL avoit là ij. amiraus
Faus, traîtes & desloiaus.
L'un avoit à non Sedamour;[b]
L'autre Julep, à po d'amour.
Les ij. deïrent au soudan :
« Sire, vengence de cest an
« N'arez dou mesfait d'Alixandre,
« Si bien com de ceste gent prendre.

1367
avril-mai.

Les ambassadeurs voient une seconde fois le sultan sans obtenir de réponse.

Discussion dans le divan au sujet de la conduite à tenir vis-à-vis des ambassadeurs. L'avis de respecter leur sauf-conduit prévaut.

a. B, V; A. *Et qu'à.* — *b.* B, C, V. *Sodamour.*

1367
avril-mai.

« Faites les prendre & retenir,
« Et tous de male mort morir;
« Ou vous les metez en servage   6580
« Enchaainnez en une cage,
« Par quoy ceuls qui deſſa venront
« Et en tel eſtat les verront
« Prengnent en eaus tel exemplaire
« Que mais ne vous oſent meffaire. »
La choſe fu toute acordée,
De tous loée & approuvée.
       Là avoit un viés amiral
Qui leur diſt tout en general :
« Biaus ſeigneurs, que volez vous faire ?   6590
« Honnir nous voulez & deffaire!
« Voſtre ſauf conduit romperez!
« Gardez vous bien que vous ferez
« De ces meſſages retenir,
« Car grans maus en porroit venir,
« Et toute chreſtienté mouvoir
« Encontre nous, à dire voir. »
    Vingt[a] jours furent en ce debat
Qu'adès l'amiraus ſe debat
Afin que le ſauf conduit teingne,   6600
Seürement, quoy qu'il aveingne.

Le divan
fait préparer un
nouveau traité
moins favorable
aux Chrétiens.

FINABLEMENT il s'acorderent
   Et une autre pais ordonnerent,
Qui eſtoit au roy damageuſe
Et à tout ſon païs honteuſe.
Deux amiraus ont eſleüs,
Sages hommes & pourveüs,
Et devers le roy les envoient,
Et nos meſſages les convoient,
Tant ſeulement pour raporter   6610

a. A. xx.

Se*a* li roys vorroit acorder
La pais cornue qu'il li portent.
Mais nennil; en vain s'en efforsent;
Mais pour rien qu'on leur sache dire
Ceste pais ne leur puet souffire,
Se le Tricoplier ne la jure,
Dont c'est despis & grant injure.
Toutevoie il les delivrerent,
Et en Chipre les renvoierent.
6620 Si se meïrent au retour,
A grant joie & à grant baudour.

MAIS ensois qu'il se departissent
Il fu ordené qu'il veïssent
Les bestes que li soudans a;
Et leur garde pas ne tensa,
Eins les moustra, sans contredit,
Tout en l'eure qu'il li fu dit.
Il y avoit iij. olifans,
Qu'à merveilles estoient grans;
6630 Aussi virent il une araffe,
Je ne say s'elle vint de Jaffe.
Et li chevalier leur moustrerent
Les gieus dont Sarrasin jouerent.
Or vueil laissier ceste matiere,
Et revenir à la premiere.

QUANT li roys, pleins de loyauté,
Vit la très grant desloyauté
Que li Sarrazin li faisoient,
Et que la pais pas ne tenoient,
6640 Et il sot bien tout leur affaire,
Il commanda tantost à faire
Par son amirail une armée

a. B, C, V; A. que.

1367
mai.

Eléphants
& girafe du
sultan.

26 mai.

Le roi, informé
des lenteurs
calculées que le
divan du Caire
apportait à la
conclusion d'un
traité, se rend à
Rhodes avec sa
flotte.

*1367
juin.*

Si grant & si bien estofée
Com faire porra bonnement.
Dedens monta isnellement
Et en Rodes s'en vuet aler.
Là vuet il le temps differer
Pour veoir que ce devenra
Et se son Tricoplier venra ;
Et s'il ne revient, c'est s'entente   6650
De passer la mer, sans attente,
Et d'aler devant Alixandre,
Car bien la cuide avoir & prendre,
Et tenir, ou toute essillier,
S'on ne li rent son Tricoplier.

   Li roys en Rodes demoura, [60]
Et li maistres moult l'onnoura.
Aussi feïrent tout li frere ;
Chascuns de lui servir se pere.
Là le Tricoplier atendoit,   6660
Et souvent de li demandoit
A ses privez, tant qu'il avint

(juin 1367.)

Qu'en brief temps en Rodes revint. [61]
Et avecques lui amenoit
Deux amiraus, dont on tenoit
Que l'un estoit li plus privez
De celui qui est ordenez
Et qui a le gouvernement
De leur soudan presentement.
L'autre y avoit ij. fois esté,   6670
L'une en yver, l'autre en esté ;
Et de par le soudan venoient.

Des messagers égyptiens, sans pouvoirs suffisants, proposent au roi de nouvelles conditions de paix.

Or vous diray ce qu'ils queroient,
  Einsi comme oy dire l'ay.
Il ne queroient que delay,
Et de la pais n'avoient cure,

                        Qui depuis leur fu chose dure.
                        Sagement se sont contenu
                        Et devant le roy sont venu.
 6680   Là fu monsigneur Perceval,
                        Et le maistre de l'Ospital,
                        Et le prince de Galylée,
                        Et Bremont, qui bien fiert d'espée,
                        Et maint autre que pas ne nome,
                        Qui tuit sont vaillant & preudomme.
                        Si deïrent en leur presence,
                        Devant tous & en audience :
                        « Sire, cil est mors qui traitié
                        « Avoit l'acort & le traitié ;
 6690   « Si que cils qui a la puissance
                        « Dou soudan & sa gouvernance
                        « Dit qu'il ne le vuet pas tenir.
                        « Pour ce nous a fait ci venir,
                        « Et vuet qu'autre traitiés se[a] face
                        « Qui[b] cestui-si planne & efface,
                        « Et que tout soit fait en son non,
                        « Qu'amiraus est de grant renon.
                        « Baillié le nous a par epytres,
                        « Par cedules & par chapitres ;
 6700   « Tenez, ves les ci par escript,
                        « Qu'il a de sa main propre escript.
                        « Si les verrez & ferez lire
                        « Pour mieus savoir ce qu'il vuet dire. »
                        Après li feïrent requestes,
                        Qui n'estoient justes ne honnestes.
                        Et vraiement il demandoient
                        Choses qu'à faire n'afferoient ;
                        Dont li gentils roys amast mieux
                        Qu'on li eüst crevé les yeux,

a. B, V; A. *le.* — b. B, V; A. *que.*

1367
juillet-août.

Et que mais n'afulast heaume, 6710
Ou avoir perdu son royaume,
Ou tantost mourir vraiement
Qu'il leur acordast telement,
Et qu'a toute peinne s'offrist
Qu'en son royaume les souffrist.

Le roi,
convaincu que
le sultan ne
cherchait qu'à
prolonger les
négociations,
rentre en
Chypre & fait
armer sa flotte.

LI roys vit bien leur volenté
Qu'en riens ne sont entalenté
D'avoir traitié, ne pais, n'acort;
Eins ne quierent que le descort.
Si s'en partirent, que response 6720
N'en portent qui vaille une ronce.
Quant il se furent departi,
Li roys estoit en tel parti
Qu'il cuidoit estre forsenez.
Il fist apparillier ses nez,
Et tantost monta en galée,
Et aussi fist toute l'armée.
Si ne tourna ne sà ne là,
Mais droit en Chypre s'en ala,
Pour son armée refforcier, 6730
A ses annemis efforcier.
Si qu'il fist tant en po de tans
Par son avoir & par son sans
Qu'il ot c. & xl.ª voiles

Appréhension
des
Musulmans.

ET les Sarrazins ès estoiles
Sa venue prophetisoient.
Cil d'Alixandre bien savoient
Que li roys seur la mer estoit,
Et que son armée aprestoit,
Si qu'il estoient sus leur garde. 6740
Chascuns pense, chascuns resgarde

a. V. c. & lx.

A la ville fortefier.
Li roys les faifoit efpier
Par gens qui vont feur la marine,
Si qu'il favoit tout leur couvine.
Confeil demanda qu'il feroit
Et fe vers Alixandre iroit.

1367
feptembre.

MAIS *fon confeil finablement*
 Li dift : « *Sire, certeinnement*
6750 « *Nous ne favons lieu fi poffible*
 « *Pour vous, que la cité de Triple.*
 « *Par noftre confeil vous irez,*
 « *Car bien vous y*[a] *emploierez ;*
 « *Qu'il n'a de la mer dou foudan*
 « *Jufqu'en païs le Camaran*
 « *Lieu, ne place, bourc, ne repaire*
 « *Où mieus peüft fon honneur faire.* »
 Si que li roys leur ottria,
Car grant defir d'aler y a.
6760 *Li roys fift recueillir fa gent ;*
Et tantoft vallet & fergent
Treftous leurs chevaus amenerent
Et ès naves les hoftelerent.
Li roys monta & prift fa voie
Droit vers Triple, Dieux le convoie !
Qu'il trouvera plus grant deffenfe
En ceaus de Triple qu'on ne penfe.
 Li roys s'en va par mer najant
Droit à Triple, lui & fa gent.
6770 *Tant ont à la mer eftrivé*
Qu'il font près de Triple arrivé ;
Et quant il vorrent terre prendre,
On leur deffendi le defcendre,

Le roi fe décide
à aller attaquer
Tripoli.

---

a. B, V ; A. *bien vous.*

1367
septembre.

Car seur le port grant gent estoient
Qui sa venue bien savoient,
Et s'estoient très bien armé,
Bien abillié, bien acesmé,
De garros, de sajettes, d'ars,
D'espées, de lances, de dars.
Moult se tenoient fierement   6780
Ensamble, & orguilleusement ;
Tant estoient la gent sauvage
Qu'il tenoient tout le rivage.
Et quant li gentils roys[a] les voit,
Tantost sot ce qu'à faire avoit.
Moult vaillamment sa gent conforte,
Moult les prie, moult les enorte
Qu'il soient vaillant & vassal.

(29 septembre.)
Il ordonne le débarquement & débarque à son tour.

IL appella son amiral
Et li commanda qu'il descende   6790
Tantost, & qu'à bien faire entende,
Car s'il fiert bien de bonne espée,
Il dist qu'il li lairont[b] l'entrée.[c]
Mais li contes de Herefort,
Et aussi Perrin de Grimort
Arriverent certeinnement
Devant tous & premierement,
Car il avoient ij. galées,
Bien garnies & bien armées.
Et le premier qui descendi   6800
Des galées, dont je vous di,
Fu un escuier de Gascoingne,[d]
Qui fu bons en ceste besoingne.
Guerrot avoit non le vallet,
Et le secont fu Chastelet,

a. B, D, V: Et tantost com li rois.
— b. C, D, V ; A, B. lairoit.

c. V. la contrée. — d. Gascoingne
manque dans A.

  Un très bon escuier d'Anjo;[a]
  Et uns chevalier de Poito,
  Nommé Perceval de Colongne
  Fu li tiers, qui petit ressongne
6810 *Les Sarrazins & leur emprise,*
  Car il ne les doubte ne prise.
  L'amiraus descendi après,
  Et li roy le tint moult de près;
  Si fist li princes[b] *& sa gent*
  Et maint chevalier bel & gent;
  Si font Percevaus & Bremons.
  Trop vous seroit lons li sermons,
  Si tout voloie raconter,
  Ne le vous saroie conter.

1367
29 septembre.

6820 *QUANT il furent tuit descendu,*
  Li uns n'a pas l'autre atendu.
  Là fu si mervilleus li chaples,
  Que de Triple jusqu'à Estaples
  Ne fu piessa gaires plus grans.
  Li bons roys estoit moult engrans
  De ses anemis desconfire.
  Il fiert, il boute, il sache, il tire,
  Et si fierement se combat
  Qu'il tue tout quanqu'il abat.
6830 *Et li princes*[c] *ne se feint mie*
  Qu'à cent en a tollu la vie;
  Et Percevaus si bien s'i prueve
  Qu'il detranche tous ceaus qu'il trueve.
  Bremons si vaillaument se monstre
  Que tous ceuls qu'il tient ou encontre
  Sont detaillié ou[d] *affolé,*
  Mort, mehaingnié ou decolé.

Vaillamment secondé par les siens, il bat les Sarrasins & les refoule vers la ville.

a. C, V; A, B, D. *d'Ambio.* — c. V. *li princeps.* — d. B, V;
b. B, V. *le primpart.*   A. *&.*

1367
29 septembre.

Brief auſſi tous ceuls qui là ſont
Mervilleuſement bien le font,
Et ſi très bien, que le pieur 6840
Cuidoit eſtre tout le milleur,
Si que là tant ſe combatirent
Que les Sarrazins deſconfirent,
Et leur eſt li champs demourez
De ſanc vermaus eſt^a coulourez.
N'i vaut eſquermie^b ne luite,
Tuit ſe meïrent à la fuite.
 Li roys fiſt ſonner la trompette
Tantoſt en ſigne de retraite,
Si que ſa gent ſe recueillirent 6850
Et tous enſamble ſe meïrent.
Il tirerent hors leurs chevaus
Et monterent comme vaſſaus
En belle & en bonne ordenance,
Com chevalier plein de vaillance.
Si ont tant fait & tant erré,
En bataille joint & ſerré,
Que devant Triple ſont venu,
Grant & petit, juene & chenu,
En ociant leurs annemis 6860
Qu'à fort ſont en la ville mis.
Et, de Triple juſqu'à la mer,   fol. 352
Qui proprement le vuet eſmer,
N'a c'une lieuette^c petite,
Des lieues qui ſont en Egipte.
 La chaſſe longuement dura.
Tant en ociſt & acora
Li rois & ſa gent en la chace,
Que couverte en eſtoit la place ;
Et tant d'ocis en y avoit 6870

---

a. V; A. &. — b. V. eſcremie — c. B, V. liveite; C. lieuette; D. livete.

Que nulz*a* le nombre n'en faroit;
Et gifoient, gueules baées,
Entre la ville & les galées.

Ll roy eftoit *b* devant la ville,
Et Sarrafin plus de xx.^m.
Les entrées li deffendoient
Moult fort & le mieus qu'il pooient.
Mais li roys eft entrez dedens
Avec fa gent, malgré leurs dens.
6880 A la porte tant en ocift
Que le plus hardi d'eaus voffift
Bien eftre en Ynde la majour.
Ainfi ne fina toute jour,
D'occire, & fa gent de pillier
Pour toute la ville effillier.
Et quant elle fu bien pillie,
Bien deftruite & bien effillie,
Li roys le feu dedens bouta,
Car bien vit, & pas ne doubta,
6890 Qu'il ne la peüffent tenir,
Et veoit le vefpre venir.
 Si fift la trompette fonner
Pour mettre à point & ordener
Sa gent qui eftoient efpars,
Par la ville de toutes pars.
Quant il furent tuit affamblé,
Tant ont pillé, tant ont emblé,
Qu'il n'i avoit garfon ne page
Qui ne fuft chergiez de pillage,
6900 Et qui n'eüft très grant richeffe.
 Li gentis rois pleins de nobleffe,
Il n'a pas le cuer efperdu,

1267
29 feptembre.

Il pénètre
dans la ville &
la livre au
pillage.

a. V; A, B. *Qu'omme*; C. *Que homme*; D. *Comme*. — *b*. B, V; A. *s'eftoit*.

1367
29 septembre.

Trouva que il n'avoit perdu
C'un chevalier tant seulement,
Et ix. ou x., qui folement
En la ville embatu s'estoient
Et les hostels pas ne savoient.
Mais il ne pot onques savoir,
Par homme qui là fust, le voir
Qu'il puelent estre devenu,   6910
Ne s'il sont mort ou retenu.
Si qu'einsi fu Triple gastée,
Prise, destruite, arse & brulée.

Description de la ville de Tripoli & des beaux jardins qui l'environnent.

OR vueil deviser la devise
De Triple, comme elle est assise. [62]
Près de la mer, en un grant plain
Siet, si qu'on^a la voit tout de plain.
Eu my lieu a ij. montaingnettes,
Qui sont rondes & hautelettes,
Dont seur l'une a un chastel   6920
Qui n'i est messéant ne let;
Maisonnez sont toutes entour,
Et tient bien iij. lieues de tour.
Mervilleusement est pueplée
De gens, & si n'est pas fermée.
Li lieus d'entour est odorans,
Par tout, est si souef flairans
Qu'il samble à tous, n'en doutez mie,
Qu'on soit en une espisserie
Pour les fruis & pour les jardins,   6930
Plantés de mains de Sarrazins;
Car de tous fruis, de toutes antes^b
De tous estos, de toutes plantes,
De toutes herbes à racine

---

a. V; A: Si qu'on; B. si est si qu'on. — b. B, V; antes manque dans A.

Qui puelent porter medecine
Trueve on là à très grant planté,
Que Sarrasin y ont planté.
Moult y a de belles fonteinnes
Qui sont nettes, cleres & sainnes.
6940 Là croist le sucre & la kanelle,
Et mainte espice bonne & belle ;
Mais il n'i a point de riviere.

OR revenray à ma matiere.
Pour ce que li roys d'Ermenie
Avoit requis le roy d'aye,
Et encor li avoit escript
Que, pour la foy de Jhesu Crit,
Li soudans sa mort li procure,
Dont il est en grant aventure,
6950 Qu'il n'en soit destruis ou peris ;
Tourblés en est ses esperis
Et ses cuers à si grant meschié,
Comme d'avoir le chief tranchié,
Ou qu'il ne soit procheinnement
Essiliez[a] perpetuelment,
Se li bons roys ne le secourt.
Encor li manda[b] brief & court
Que s'il vient à Alayas,[c]
Qu'il y venra plus que le pas,
6960 A tout quanqu'il porra mouvoir
De gens, pour le chastel avoir ;
Et se li nomme la journée
Que li bons roys a aceptée.
Alayas est uns chastiaus
Qui est fors & puissans & biaus.
Ville y a & siet seur la mer,

1367
septembre.

Le roi d'Arménie, ayant demandé secours au roi de Chypre, lui donne rendez-vous à Lajazzo.

a. B. eslevez ; V. esclave. — c. V. à Layas, meilleure forme, mais
b. B, V. manda il. — c. B, D; trop courte pour la mesure.

1367
sept.-oct.

 Et si vous vueil bien affermer
 Qu'aus Ermins a fait maint ahan.
 C'est l'eritage dou soudan
 Et si est assis en la marche   6970
 D'Ermenie, & aus Ermins marche.

Le roi Pierre
fait voile vers
Lajazzo.

 LI nobles roys au fier corage
  Estoit outre mer davantage
 Et eu pays des Sarrazins.
 Si vuet conforter les Ermins.
 Li roys de Triple se parti
 Et s'en ala, à cuer parti
 De joie & de merencolie,
 Car moult souvent merencolie
 A ses annemis damagier   6980
 Et au roy d'Ermenie aidier ;
 Et s'a joie de son emprise
 Quant la cité de Triple est prise.

  Seur la mer de Triple chevauche,
 Mais il n'i a maison de bauche,
 De terre, ne d'autre marrien
 Qu'il n'arde, & n'i espargne rien.
 Souvent s'espée en sanc a taint,
 Chascuns tue quanqu'il ataint.
 Einsi s'en va tout combatant   6990
 Et les Sarrazins ociant,
 A Alayas droite voie,
 Boutant les feus ; que vous diroie ?

Il saccage en
passant Tortose,
Laodicée &
Valénie.

 TROIS bonnes villes y a pris
  Et destruites li roys de pris,
 Dont vesci les noms, sans doubtance ;
 C'est Tourtouze, Liche & Valence, [63]
 Et maintes grandes & petites,
 Qui de peler les aus sont quittes,

7000 Car c'est tout mors & mis en cendre,
Sans espargnier homme ne prendre.
Et quant la nuit venir veoit,
En navige se retraioit.
Et y faisoit sa gent retraire.
Mais de jours aloient meffaire
Sus Sarrazins, & destruisoient
Et tuoient quanqu'il trouvoient.

Li nobles roys, frans & gentis
A son fait est si ententis
7010 Qu'avoir ne puet autre penser
N'il ne saroit ailleurs penser.
Tant a erré par ses journées
En nés, en coques, en galées
Qu'il vint devant Alayas.
Quant il y fu, un moult grant tas
Vit de gens qui là l'atendoient.
San ceuls de pié v.^{m.} estoient,
Tous à cheval, pour lui deffendre
Qu'à terre ne peüst descendre.
7020 Un jour en la mer s'arresta
Li roys, & moult bien s'apresta
Et se conseilla qu'il feroit
Et comment il descenderoit.
Et quant il fu bien consilliez,
Bien aprestés, bien abilliez,
Il fist nagier tout droit au port,
Et là se combati si fort,
Que maugré tous est descendus.
Tant en y ot de pourfendus
7030 Et de tuez, qu'il s'en fuirent.
Li roys & sa gent les sievirent
Qu'il monterent sus les chevaus,
Comme preudommes & vassaus.

1367
sept.-oct.

Il débarque à
Lajazzo malgré
les Sarrafins,
qu'il pourfuit
une lieue loin
de la ville.

Là commença moult forte chasse.
Il s'en fuient, li rois les chasse;
Et tant les chassa longuement
Qu'il en fu repris durement.

SARRAZIN s'estoient retrer
En un trop bon lieu pour le tret.
C'estoit en un rochier sauvage,
Pour porter au bon roy damage.
Si que li roys les sui tant,
En ociant, en combatant,
C'une grant lieüe outre la ville
Trouva la gent pleinne de guille
Qui estoient en grant deffense.
Li roys fist mettre en ordenance
Toute sa gent & recueillir,
Car il les voloit assaillir;
Mais il ne les pot aprochier
Ne grever dedens le rochier,
Car il traioient si forment
Et si très mervilleusement
Que tous ses chevaus ocioient
*Et à terre*ᵃ *les abatoient.*
Li roys vit bien le grant meschief
Et que d'eaus ne venroit à chief,
Se longuement leur traire dure;
Car s'il perdoit sa monteüre,
En peril seroit de sa vie,
Et toute sa chevalerie.
   Li bons roys fist une retraite
Et entour lui resgarde & gaite,
Et trouva qu'il ont ja tué
De ses chevaus & afolé
*Tant qu'il n'en a que iiij.*ˣˣ

a. B, V; A. *à traire.*

1367
sept.-oct.

Il est obligé
de regagner la
côte.

7040

7050

7060

Lors dist : « Seigneurs, se Sarrazins
« Meinnent longuement ceste dance,
« Tuit serons à pié, sans doubtance.
7070 « D'autre conseil user nous faut ;
« Lassé sommes & il fait chaut,
« Si ne porrons aler à pié.
« Prenons chascuns lance ou espié,
« Et leur courons sus vitement,
« Tous ensamble & serréement.
« Se nous pouvons venir entr'iaux,
« Il s'en fuiront comme chevriaus
« Et les occirons à no guise. »
Lors a chascuns sa lance prise,
7080 Si que li roys leur couru seure
Si fierement, qu'en petit d'eure
Furent mis à desconfiture.
N'i vaut sajette n'armeüre,
Car mort furent & desconfit,
Et certeinnement Dieux le fit
Qui li donna, c'est chose voire,
Grace, pris,[a] honneur & victoire.
Tant en ot mort près dou rochier
Qu'il n'i pooient chevauchier.
7090 Qui fuïr pot, il s'en fui,
Mais li roy plus ne les sievi.
Pour ce que reprendre se voit
De ce que tant fait en avoit.

A Alayas s'en retourne
Li bons roys qui envis sejourne.
Quant il y vint, il assailly
Le chastel, mais il y failly,
Car sa gent estoient lassé,
Grevé, travillié & foulé

1367
sept.-oct.

Il essaie vainement d'enlever le château de Lajazzo & reprend la mer.

a. B, V ; A. pais.

1367
sept.-oct.

Dou grant chaut & de la bataille, 7100
Et s'avoient po de vitaille ;
Et li Sarrazin qui estoient
Eu chastel, bien se deffendoient.
Mais la ville arse & si destruite
Fu, qu'elle ne vaut une truite.
Quant li roys vit, qu'il advesprit,[a]
Un brief conseil à ses gens prist,
Et dist : « Signeurs, li vespres vient,
« Es nés retraire nous couvient. »
Si que tantost se recueillirent 7110
Sa gent, & es nés retreïrent
Et leurs chevaus & leur piétaille,
Qui volentiers le font sans faille.

Ne trouvant pas le roi d'Arménie au lieu convenu, il renonce à continuer la campagne.

Et li bons roys qui bien veoit
Que la profiter ne pooit
A un autre port s'en ala
Qui estoit assez près de là.
Là sejourna viij. jours entiers
Avec sa gent, qui volentiers
Faisoient & se reposoient, 7120
Car moult grant mestier en avoient.
Là li bons roys, que Dieus aye,
Atendoit le roy d'Ermenie.
Et ses messages li manda,
Et au partir leur commanda
Qu'il li deïssent qu'il venist,
Et que couvenant li tenist,
Et venist à tout son effort
Pour li faire aide & confort,
Car il est venus comme amis, 7130
Einsi comme il li a[b] promis.

<hr>

a. V ; A. qui avesprist ; B. qu'il m'esprist ; C, D. qu'il avesprit. b. B, C ; A. il a ; V. il luy a.

Quant ce vint au chief des viij. jours,
Au roy ennuia li sejours,
Pour ce que le roy d'Ermenie
Par devers lui ne venoit mie,
Et pour l'iver qui aprochoit,
Et au cuer forment li touchoit;
Si qu'il li vint un accident,
Qu'il faut qu'en païs d'occident
7140 Voist briefment au pape parler.

V EZ ci la cause à droit parler.
Il vuet empetrer un succide,[a]
Aucun confort, aucune aide
Pour la sainte Crestienté,
Où son cuer a mis & enté,[b]
Et pour les Sarrazins destruire.
Vive tels roys & ja ne muire!
Qui ne vuet, ne quiert, ne pourchasse
Autre deduit ne autre chasse
7150 Fors damagier ses annemis,
Et s'est courtois à ses amis.

L ORS se parti & si s'adresse
Vers Chypre, la plus droite adresse.
Tant a nagié qu'en Chypre vint, [64]
Et là sejourner le couvint
Pour ses gens d'armes reposer.
Et vous devez bien supposer
Que moult y avoit de blecier,
De lasser & de travilliez;
7160 Et pour ses chevaus mettre à point,
Qui estoient en petit point.

a. B, V. *subside*; C. *subcide.* — *b.* V. *anté.*

1367
sept.-oct.

Son désir de
revenir en Eu-
rope pour de-
mander au pape
la prédication
d'un nouveau
passage.

Il rentre en
Chypre.
5 octobre.

1367
octobre.

Entreprises
& sorties nom-
breuses dont il
n'est pas parlé.

Aussi avoit fait li bons roys
Maintes saillies, mains conroys,
Et autres armées menues,
Qui ne sont pas ci contenues,
Car trop longue chose seroit
Qui toutes les y metteroit,
Et anuier porroit au lire
Qui toutes les vorroit escrire.
 Or querez un roy qui ce face, 7170
N'à qui Dieux doint si belle grace
Qu'adès c. contre un se combat,
Et s'a victoire ou qu'il s'embat.
A dire est que si annemy
Sont c. pour un encontre li.
Or parlons des fais d'Alixandre
Et d'Ector, qui ne fu pas mendre
Des autres preus qui ont esté
Que j'ay ci devant recité ;
Comment que homme d'onneur a tant 7180
Comme ot Hector le conbatant,
Mais qui bien raison li feroit
Des ix. preus x.^{mes} seroit.
Si que je li ajousteray
Quant ce livre parfineray,
Qu'il est preudons, & s'est estables,
Liés, larges, oiaus, veritables,
Justes, sages, bien avisez ;
Et, se très bien le devisez,
En tout est de si bon affaire 7190
Com^a nature puet homme faire,
Asses vous en deviseroie ;
Mais jamais dire ne porroie,
Le bien, l'onneur, le scens, le pris
Qui sont en sa bonté compris.

a. B, V; A. Qu'ou.

LI nobles roys, qui n'a pareil,
En Chypre fist son appareil
Tel comme il faut à si grant homme,
Car il s'en vuet aler à Romme.
N'autre chose n'i va querir
Fors au Saint Pere requerir
Qu'il ottrie un commun passage,
Car faire vuet le saint voiage.
Là vuet il mettre corps & mise,
Tout en l'onneur de sainte Eglise,
A la gloire & protection
De la foy, car s'entention
N'est que de la toudis accroistre,
Entre les mondains & en cloistre.

LI roys en galée monta,
En mer n'en terre n'arresta
Se petit non, tant fu engrant
De venir à Romme la grant. [65]
A l'entrée[a] mains cardinaus
Monterent dessus leurs chevaus,
Et à l'encontre li alerent,
Et puis au pape le menerent.
Et quant li papes l'a veü,
Son estat li a tant pleü
Que très grant chiere li a fait
De cuer, de pensée & de fait.

IL fist sa[b] supplication ;
Si que consideration
Ot le pape au petit estat
Où la Crestienté estat.
Si li dist : « Tribulations,

1367
octobre.

Préparatifs
de son nouveau
passage.

Il se rend à
Rome.

oct. 67-mars 68.

Raisons qui
empêchent le
pape de consen-
tir à la publica-
tion d'une nou-
velle croisade.

a. B, V. à l'encontre. — *b.* B, V; A. la.

1368
mars-mai.

« Mortalitez, occisions,
« Compaingnes regnent, & pechiez,
« Dont[a] li mondes est entechiés,
« Si que bon ne me samble mie   7230
« Que le passage vous ottrie
« Quant à present, car ce seroit
« Très grans peris que li feroit.
« Car pechiez nuist & s'est po gent,
« Et tuit seigneur ont à present
« Trop de riotes & de plais.
« Mais qui les porroit mettre en pais,
« Moult volentiers acorderoie
« Le pelerinage, & si yroie,
« Qu'en verité je le[b] desir   7240
« Tant, que c'est mon plus grant desir.
« Mais ce ne seroit pas profit. »
C'est la response qu'il li fist.

Le pape engage le roi à reprendre les négociations de paix avec le sultan.

« ENCOR y a une autre chose,
«   Biaus fils, vraiement je suppose
« Que qui sagement traiteroit
« Au soudan, qu'il acorderoit
« Legierement un bon acort.
« Si que je conseille & acort
« Que nous prenons gens couvenables,   7250
« Sages, avisez & traitables,
« Et que très bien les enfourmions
« Et au soudan les envoions.
« Mais einsois leur couvient avoir
« Procuration & povoir
« De vous, pour vous, en vostre non
« D'acorder, s'il vous samble bon.
« Il n'en sera qu'à vostre vueil. »

---

a. B, V; A. *Et.* — *b.* B, V; A. *Qu'en verité le.*

Li roys respondi : « Je le vueil,
« Car je sui seins de tele corde
« Que quan qu'il vous plaist je l'acorde,
« Et tout vostre voloir feray,
« En tous cas, tant com' vis seray ;
« Car je vous doy oubeissance,
« Foy, pais, honneur & reverence. »

ET pour ce que marcheandise
 Estoit toute perdue à Pyse,
A Venise, à Romme & à Gennes,
De dras d'or, de soie & de pennes,
D'avoir de pois, d'espisserie,
Et ensement en Rommenie,
En Puille, en Calabre, en Sesille,
Et en mainte autre bonne ville,
Pluseurs citez tramis avoient
Au Saint Pere & li supplioient
Très humblement que bon acort
Mettre li pleüst au descort
Dou roy de Chypre & dou soudan.
Car si le descors dure un an,
Il dient en leur verité
Que toute la Crestienté
En vaurra pis notablement.
 Si que li papes sagement,
Dou gré dou roy, ordena là,
Que de chascune ville ala
Vers le soudan une personne
Notable, diligent & bonne,
Qu'estre doivent embassadeurs
De la pais & mediateurs
Entre le soudan & le roy,
Qui se combat pour nostre foy.
Et li roys pooir leur donna

1368
mai-juin.

Sur les instances des villes commerçantes, le pape envoie au sultan une ambassade, autorisée par le roi de Chypre à traiter de la paix.

Tel com li papes ordonna,
Et promiſt, en cas qu'il iront,
Il tenra tout ce qu'il feront. [66]

Devers le ſoudan s'en^a alerent [67]
Et à ſon conſeil beſougnierent
Si bien, que bons acors fu fais
De tous delis, de tous meffais;
Et des ij. pars fu acordé,
Eſcript ſeellé & juré.
Chaſcuns ſeur ſa loy l'afferma
Et li ſoudans la conferma.
Li meſſagier ſont retourné,
Qui n'ont mie trop ſejourné.
Si ont fait leur relation
Et dit, en leur concluſion,
De la pais toute la maniere.
Li rois en fiſt moult bonne chiere,
Qu'elle li eſtoit profitable
Et très grandement honnourable
Pour lui & pour tout ſon païs,
Et auſſi pour tous ſes amis.

Li roys ſe parti de la court. [68]
Mais ſa renommée qui court
Par tous païs, par tous chemins,
L'eſſauſſa tant que les Hermins,
L'ont pour leur ſigneur eſleü,
Pris & nommé & receü,
Nom pas en ſa propre perſonne,
Mais chaſcuns d'eaus ſa vois li donne,
A tous jours perpetuelment
Et de commun aſſentement.
Et par coy la choſe ait durée,

a. B, V; A. *en.*

1368
juin-ſeptembre.

Départ des
ambaſſadeurs.
Réſultat
de l'ambaſſade.
(24 juin.)

Le roi Pierre.
eſt élu roi par
les Arméniens.

7300

7310

7320

Tuit li milleur de la contrée
Et les villes l'ont feellé,
Par leur foy & par feellé,
Tous enfamble, c'eft affavoir
Que c'eft au roy & à fon hoir.
7330 Et les clefs ᵃ des milleurs ᵇ fortreffes,
Qui dou païs font plus maiftreffes,
Ont baillié au prince fon frere,
Par quoy la chofe foit plus clere.
Et s'en a la poffeffion
Paifible, fans rebellion,
Et tient toute la fignourie
Dou bon royaume d'Ermenie,
Pour le roy qui procheinnement
Y fera, s'il puet bonnement. ᶜ
7340 Quant li roys oy la nouvelle,
Moult li fu plaifant & nouvelle,
D'un tel royaume conquerir
Sans labeur & fans cop ferir.

Sl que li roys s'achemina,
Et tant hafté fon chemin a
Qu'en la cité vint de Venife,
Où on l'aimme forment & prife.
Li roys n'i fift pas lonc fejour,
Car un dimanche, au point dou jour,
7350 A grant joie & à grant deduit,
L'an mil ccc.lxviij.,
Se parti, moult bien m'en remembre,
Vingt huit ᵈ jours dedens feptembre, ᵉ
Pour aler faire l'ordenance
Dou païs & la gouvernance

ol. 355.

1368
août-feptembre.

Il féjourne à Venife & s'embarque en cette ville pour fe rendre en Chypre.

28 feptembre.

a. V; C. *clez*; A, B, D. *clers*. — b. B. *meindres*; C, V. *mieudres*; D. *meudres*. — c. V; A, B, C, D. *nullement*. — d. A. *xxviij.* — e. Ce vers & le précédent font intervertis dans B, C, D & V.

1368
mars-avril.

Avant que le roi n'eût quitté Rome, le pape avait réconcilié Florimont de Lesparre avec ce prince. Retour sur ces événements. Origine du différend de Florimont & du roi Pierre.

Qui à son hoir li est donnez
Ligement & abandonnez.

MAIS einsois que li rois de pris
Partist de court, com bien apris,
A nostre Saint Pere parla   7360
D'une autre besongne, car là
Estoit le signeur de Lesparre,
Qui sa bouche pas bien ne barre,
Car s'il l'eust très bien barrée
Et de sylence seellée,
Il n'eust pas dit les paroles
Qu'on tint pour nices & pour foles,
Qu'il avoit parlé rudement
Au roy de Chypre, & folement,
Et en champ l'avoit appellé;   7370
Qui ne doit pas estre celé.
Si s'en desdit & escondit,
Si com vous l'orrez par mon dit,
Present le pape & maint preudomme
Qui estoient à court de Romme.
Vesci pour quoy je le diray
Et ja ne vous en mentiray,
Car verité ne quiert nuls angles,
N'elle n'a que faire des jangles.

octobre 1366.
Avec quelle haute estime le roi avait accueilli Florimont à son arrivée en Chypre, & avait accepté ses services.

JE vous afferme loyaument,   7380
Que[a] quant il vint premierement [69]
Devers le roy, li roys li fit
Honneur, courtoisie & profit
Autant comme s'il fust son frere,
Engendrés de pere & de mere.
En ses armées le menoit
Et si près de lui le tenoit

a. B, C, V; A. *Or*.

LA PRISE D'ALEXANDRIE.

Qu'en li avoit droite fiance
De s'onneur & de sa chevance.
7390 Or ᵃ est certain comme evangile
Que dou Quaire jusqu'à Sebille
N'a homme qui sache dou fait
D'armes, tant comme li roys fait ;
Si que par samblance l'amoit
Et son droit signeur le clamoit,
Car honneur & chevalerie
Aprenoit en sa compagnie,
Et en tous biens en amendoit,
Si bien que mieux ne demandoit.

7400 QUANT Triple fu prise & gastée,
Li roys fist une grant armée ;
Li sires de Lesparre vint,
O li gens d'armes plus de vint,
Et voloit entrer en galée.
Li roys li deffendi l'entrée,
Et dist que ja n'i entreroit
Avec li, einsois demorroit,
Car des gages estoit quassez,
Et s'avoit gens d'armes assez.
7410 Encor li dist il autre chose
Que pas ne vueil qui soit enclose,
Present comtes & chevaliers,
Et gens d'armes & escuiers : ᵇ
« Sire de Lesparre, servi
« M'avez, que bien ay desservi ;
« Et se je vous doy rien, paier
« Vous vueil tantost sans delaier ;
« Mais cure n'ay de vo service,
« Car trop y a danger & vice,

1367
juillet-août.

Lors des préparatifs de l'expédition de Tripoli, le roi casse aux gages le sire de Lesparre.

a. B, C, V; A. *Il.* — *b.* B, C, D, V. Ces deux vers manquent dans A.

« Se la cause dire voloie. »
Pour quoy ce fu? Je ne saroie,
Car par ma foy, je ne le say,
N'encor oy dire ne l'ay. [70]

Li sires de Lesparre dit
Qu'il fait mal qu'il li contredit
D'aler nostre Signeur servir;
Et qu'il l'en devroit requerir,
Puisqu'il en a devotion;
Et que c'est grant confusion,
Et que Dieu courresce[a] & offent
Quant son service li deffent,
Car à saoul & à geun
Son[b] digne service est commun,
En tous cas, à tous & à toutes;
De ce ne fait il nulles doubtes.
Li roys se parti sans plus dire.
Et li autres avoit tant d'ire,
Qu'à peines que là ne moroit,
Pour ce qu'en Chypre demouroit.
Et quant li sires de Lesparre
Vit qu'il gisoit seur tele quarre,
Que chascun qui honneur voloit
Avec le bon roy s'en aloit,
Et il estoit seuls reservez,
A po qu'il ne fu tous dervez.
Si s'en ala en son hostel,
A tel dueil qu'onques homs n'ot tel,
Si que toute la nuit pensa,
Et landemain contrepensa,
Qu'il feroit ne qu'il devenroit,
Et quel fin la chose penroit.

---

a. B. couroſce. V. comeſce. — b. B, V; A. ſont.

Si s'avisa finablement
Pour lui vengier plus hautement,
Pleins de forsen & de desroy,
Qu'en champ appelleroit le roy,
Pour lui combattre corps à corps
A li ; là fu tous ses accors.
Moult considera qu'il feroit,
Et quel part il l'apelleroit,
7460 Car il desire avoir tel juge
A son pooir qui^a pour li juge
Et qu'il soit à li favourables,
Dous & courtois^b & amiables ;
Si qu'en son cuer determina
Finablement & ordonna
Qu'en la court le roy d'Engleterre,
De qui, je croy, qu'il tient sa terre, [71]
Mettroit à fin ceste besongne.
Car li chevaliers de Gascongne
7470 Est nez, & norris & attrais,
Et pour ce s'est ses cuers là trais.
Et s'il ne le puet avoir là,
En autre court l'appellera.
Ce sera en la court le prince
Qui de Gales tient la province,
Et qui se dit duz de Guienne,
Qui n'a pas toudis esté sienne.
Et se là ne le puet ataindre,
Au roy de France s'ira pleindre,
7480 Et en sa court le metera
S'il puet ; & si combatera
De hache, de glaive ou d'espée.
Ce fu la fin de sa pensée.

1367
juillet-août.

---

a. B, V ; A. que. — b. B, V ; A. courtos.

1367
3 août.

QUANT il ot merencolié,
Penſé, muſé & colié,
Tant qu'il ne ſavoit mais que dire,
Tantoſt fiſt une lettre eſcrire.
Moult bien la ſeela & ploia,
Et au gentil roy l'envoia.
Veſci la teneur de la lettre, 7490
Car je n'i^a vueil oſter ne mettre.^b

Teneur de la lettre par laquelle le ſire de Leſparre ſe retire du ſervice du roi de Chypre.

Veſci la ſuperſcription de la lettre que le ſigneur de Leſparre envoia au roy de Chypre.

« A mon tres honnouré & tres redoubté ſeigneur, le roy de Iheruſalem & de Chypre. »^c

La teneur de la lettre fu tèle :^d

« Mon tres honnouré^e & tres redoubté ſigneur, Vous ſavez bien comment vous m'envoiaſtes querir en Conſtantinoble^f par vos lettres & par meſſire Bremont de La Vote,^g que je vous veniſſe ſervir; & je qui cuidoie en vous trouver j. bon ſigneur; & comme celui qui y eſtoie tenus, vins à voſtre mandement. Et ſi vous ay ſervi par l'eſpaſſe de x. mois entiers ou plus, des quels je vous ay ſervi les vj. à mes couſtanges & les iiij. aus voſtres. Et ſi vous ay ſervi le mieux & le plus honnourablement que j'ay peu & ſceu. Or eſt einſi que depuis un po de temps en ſa, vous avez pris merencolie^h ſeur moy, ou par faus rapport, ou par voſtre volonté, ne ſay le quel. fol. 3 Aſſez de foys vous ay dit & prié que il vous pleuſt à moy dire pour quoy vous me portez malivolence, ne ſe aucuns vous avoit reporté aucune choſe de moy qui fuſt contre voſtre honnour, ou la moie. Car ſe ainſi eſtoit que

---

a. B, C, D, V; A. *ne.* — *b.* Le feuillet de V, n° 383, renfermant la ſuite juſqu'au vers 7517 : *Comment qu'il fuſt tous conſilliés* (ci-après, p. 231), a été coupé dans le mſ. — *c.* Manque dans B. — *d.* Manque dans B. — *e.* B, C, D. *Mon honnoré.* — *f.* A. *Conſtant.* ; B, C, D. *Conſtantin.* — *g.* B, D. *de la Volte.* — *h.* B. *melencolie.*

nuls le vous heuft raporté, j'en eftoie preft de moy
defcufer[a] par devant vous, en difant que il avoit menti
fauffement & mauvaifement, & que je m'en deffenderoie
par mon corps, einfi comme j. chevalier fe doit deffendre
en gardant fon honnour. Et, outre ce, le vous ay je fait
dire par le prince voftre frere, par le conte de Herford,
& par l'arcevefque; & auffi le vous ay je dit autre fois
par devant le dit conte de Herford & meffires Perceval,
eftant en Rodes, hors de voftre royaume; & onques
n'ay trouvé homme qui m'ait dit que j'euffe fait chofe
qui tournaft contre mon honnour, fi que deformais je
m'en tien pour defencufé, & tien que j'ay fait ce que un
droit & loial chevalier doit faire. Et quant au fait de la
lettre en la quele je vous eftoie tenus, je la penfe bien
avoir acomplie tellement comme je doy, car je vous ay
fait prefenter par le maiftre de l'Ofpital & par le conte
de Herford que j'eftoie preft d'aler en cefte prefente
armée & de vous tenir tout ce que je vous avoie promis,
eu[b] cas que vous me tenriés auffi tout ce que vous
m'aviez promis. Et vous leur avez refpondu que vous ne
voliés que je y alaffe, & que eu cas que je yroie, vous
me feriés faire damage & deshonnour; de la quele chofe
certes vous me faifiés grant tort, car le fervice de Dieu
eft commun & vous ne le deuffiez mie deffendre à nul
creftien, efpeciaument à moy, confidéré le fervice que
je vous ay fait. Et toutes les autres chofes contenues
efdites lettres, je les ay fi bien acomplies à mon avis que
des ores en avant j'en doy eftre tenus pour defencufé. Et
puis qu'einfi eft que je voy[c] clerement, que vous volez
dou tout mon deshonnour & mon damage, je m'aquite
de vous & m'en defifte des ores en avant. Et vueil que
vous fachiez que deformais je oferay autant[d] pourchacier
voftre deshonnour, comme vous ferez la moie. Et pour-

1367
3 août.

a. B. *defencufer*; C, D. *de m'en defencufer.* — b. B. *ou*; C, D. *en.*
c. B, C, D; A. *que je le voy.* —
d. B. *j'aymeray autant.*

1367

chasseray à mon pooir, non obstant que je vous heusse dit que je vous serviroie volentiers tous les jours de ma vie, tant comme je congnoisteroie que mon service vous pleust. Mais or voy je bien que il ne vous plaist plus, & pour ce je m'en aquite & vueil faire le contraire. Dieux vous rende le guerredon selonc voz[a] merites.

Rhodes, 3 août.

« Escript en Rodes, le tiers jour d'Aoust.

LE SIRE DE LESPAIRE. »

UNE autre lettre estoit enclose
En ceste ci qui portoit glose,
Dont li bons roys moult se merveille,
Et je aussi en ay grant merveille,
Qu'elle n'otoit gaaing ou perte,
Et s'estoit[b] seelée & ouverte.

4 août. Seconde lettre par laquelle le sire de Lesparre appelle le roi en champ clos.

Et vesci la teneur des lettres qui estoient ouvertes & encloses dedens les premieres, & seellées dou seel le signeur de Lespaire.[c]

« Pierre de Lisignan, roy de Chypre, Je Florimons, sires de Lespaire,[d] vous fais savoir que assez de fois je vous ai oy dire ij. choses : li une si est que vous ne mentistes onques, & li autre si est que se nuls vous chargoit de riens contre vostre honneur, que vous vous en deffenderes par devant le roy de France. Je vous di que aucunes[e] couvenances les queles vous m'aviés, vous m'avez menti faussement & mauvaisement. Et se vous volez dire le contraire, je le vous prouveray par mon corps contre le vostre, par devers le roy d'Engleterre, mon seigneur, ou par devant monseigneur le prince de Guienne, son fil, ou par devant le roy de France, le quel que vous vorrez de ces iij. Et pour ce que vous ne vous puissiez mie desencuser que vous ne puissiez estre par devant l'un des iij., je vous doing terme de la

---

a. B; A. les. — b. B, C, D; A. s'estoit &. — c. Cette mention manque dans B. — d. B. Lesparre. — e. B. d'aucunes.

S. Michiel prochain venant jufques à j. an; & fi me faites favoir devant lequel vous volez eftre de ces iij., je y feray. Et ne vous defencufez mie que je ne foie affez gentils hom*a* pour vous combatre, car je me tien auffi gentis hom de pere & de mere comme vous eftes; & en vous n'a de nobleffe plus qu'en moy, fors que vous avez une couronne de roy, laquelle j'ay oy dire à mains preus hommes que nuls homs n'eft dignes de la porter qui foit faus & mauvais & menfongier, fi comme vous eftes.

« Si me faites refponfe, fe vous volez maintenir le contraire ou non, dedens le dit terme dou Noel.

« Efcript en Rodes, le quars jour d'Aouft, l'an de la Nativité Noftre Signeur mil ccc.lxvij. »

1367

Rhodes, 4 août.

QUANT li bons roys les lettres vit
Savez comment il fe chevit?
7500 Il les ouvri & prift à lire,
Et puis commenfa à foufrire,
Et dift qu'il ne li en chaloit
Se plus fervir ne le voloit,
Et qu'auffi ne le vuet il mie :
Si que bonne eft la departie;
Mais ce forment li defplaifoit
Que rudement li efcrivoit
Et qu'il li difoit villenie,
Ce que faire ne deüft mie.
7510 Si penfa longuement, fans faille,
Quant il vit qu'en champ de bataille
Eftoit appellez tellement.
Lors fon confeil ifnellement
Manda pour favoir qu'il feroit,
Et comment il refponderoit,
Comment qu'il fuft tous confilliés,*b*
Car mieus amaft eftre effilliés

Août-feptembre.

Le roi, après avoir pris confeil, fe réfout à accepter le cartel de Lefparre & lui notifie fa réfolution.

a. B. gentils homs hauls. — b. B. confeilliez; V. confeillez.

Qu'à s'onneur ne li respondit,
 Quelque chose qu'on li deïst.
 Chascuns dist son opinion, 7520
 Mais la vraie conclusion
 Fu qu'à li se combateroit
 Et que briefment li escriroit.
 Li gentils roys qui fu preudons
 Au messagier donna preu dons,
 N'onques il ne s'en conseilla,
 Et puis ces lettres li bailla.

 Vesci la lettre toute entiere,
 Qui commence en tele maniere :

Lettre du roi de Chypre assignant Florimont de Lesparre à la St-Michel, 29 sept. 1368, devant le roi de France.

C'est la teneur de la lettre que le roy envoia pour responsse au signeur de Lesparre. [a]

« De par le roy de Iherusalem & de Chypre. [b]

« Florimont, sire de Lespaire, nous avons reçeu & veu unes lettres les queles vous [c] nous avez envoiés ; & quant est de ce que escript nous avez, que la responsse des dites lettres vous envoions dedens la feste de Noël prochain venant, savoir vous faisons que nous, si comme vous [d] le savez, sommes au present seur nostre armée, au saint service de Dieu. Mais sachiez que nous, par la grace de Dieu, retournant de l'armée, vous, dedens la Saint Michiel qui sera de la Saint Michiel prochain venant en un an, trouverez à la court dou roy de France, qui vous respondera si comme il vous affiert, & en tele maniere que jamais n'aurez volenté d'escrire à roy crestien par la maniere que escript nous avez.

a. C, D, V; cette mention manque dans A, B. — b. Manque dans B, D. — c. V; *vous* manque dans C, D. — d. V; *vous* manque dans A, B, C, D.

« Efcript à noftre hoftel dou Quid[a] [72] le xve jour de feptembre, l'an mil ccc.lxvij. de la Nativité de noftre Seigneur Ihefucrift. »

*1367
Chiti,
15 feptembre*

7530
D OU roy fe parti li meffages,
Qui eftoit avenans & fages,
Et s'en ala devers fon meftre.
Si li a devifé tout l'eftre,
L'eftableté, la contenance,
Le bien, l'onneur & la prudence
Qu'il a trouvé eu roy de Chypre.
N'il n'a de Damas jufqu'à Ypre,
Ce dit, homme nul qui le vaille
En sens, en confeil, n'en[b] bataille;
7540
Et qu'il eft bon qu'il li efcrife[c]
Doucement & par autre guife.
 Li fires de Lefparre mufe
Au meffager qui pas ne rufe,
Einfois difoit à bonnes certes,
Si qu'il li a refpondu : « Certes
« La chofe ne puet demourer
« Einfi pour moy deshonnourer,
« Qu'à tous jours mais honnis feroie
« Et blafmez, s'einfi la laiffoie.
7550
« Car ce m'ocift & tant me grieve,
« Qu'a po n'a que li cuers ne me crieve,
« Que li autre font leur honnour,
« Et je demeure à deshonnour.
« Et fi l'eftoie venus querre,
« A grant peinne en eftrange terre,
« A grant mife & à grant labour,
« Et pour ce à mes cuers grant dolour. »

Perplexité de Florimont, au retour de fon meffager.

---

a. B, D. *Du Quid.* — b. B, V; A. *en.* — c. V. *efcripfe.*

30

1367
sept.-octobre.

Le roi charge Perceval de se rendre à Paris pour disposer les apprêts du combat.

Li nobles roys frans & gentis,
 Com diligens & ententis
A son fait & à sa besongne,   7560
Hucha Perceval de Coulongne,
Si li dist moult courtoisement :
 « Perceval, vous savez comment
« Florimons de gage m'apelle,
« Qui est mervilleuse nouvelle
« Et pleinne de moult grant desroy,
« C'uns chevaliers appelle un roy.
« Il mesprent si villeinnement [a]
« Et si tres orguilleusement, [b]
« Que c'est la rien qui plus m'anoie,   7570
« Comment que confortez en soie.
« De riens ne li croist vasselages, [c]
« Eins est folie & grans outrages
« De mettre en tel lettre s'estude.
« Il est moult pleins d'ingratitude,
« Qu'il ne recongnoit les bienffais
« Que par maintes fois li ay fais.
« Vous savez bien que je l'amoie,
« Honneur & profit li faisoie;
« Et à tort m'apelle de gage   7580
« Einsi comme il feroit un page,
« Et aussi en vostre presence.
« J'ay esleü le roy de France
« A juge, si que brief & court
» Combatre [d] me vueil en sa court.
« Là, se Dieux plaist, me vengeray
« De Florimont, & tant feray
« Que jamais en jour de sa vie
« A roy ne dira villenie.

---

a. B. il m'escript villainnement.
— b. V. outrageusement.

c. V. De rien n'en croit ses vasselages. — d. A. combratre.

7590	« Si qu'à Paris vous en irez,	1367 sept.-octobre.
	« Et là pourveance ferez	
	« Pour nos chevaliers & no gent,	
	« Et n'i espargniez n'or n'argent,	
	« Mais faites là si grandement	
	« Et si très honnourablement,	
	« Qu'il ne soit chose qui y faille,	
	« Car trop seroit notable faille	
	« S'il y avoit aucun deffaut;	
	« Et vous savez tout ce qu'il faut	
7600	« A tel fait. Pour ce vous en charge	
	« De tous poins & si m'en descharge.	
	« Mais pensez souvereinnement	
	« Qu'armez soie seürement,	
	» Et aussi que ma monteüre	
	« Soit bonne & belle & bien seüre. »	

Percevaux[a] dist qu'il le feroit
 Volentiers, au mieus qu'il saroit.
Baillier li fist cent mille livres.
Cil s'en parti qu'il fu delivres,
7610 En grant estat, en grant arroy,
Si comme consillier dou roy.
Tant fist qu'à Paris est venus,
Où il estoit bien congneüs. [73]

sept.-décembre.

Perceval se rend à Paris.

LI roys à la court demoura,
 Et li papes moult l'onnoura;
Et chascuns honneur li faisoit,
Qu'à tous & à toutes plaisoit
En fait, en dit & en maniere,
En port, en meintieng & en chiere.
7620 Et Florimons y est, qui chace
En toutes guises & pourchace

1368 février-mars.

Le roi étant venu à Rome, Florimont cherche vainement à rentrer en grâce auprès de lui. Démarches du pape & des cardinaux.

[a]. B. Parceval.

1368
février-mars.

Qu'il foit quittes de fon appel,
Où bien porra laiffier la pel ;
Car c'eft fon principal defir
Qu'à honneur s'en puift departir.
 Et li papes de l'autre part
Ne fait que penfer main & tart
Comment il les puift acorder.
Si comme oy l'ay recorder,
Toufjours font cardinal en voie,   7630
Qu'au roy li fains peres envoie ;
Mais, pour venir, ne pour aler,
Li roys n'en volt oïr parler,
N'onques un feul mot d'efperence
N'en porterent, car fans doutance
On ne puet en li pais trouver
Ne pour prier, ne pour rouver.

A l'occafion de la femaine fainte, le pape fait un nouvel effort pour décider le roi de Chypre à accepter les excufes de Lefparre.

QUANT li fains peres a veü,
Effaié, tempté & fceü
Que li bons roys qui tant valoit,   7640
Nul acort faire ne voloit,
Il a dit qu'il le mandera
Et de la pais le priera,
Et qu'à ce vuet mettre grant peinne.
Ce fu en la fainte femainne, [74]

3-8 avril.

Que Dieux pour no redemption
Endura mort & pafcion.
 Li fains peres l'envoia querre
Et il vint à li fans enquerre
Qu'il li voloit, que oubeiffance   7650
Li faifoit & grant reverence.
Li papes par la main le prift,
Et leӡ li^a doucement l'affift,
Et li dift moult courtoifement

a. V; A, B. *lès li*.

Et moult tres amiablement:
« Biaus fils, il est chose certeinne
« Que vous avez heü grant peinne
« Eu service Nostre Seigneur,
« De quoy li grant & li meneur
7660 « Et chascuns heüreus vous clainme;
« Et je croy bien que Dieux vous aimme,
« Car il le vous a bien moustré
« En lieus où vous avez esté,
« Si que, fieux, je vous vueil reprendre
« Et, en vous reprenant, aprendre
« Que c'est si mauvaise racine
« De vivre en pechie de hayne,
« Que[a] bien jamais ne fructifie;
« Et pour c'est fols cils qui s'i fie,
7670 « Ne homs ne porroit son Creatour,
« Qui de tout le monde est actour,
« Bien amer, ne bien honnourer,
« Qui en ce point vuet demourer;
« N'à droit ne le puet recevoir.
« Vous savez bien que je di voir
« Et si est contre l'evangile,
« Qui dit que c'est chose si vile
« De haïr; & c'est un mors tel
« Com de vivre en pechie mortel;
7680 « Qu'on passe les commandemens
« De Dieu, qui est nos sacremens;
« Dont la fin est tele sans fable
« Qu'on en pert gloire pardurable.
« Si que, biaus fils, je vous diray,
« Je vous aim tant & ameray
« Qu'en nul cas je ne vous faudroie
« Ne que Hector fist à ceuls de Troie.
« Li sires de Lesparre est cy

a. B, V; A. Qu'en.

« Qui a le cuer teint & nercy
« Pour ce que trop vous a meffait. 7690
« Si amendera fon meffait
« A voftre gré & à mon dit ;
« Et, biaus fils, vous favez qu'on dit,
« Et toute raifon s'i acorde,
« De pecheur mifericorde.
« Et vraiement il s'en repent ;
« Mais jueneffe les gens aprent
« Et les tient en fi fol cuidier
« Que nuls ne le porroit cuidier,
« Si que, biaus dous fils, je vous pri, 7700
« Pour Dieu & pour l'amour de my,
« Et pour toute creftienté,
« Qu'il l'amende à vo volonté,[a]
« Et pour le bon temps où nous fommes ;
« Car je ne donroie ij. pommes
« D'un homme qui ne prent amende
« Et reçoit, quant on li demande,[b]
« Efpeciaument à fa guife ;
« Et je vous jur, par fainte Eglife,
« Que voftre honneur y garderay 7710
« En tous les cas que je faray. »

Confidérations diverfes qui difpofent le roi à confentir à une réconciliation.

Li roys oy bien le faint pere,
Qui haine moult vitupere,
Si que très bien confidera
Comment il li refpondera.
Il confidera la parole
Dou figneur qui à li parole,
Sa fainté[c] & fa dignité,
Et fa très grant humilité,
Qu'il li promet qu'il gardera 7720

a. B, V; A. *à volonté.* — *b.* B, V; A. *amende.* — *c.* B, V. *Saintté.*

Son honneur & li fauvera ;   1368
Et puis la guerre dou Soudan,   3-8 avril.
Où il porroit faire un tel cran
En fon païs, s'en France aloit,
Qu'à malaife l'amenderoit,
Qui eftoit chofe moult doubteufe.
Auffi la femaine peneufe
Li faifoit au cuer grant remort,
Quar Dieux y pardonna fa mort ;
Et n'eft pas raifons qu'il oublie   7730
Que bons drois a meftier d'aye ;
Et s'eft fortune perilleufe,
Moult fouvent, & fi mervilleufe
Que le plus haut en bas retourne
Souventes fois, quant elle tourne.
Et s'ara ce qu'il demandoit,
C'eft honneur ; à plus ne tendoit.
Et quant il ara fa demande,
Fols eft li homs qui plus demande.

SI refpondi moult humblement :   7740   Le roi s'en
« *Très faint pere, en commandement*   remet à tout ce
« *Pren & reçoy voftre priere,*   que règlera le
« *Par fi que mon honneur entiere*   pape, pourvu
« *Y foit fi nettement gardée*   que fon
« *Qu'elle n'i foit en riens grevée.*   honneur de roi
« *Car je vueil à vous oubeir*   & de chevalier
« *En tous cas, fans defoubeir ;*   refte fauf.
« *Et avec ce, qu'il fe[a] defdie*
« *En voftre prefence, & qu'il die,*
« *Si haut qu'il ne le[b] puift nier,*   7750
« *Qu'il me tient pour bon chevalier*
« *En tous cas, preudomme & loial*
« *Pour eftre en toute court royal ;*

a. B. V; A. *le.* — *b.* C; A. *qu'il ne.*

« Et que chafcuns le fache & l'oie
« Par quoy defamenfongiés^a foie ;
« Et qu'on ait tout premierement
« Dou faire fon confentement ;
« Qu'autrement riens ne vous otry. »
 Lors dift li papes fans detry :
« Sans doute je li feray faire 7760
« De point en point, fans nul contraire,
« Dou tout à voftre volenté,
« Qu'einfi le m'a il creanté. »
Li roys refpondi en la place
Que tout fon bon plaifir en face,
Car toute s'onneur met en lui
Sans penre confeil à nelui.

A tant de là fe departirent,
 Si ordenerent & deïrent
Que la chofe en ce point demeure, 7770
Tant que li papes verra l'eure
Et le temps qu'il les mandera,
Et la pais d'eaus pronuncera.
 La vigile de Pafques vint,
Si qu'au pape bien en fouvint.
Le bon roy manda qu'à li veigne ;
Et il y^b vint à grant compaingne,
Car toute fa chevalerie,
Toute fa gent & fa maifnie,
Et maint bon chevalier eftrange, 7780
Dignes d'onneur & de loange.
N'il n'avoit cardenal à Romme,
Chevalier, bourgois ne prudomme
Qui ne venift à l'affamblée,
Que le pape avoit affamblée.

a. B. defamefuriez ; C. defameffurez. — *b*. C ; A. Et il.

Et quant il furent tuit venu,
Grant, petit, moien & menu,
Li sires de Lesparre estoit
Avec les autres, qui estoit
7790 Pieſſa venus au mandement
Dou pape, & tout premierement.
Et li gentils roys sans orgueil
Se seoit en un fausdestueil.
 Là fist une collation
Le pape, en grant devotion;
Et bien & bel & proprement
Moustra, à bon entendement,
Comment on doit son Dieu amer
Et son proisme sans point d'amer;
7800 Et comment sa mort pardonna
Au faus Juif, qui li donna
Eu costel dou fer de sa lance,
Et aus autres qui, par sentence,
Sans cause, à mort le condampnerent
Et en crois le crucifierent.
Tout aussi qui vuet recevoir
Le saint sacrement & avoir,
Lui & son cuer doit ordonner,
Et sa maniere, à pardonner
7810 Toutes rancunes, tous meffais,
Qu'on li a pourchacié & fais.
Li saint le faisoient jadis,
Pour ce ont il gloire en paradis.
 Quant la collation fu dite,
Li papes, qui moult se delite
Ad ce qu'il les puist acorder,
Prist devant tous à recorder,
Et dist einsi en audience:

1368
8 avril.

1368
8 avril.

L'assemblée étant réunie, le pape s'adresse à Florimont & l'engage à présenter ses excuses au roi.

    SIRE de Lesparre, je pense
  « Que vous savez assez la cause   7820
  « Dont ceste assamblée se cause.
  « Vous avez ouvré follement,
  « Et mauvais consaus vraiement
  « Vous a si meü, que de fait
  « Au roy de Chypre avez meffait.
  « Vous li avez escript paroles
  « Qui sont rudes, nices & foles,
  « Et mauvaisement contruvées,
  « Que mar[a] fussent elles pensées.
  « Vous l'avez appellé de gage,   7830
  « Sans nulle cause, par outrage ;
  « Si que vous vous en desdirez,
  « Et devant chascun li direz
  « Qu'il est preudons, justes, loiaus,
  « Et qu'onques ne fu desloiaus,
  « Et qu'en li nul mal ne savez,
  « Et aussi que vous le tenez
  « Pour bon & loial chevalier,
  « Veritable, ferme & entier ;
  « Au neant le gage metez,   7840
  « Et que forment vous repentez
  « De ce que tant en avez fait,
  « Et pardon querez dou meffait.
  « Et vueil que vous li amendez
  « A genous, & plus n'atendez,
  « Car c'est chose qu'il convient faire,
  « Et qui vous est bien necessaire. »

fol. 359

Florimont, à genoux devant le roi, reconnaît sa faute, rétracte son cartel & proclame le roi un loyal chevalier.

    QUANT il oï finé sa parole,
  Qu'on ne tenoit pas pour frivole,
Li sires de Lespaire dit :   7850
  « Sire, je advoue[b] vostre dit,

a. B; V. *mal.* — *b.* B, V; A. *j'avoe.*

« Et volentiers me desdiray
« Et de point en point tout diray
« Ce que vous m'avez commandé;
« Car pour ce m'avez vous mandé,
« Et mesfait li ay ; par saint Pere,
« C'est bien drois que je le compere. »
Tantost de son lieu se depart,
Et si s'en ala ceste part
7860 Où li gentils roys se seoit,
Car face à face le veoit.
Un petit de lui s'eslongna,
Et devant lui s'agenouilla,
Si li a dit moult humblement
Et moult très honnourablement:
« Monseigneur, je vous ay mesfait
« De cuer, de pensée & de fait,
« De volenté & par escript,
« Car mal à point vous ay escript.
7870 « Dont je me repen, sans mentir,
« Tant com je m'en puis repentir;
« Et ce m'a fait faire consaus
« Mauvais & traïtres & faus ;
« Et se j'ay mesfait ou mesdit,
« Ma bouche de cuer s'en desdit,
« Et devant chacun mon appel
« Met au néant & le rapel.
« Et s'il a chevalier ou monde
« Ferme, loyal, net, pur & monde
7880 « De mal, je vous vueil accepter
« Pour tel, sans nul autre excepter.
« N'onques en vous nul mal ne vi,
« Fors cuer franc, d'onneur assevi.
« Or sui cils qui le vous amende ;
« Sire, vueilliez penre[a] l'amende,

1368
8 avril.

a. V. Veuillez en penre.

1368
8 avril.

« Et tout mon meffait pardonner
« De cuer, & vo grace donner,
« Car je met en voftre ordenance
« Mon corps,[a] mon honneur, ma chevance. »
Et fi[b] vous di bien qu'il plouroit   7890
Au dire, & dou cuer foufpiroit;
Et fi parloit fi baudement
Que chafcuns l'ooit proprement.
Chafcuns l'entent & chafcuns l'oit;
Li papes einfi le voloit.[c]

Sur les inftances de l'affemblée, le roi accorde fon pardon à Lefparre.

Q UANT il ot dit fa volenté
   Et chafcuns l'ot bien efcouté,
Li fains peres au roy pria
Moult à certes & dit li a
Qu'il li vueille tout pardonner   7900
De cuer, & fa grace donner,
Car il voit bien qu'il s'en repent;
Auffi font cil qui font prefent.
Et li roys qui vit clerement,
Que c'eftoit s'onneur grandement
Dou pardonner, li pardonna
Moult bonnement, & raifon a
Qu'il ne le pooit defconfire
Plus aife[d] que de lui defaire.

Florimont fert le roi à la collation, où la réconciliation eft de nouveau confirmée.

L I papes fift venir le vin   7910
  Et le confit, à celle fin
Que la pais fuft bien affermée
De cuer, de fait & de penfée.
Adont Florimons fe dreffa
Et aus efpices s'adreffa.

---

a. V. *mon cuer.* — *b.* B, V; A. *Et fe.* — *c.* B., au-deffous d'une miniature, porte ici cette rubrique: *Comment l'acort fu du roy de Chippre & de Lefparre.* — *d.* B; A, C, V. *Plus aaife.*

LA PRISE D'ALEXANDRIE.

  Le dragier prist & la touaille,
  Au bon roy vint & se li baille;
  Et à un genouil le servi
  Et encor li cria mercy.
7920 *Et li bons roys qui bien perçut*
  Son cuer en grace le reçut.
  Einsi fu la pais acordée
  Et dou saint pere confermée.

  A PRES *le vin & le confit,*
   Saves vous que li bons roys fist?
  De toutes choses devisées,
  Faites, dites & repliquées,
  A plus grant déclaration
  De s'onneur & punition,
7930 *Il prist lettres de no saint pere,*
  Ad fin qu'à tous jours mais appere
  Qu'il estoit purs & innocens,
  Et li autres avoit po scens
  Et tort, qui appeller l'avoit
  De gage, chascuns le savoit.

  D ESSUS *vous ay dit & compté*
   Comment li roys, pleins de bonté,
  Voloit aler en Hermenie.
  Il fist aprester sa navie
7940 *Et se parti, bien m'en remembre,*
  Droit xxviij. jours en Septembre.
  Et si tost qu'en Chypre sera,
  La plus grant armée fera
  Qu'il porra pourchacier ne faire,
  Pour faire aus Sarrazins contraire,
  Et au soudan principaument,
  Qu'il het de cuer si mortelment,
  Qu'il rencommencera la guerre

1368
8 avril.

Le roi
demande une
bulle attestant
les faits
qui venaient de
se passer.

Il part de Venise
dans l'intention
d'aller
prochainement
combattre les
Sarrasins
en Arménie.

28 septembre.

1368

A son païs & à sa terre;
En terre & en mer sera fors,   7950
Et sera si grans ses effors,
S'il puet, qu'eu païs demorra,
Ou vraiement il y morra,
Car il rara son heritage,
Par traitié ou par vasselage.

Après avoir raconté les exploits & la vie du roi de Chypre, Machaut va raconter sa mort.

OR vous ay dit & raconté
Le scens, l'onneur & la bonté,
Le hardement, la grant vaillance,
Les grans emprises, la prudence,
La gentillesse, la noblesse   7960
Dou roy de Chypre, & la largesse,
Et comment il usa sa vie.
C'est bien raison que je vous die
Sa fin & sa piteuse mort,
Dont j'ay souvent si grant remort,
Que toutes fois qu'il m'en remembre,
Je n'ay ne sanc, ne cuer, ne membre
Qui ne fremisse de doulour,
Et qu'il ne pere[a] à ma coulour;
Car pas ne croy que, puis c. ans,   7970
On veïst prince de cent tans[b]
Faire nulle si grant emprise,
Selonc son pooir & sa mise,
Comme il fist, quant il ala prendre
La forte cité d'Alixandre.
Si que sa mort vous conteray,
Ne ja ne vous en mentiray;
Einsi comme cils le m'a dit
Qui y estoit & qui la vit, [75]

a. V. *n'appere.* — *b. Cent tans,* donné par A & C, a ici, pensons-nous, le sens de faire une entreprise même cent fois moindre que ne fut la prise d'Alexandrie; B, D, V. *de c. temps.*

7980 *Et qui mentir ne deingneroit*   1369
Ne que un emperes feroit,
Car il est chevaliers de pris,
Sages, loiaus & bien apris.
Se vous monstreray par escript
Ce qu'il m'en a dit & escript.
Mais à tous^a *pri qu'il ne desplaise*
A nelui; car, par saint Nicaise,
Je ne le di pas par envie,
Par hayne, ne par lignie, ^b
7990 *Car pas ne sui de son linage;*
Ne ne le di pour avantage,
Pour promesse, ne pour avoir
Que je n'autres^c *en doie avoir;*
Einsois le di pour verité,
Si comme il le m'a recité.

L'AN mil ccc.jx. & sexante,   Date précise du
 Eu temps que froide bise vente,   meurtre.
Qui mainte fleur a decopée
Par la froidure de s'espée,
8000 *Et la terre est cointe & mignote,*
Pour ce qu'elle a sa belle cote,
Qui est plus que nulle fleur blanche,
Et le gresil est seur la branche,
Pour la froidure^d *de l'iver,*
Que li oisillon & li ver
Et mainte autre beste s'enterre,
L'une ès maisons, l'autre en la terre,
Droit de Janvier le jour xvj^e*,*   16 janvier 1369.
Et environ l'eure xve [76]
8010 *De la nuit, fu à Nicossie*^e
De sa plus procheinne lignie,

---

a. V; A. *tout.* — *b.* B, V; A, C.   *d.* B, C, V; A. *froideur.* — *e.* B.
lignié. — *c.* V. *Que je ne autre.*   *Nicoeffie;* C. *Niccocie;* D. *Niccossie.*

Et des nobles de son païs,
Li nobles roys de Chypre ocis,
En sa chambres, sous sa courtine,
Nuz, gisans delés la royne.[a] [77]
Et li feirent plus de xl.
Plaies, voire plus de l.
Ce me dist messires Gautiers
De Confflans, non pas seul, moy tiers,
Qu'i en y avoit plus de xx ;   8020
Et s'estoit là où tout ç'avint,[b]
Et dist qu'il s'en combateroit
En champ qui li debateroit.

 Mais ja ne m'en debateray,
N'en champ ne m'en combateray,
Pour ce qu'en France & en l'Empire
Meschiet bien souvent, pour voir dire.
Et vesci toute la maniere
Comment mors fu & mis en biere.

SA mort estoit ja pourparlée   8030
 De ses annemis & jurée,
Qui estoient d'une aliance,
Einsois qu'onques alast en France : [78]
Un chevalier laissié avoit
En son païs qui bien savoit
Comment on le voloit tuer ;
Si que pour sa mort eschuer,[c]
Si tost comme il fu revenus,
Il ne se[d] fust jamais tenus
Qu'il ne li heüst descouverte   8040
La mortel traïson couverte.

a. B, C, D, V; A. *roy.* — *b.* B, D, V. *là où;* A, C. *ce avint;* A. *le.*
B, D, V. *Et s'estoit où tout ce avint.*   *c.* B. *eschever.* — *d.* B, V;

Si que toute li devisa,
Et bien & bel l'en avisa.

 Li chevaliers dont je vous conte
Fu messires[a] Jehan le Viconte,
Qui avoit esté desconfis
En bataille, j'en sui tous fis.
Messires Thommas de la Marche,
Qui n'est pas nez de Danemarche,
8050 Eins fu François, le desconfist
En Angleterre, & tant fist
Par s'espée, qui très bien taille,
Qu'il ot l'onneur de la bataille.
Et de ses freres li dist tant,
Qu'il en estoient consentant.

 Encor li dist il autre chose
Que je nullement croire n'ose,
Car il li dist que la royne
Estoit amie & concubine
8060 A monsigneur[b] Jehan de Mors,
Par le temps qu'il a esté hors,
Et qu'il l'a heüe & tenue
Cent fois, en ses bras, toute nue.
Et, par Dieu, je croy qu'il mentoit, [79]
Pour ce que la royne estoit
Si vaillant & si preude femme,
Et en tous cas si bonne dame,
Que jamais ne s'i consentist,
N'au roy son signeur ne mentist.
8070 Et vraiement elle amast mieus
Qu'on li deüst crever les yeus.

1368

L I roys pas très bien ne cela
Ceste chose, ains[c] la revela

*Le prince d'An-
tioche & les
barons traitent
de calomnies les
révélations de
Jean
Le Vicomte.*

a. B. *monsire*; V. *mons.* — *b.* B. *monsire.* — *c.* B. V; A. &.

1368

Au prince, qui eſtoit ſon frere,
Drois germains de pere & de mere.
Et quant li princes l'entendi,
Tout en l'eure li reſpondi
Que celui qui ce li enorte,
Et teles nouvelles li porte,
Avoit menti mauvaiſement, 8080
Et qu'il le diſoit vraiement
Pour engendrer diviſion,
Et une grant diſcention
Entre le bon roy & le pueple,
Quant ſi faites paroles pueple.
Et qu'il le face couvenir
Et en ſa preſence venir,
Et ſe il le puet tel trouver
Qu'il puiſt ceſte choſe prouver
Qu'il les face tous ſans atendre 8090
Morir & eſcorchier & pendre;
Car bien l'aroient deſſervi
S'il l'avoient einſi ſervi;
Et ſe prouver ne le povoit,
Li princes diſoit qu'il devoit
Pareille peinne recevoir,
Se li roys faiſoit ſon devoir.
  Ceſte choſe fu revelée
A tous nobles de la contrée.
Si vinrent tuit devers le roy, 8100
Tous enſamble & en grant conroy,[a]
Et s'excuſerent de ce fait,
Si com le princes avoit fait.

Jean Le Vicomte maintient ſon accuſation & en offre ſon gage de bataille.

L I roys Le Viconte manda
Et, preſent tous, li demanda
Teſmongnage de verité

a. B. aroy; V. arroy.

De la très grant iniquité   1368
Et de la mortel traïson
Qu'on li pourchaſſoit ſans raiſon.
8110 *Meſſires Jehans la teſmongna,*
Qu'onques homme n'i reſſongna.
Et li conta en ſa preſence
Devant tous, & en audience,
Et diſt qu'il s'en voloit combatre
A ij. ou à iij. ou à quatre,
En iiij. jours[a] *l'un apres l'autre,*
Teſte armée & lance ſeur fautre.
Et ſeur cela bailla ſon gage
Au roy, devant tout le barnage,
8120 *Qu'autre prueve n'i trouveroit,*
N'autrement ne le prouveroit.

Q*UANT il ot dit ſa volenté,*   Les barons in-
 Et chaſcuns l'ot bien eſcouté,   dignés refuſent
Tuit deïrent à une vois: d'autoriſer le
« *Gentils ſires & nobles roys,*   combat avec lui.
« *Ne le crees contre vos gens,*
« *Car il ſe ment parmi ſes dens.*
« *C'eſt uns Angles deſhonnourez,*
« *Faus, mauvais, traîtres, couez.*[b]
8130 « *Il eſt parjurs & s'eſt infames,*
« *Diffames d'ommes & de fames,*
« *Si ne le deves de riens croire.*
« *Il perdi honneur & victoire;*
« *Et d'un chevalier deſconfi,*
« *On en doit partout dire fi;*
« *N'à li combatre ne ſe doit*
« *Nuls chevaliers, tant ait bon droit;*
« *Ne ja ne nous combaterons*
« *A li, mais nous vous requerons*

a. C. *En un jour &.* — *b.* C. *traîtres prouvez.*

1368

« Qu'il soit jugiez selonc la loy 8140
« De Chipre; car, par Saint Eloy,
« Puis que son fait prouver ne puet,
« Drois commande & raisons le vuet ;
« Et la loy de Chypre s'acorde
« Qu'il soit pendus à une corde,
« Comme traîtres condampnés ;
« Ou mis aveques les dampnés,
« En prison ou en chartre obscure,
« Sans jamais veoir creature. »

La Haute Cour,
à qui le roi
abandonne le
jugement
de Jean,
le condamne à
la prison
perpétuelle.
Sa mort.

QUANT il orent dit leur plaisir, 8150
Li roys n'i quist autre loisir,
Einsois en l'eure leur bailla
Et sa sentence leur tailla,
Et dist : « Vez ci que vous ferez :
« Selonc vo loy le jugerez,
« Puis que tesmongnage ne trueve
« Par quoy son entention prueve. »
Si le jugierent & preïrent
Et en un chastel le meïrent
Qui est appellés Bonivant.[a] [80] 8160
Et là fu mis par tel couvent
Qu'onques puis dou chastel n'issy,
Eins y fu mors en grant sousci.

Triste sort que
valurent à Jean
Le Vicomte ses
indiscrètes
révélations.

MIEUS vausist qu'il se fust teüs,
Car cils est fols & deceüs
Qui des signeurs trop s'entremet,
Ou qui à leur conseil se met,
Pour dire chose qui desplaise.
Et cils qui dit chose qui plaise
Est honnourez & bien venus, 8170
Sages, bons & loyaus tenus ;

a. B, D. *Bournant;* C. *Beutvant;* V. *Bourvant.*

Et cils qui dit ce qui deſplait 1368
Baſtiſt pour lui ſi mauvais plait,
Ja ſoit ce que verité die,
Qu'en grant peril eſt de ſa vie.
 Par ceſtui le poez ſavoir,
Qui fu honnis pour dire voir.
Or en y a d'une autre guiſe.
Car cils qui ſon ſigneur aviſe
8180 Et li dit ce que faire faut,
Ou qu'il li monſtre ſon deffaut,
En ſon conſeil tout pleinnement
Ou hors conſeil priveement,
Maint ſont qui en ſcevent bon gré,
Et qui mettent en haut degré
Ceuls qui leur dient tels paroles,
Quant bourdes ne ſont ne frivoles.

MAIS le bon roy vueil excuſer *Le roi Pierre excuſé de ce qui advint à Jean Le Vicomte, la loi de Chypre réſervant aux ſeuls barons le jugement de leurs pairs.*
 Sans flaterie & ſans ruſer,
8190 De ce que ſi toſt pour jugier
Leur delivra le chevalier,
Ja ſoit ce que leur loy deïſt
Que li roys einſi le feïſt.
Car li roys ne fait jugement
D'aucun chevalier nullement,
Einſois les chevaliers le font
Et les ſigneurs quant il y ſont. [81]

QUI ſeroit ce qui oſeroit *La mère même du roi Pierre accuſée d'avoir approuvé le complot.*
 Preſumer, ou qui penſeroit,
8200 C'uns tels ſires fuſt tant haïs
Des nobles de tout ſon païs,
Et de ſes freres proprement
Com pour le tuer telement ;

a. C, D. *li luer*; V. *luy*; B. *Cun pour li tuer telement*; A. *pour le tuer tolement.*

1368

> Et que la chose fust celée
> Si qu'elle ne fust revelée.
> Car on dit souvent par la rue,
> Chose qui est de iij. sceüe,
> C'est fort chose à faire, par m'ame,
> Comment qu'il en soient en blame.
> Car chascuns le tient, & sans fable, 8210
> Plus qu'evangile veritable,
> Et s'aucuns en sont exceptez
> Deux, iij.[a] ou iiij. en sont hostez.
> Car Gautiers me dist que sa mere [82]
> Fu de la traïson commere,
> Qu'en Chypre en queurt la renommée,
> Dont elle est maudite & blasmée.

Le prince d'Antioche prévient le roi du mécontentement des seigneurs & des dangers auxquels il est exposé.

> OR vous ay dit & devisé
> Coment le roy fu avisé
> De sa mort, qu'on li pourchassoit 8220
> Et comment souvent y pensoit.
> Et autre foys li devisa
> Li princes, & si l'avisa [83]
> Et li dist les mauvais couvines,
> Et fu quant il fu aus Salines,[b]
> Qu'il fist la darreniere armée
> Qui par li fu onques armée,
> Qu'il assambla moult grant navie
> Pour aler, en Triple, en Surie.
> Et avec ce li revela 8230
> Li princes, & y appella
> Monsigneur Jehan de Gaverelles,[c]
> Qui fu à dire ces nouvelles
> Sans plus, pour porter tesmognage

a. C, D; A, B, V. *Deux ou iij.* — b. B. *Sobinnes*; V. *Sabuines.* — c. B. *Monsire Jehan de Gavelles*; C. *Jehan de Gaverelle*; D, V. *Jehan de Gaverelles.*

   Par tous puïs, que son hommage,
   Foy, serement, fraternité
   Avoit vers le roy acquité.
   Li roys la haute mer passa,
   Et briefment il la rapassa;
8240 A Romme ala vers le saint Pere
   Pour Florimont, c'est chose clere,
   Si com devant devisé l'ay.

   OR vous vueil dire, sans delay,
    Pour quoy & comment fu occis
   Li roys des gens[a] de son païs.
   Li roys en son païs revint,
   Où si fort malades devint
   Qu'il jut en son lit moult griefment,
   Sept[b] semainnes entierement.
8250 Et en la fin il fut garis,
   Dont maint eurent les cuers marris;
   Car pour eaus mieus esté eüst
   Se Dieus adonques pris l'eüst,
   Pour la traïson, qui celée
   Fust, qu'il avoient pourpensée.

   QUANT li roys fu en milleur point,
    Et il vit le jour en bon point,
   Talent le prist d'aler chacier,
   Pour lui deduire[c] & solacier.
8260 Uns chevaliers o li estoit
   A qui volentiers s'esbatoit,
   Ce fu Henry de Gibelet.
   Un fil avoit, moult[d] biau vallet,
   Et s'avoit une belle fille,
   Des milleurs de toute la ville,

1369
janvier.

Dernières circonstances qui déterminent le meurtre du roi.

1369
8 janvier.

Le comte de Tripoli, fils du roi, s'empare de deux chiens de chasse du vicomte de Nicosie, Henri de Giblet, qui étaient à sa convenance.

a. B, C, D, V; A. *gros.* — *c.* V; A. *dedire.* — *d.* B, C, D,
b. A. *vij.*   V; A. *il avoit j. moult.*

1369
8 janvier.

Dame vefve, cointe & jolie.
Vicontes fu de Nicoſſie.
  Deuxᵃ chiens avoit, bons pour la chaſſe,
Et li roys, qui volentiers chaſſe,
Diſt à ſon fil qu'il les voiſt prendre,   8270
Et les ameinne ſans atendre,
Et ſes fils tantoſt y ala.
De ſes gens priſt, qui furent là,
Dix ou xij. de ſa maiſnie,
Qui li feïrent compaingnie.
Que vous feroie je lonc conte?
Il vint en l'oſtel le viconte,
Les chiens priſt & lesᵇ acoupla.
Et le filz de laiens s'anfla,ᶜ
Et en diſt villeinnes paroles,   8280
Qui eſtoient rudes & foles.
Dont il fiſt mal & villenie,
Qu'à fil de roy on ne doit mie
Dire pour choſe ſi petite,
Choſe de quoy on le deſpite.

Violente altercation du vicomte de Nicoſie & de ſon fils Jacques avec le comte de Tripoli.

VESCI ſa parole & ſon dit,
  Si comme Gautiers le me dit.
Il diſt ainſi premierement :
« C'eſt bien verité vraiement
« Que cis roys tous nous deſtruira,   8290
« Et en tous eſtas nous nuira.
« Et vous n'eſtes mie d'affaire
« Que vous nous doiez jà mieus faire.
« Pour quoy me tollez vous mes chiens,
« Que j'ay norri & qui ſont miens? »
Moult de choſes diſt en ſon ire,
Auſſi comme s'il voſiſt dire

---

a. A. ij. — *b.* V; A. &. — *c.* B, D, V. ſouffla; C. s'enfla.

Au conte de Triple: « Par m'ame,
« Pas n'estes fils de preude fame. »
8300 De parler po se refrengny,
Et à son pere s'en plaingny.
Et quant ses peres l'entendoit
Il dist: « Fils, chaloir ne t'en doit;
« Et certes il ne m'en chausist
« Se personne qui le vausist
« Enmenast tes chiens & le mien;
« Mais gens sont qui ne valent rien,
« Gens de niant & garsonnaille
« Qui les enmainnent, & merdaille. »
8310 Li peres moult se courroussa,
Moult en parla, moult en groussa.
Li contes de Triple l'oy,
Qui onques ne s'en ressjoy;
Et li dist à moult très haut son:
« Henri, m'apelles tu, garson? »
Et il respondi: « Nennil, sire,
« Car quan que j'ay, sans contredire,
« Est à vous & à mon signeur,
« A qui Dieux doint joie & honneur.
8320 » Mais je puis bien dire, sans faille,
« Qu'en ma presence ribaudaille
« Prennent le mien, dont il me poise,
« Car ce n'est pas chose courtoise. »
Là estoit l'amiraut le roy,
Et si avoit, si com je croy,
Avecques li o v. ou vj.
Des gentils hommes du païs,
Sans les autres qui escoutoient
Par derriere ce qu'il disoient.
8330 Bien fu qui tout ce reporta
Au roy, & qui li enorta
Qu'il preïst crueuse vengence

1369
8 janvier.

1369

De ſi très grant deſordenence.
Et fu le jour xxviij[e a]
De Janvier, à heure de prime. [84]

fol. 3

Le roi fait mettre aux fers Jacques de Giblet.

Q UANT *li roys oy la nouvelle,*
   Il diſt : « Ma doleur renouvelle,
« *Quant je voy qu'on me tient ſi vil,*
« *Qu'on dit villenie à mon fil !*
« *Biaus dous Dieux, que t'ai je meffait ?* 8340
« *Ne ſera pugnis ce meffait ?*
« *J'ay perdu honneur & loange*
« *En ce monde, ſe ne m'en vange. »*
   Li roys fiſt un commandement,
Qu'on amenaſt iſnellement
En ſa preſence le vallet,
Qui po ſavoit & po valet,
De dire outrage & villenie
Au conte de Triple en Surie,
Qui fils dou roy de Chypre eſtoit, 8350
Et telement le deſpitoit.
Et on li amena grant erre.
Li roys commanda qu'on l'enſerre,
Et qu'on le mette eſtroitement
Uns fers en ſes piez, telement
Et ſi peſans qu'il ne s'en vole,
Car mettre le vuet en géole,
Ou apenre un autre meſtier,
Dont cure n'avoit, ne meſtier.

Il l'oblige à travailler avec les eſclaves au château de la Marguerite.

L I *gentis roys faire faiſoit,* 8360
   En un lieu qui moult li plaiſoit,
Une maiſon toute nouvelle,
Qui devoit eſtre bonne & belle,

a. A, C, D, V. *xxviij*; B. *xviij*[e].

  Car pas n'estoit ouevre petite.
On l'apelloit la Marguerite. [85]
  Il avoit là pluseurs esclaves,
Qui, dedens fossez, dedens caves,
Toute jour la terre fouoient,
Et hors, à leur col, la portoient.
8370 Li roy ordena qu'on l'i meinne,
Et commanda, seur moult grant peinne,
Qu'il ne soit homs qui l'entreporte,[a]
Qu'à son col la terre ne porte,
Et qu'il y foue[b] toute jour,
Sans avoir respit ne sejour.
  Com serf esclave là le mist,
Dont moult à envis s'entremist;
Et certes il le refusast
Volentiers, se faire l'osast.
8380 Mais la force n'estoit pas sienne,
Ne que Iherusalem est mienne.

ENCORE y a un autre point
 Que je ne vous celeray point,
Car ci doy dire verité,
Qu'amour, haine n'amité
Ne me puissent ad ce mouvoir,
Que mensonge face dou voir.
  A Nicossie ot une dame
Qui estoit bonne & sans diffame,
8390 Fille de[c] monsigneur Henri,
Suer au vallet dont je vous di,
Qui mariée estre soloit.[d] [86]
Li roys marier la voloit
Et donner à un sien servant.
Pluseurs l'empresserent, & quant

*1369
janvier.*

*Il veut
contraindre
Marie de Giblet,
fille du vicomte
de Nicosie,
à épouser un
serf.
Extrême
irritation du
roi.*

a. V. *l'entresporte*. — b. B. *fuie*;
V. *fine*.
   c. C; A. *fille a*; B. *fille de mon-
fire Henri*. — d. B, V. *souloit*.

1369
janvier.

Elle vit qu'on l'apreſſoit trop,
Elle leur diſt, tout à un cop,
Qu'elle avoit grant devotion
De li mettre en religion,
Et que jamais mari n'aroit ; 8400
Plus chier aſſés morir aroit.
Li roys s'en courſa durement,
Et jura moult grant ſairement
Qu'il n'avoit homme en ſon païs,
Tant fuſt grans, oſés ne hardis,
Ne frere, n'autre, tant l'amaſt,
S'il le courſoit, qu'il ne courſaſt. c [87]

Traitements
atroces que le
roi fait ſubir à
Marie de Giblet,
en préſence de
ſon père.

Li roys la fiſt tantoſt mander
Pour li enjoindre & commander
Que ſon ſervant à mari prengne. 8410
Elle diſt : « Sire, ja n'aveingne
« Que je jamais prengne mary.
« Moult aroie le cuer mari,
« Se ma devotion perdoie,
« Que religieuſe ne ſoie. »
Et diſt qu'elle l'avoit promis,
Preſent ſon pere & ſes amis,
Qui eſtoient devant le roy.
Or vous diray trop grant deſroy.
Li roys la fiſt, ſans detrier, 8420
Devant chaſcun, penre b & lier,
Seur une eſchiele, & puis eſtendre.
Et la dame avoit la char tendre ;
Si ſouffroit mervilleus martyre ;
Des yeux pleure, dou cuer ſouſpire.
Et certes c'eſtoit grant durté,
Et très grant inhumanité,

a. B, C, D, V ; A. couraſt. — b. V. prendre.

De creature femenine
Faire eftendre & mettre à gehine.
8430 Encor y ot chofe plus lede;
Qu'on aporta de l'iaue tede,
Où il avoit oile d'olive,
Pour faire boire la chetive,
Si comme Gautiers le m'a dit;
Autrement ne di je en mon dit.
Mais li roys ne li demandoit,
N'à nulle riens tant ne tendoit
Fors qu'elle nommaft la perfonne
Qui li confeille d'eftre nonne.
8440 Et la dame li refpondoit,
Endementiers qu'on l'eftendoit :
« Sire, vous eftes mes drois fires,
« Faire me poez tous martyres,
« Crucefier, morir ou vivre,
« Et hors de ci mettre à delivre;
« Mais ja ne diray de ma bouche
« Chofe dont autres ait reprouche,
« Ne dont, fans caufe, vaille pis.
« Ce que j'ay fait, vient de mon pis,
8450 « De mon cuer, de ma confcience;
« De moy n'arez autre fentence. »
Et fi crioit à haute vois :
« Adieu, biau pere, je m'en vois;
« Car je voy bien que je fui morte
« Sans raifon ; mais ce me conforte,
« Que garde n'ay de l'anemy,
« Car Dieux ara pitié de my. »
Biaus figneurs, dames, damoifelles,
Dames vefves, filles, pucelles,
8460 Je vous requier, pour Dieu merci,
Chaftiez vous & mirez ci.

1369
janvier.

1369
janvier.

Les princes &
les barons
indignés de la
conduite du roi.

Regrets tardifs
du prince.

Le projet
de tuer le roi
est arrêté.

LA fu li princes & ses freres,
Li sires d'Absur, & li peres
A la dame, & le tricoplier,
Qui scet plus que son pain mengier;
Et si estoit li amiraus,
Qui veoit faire tous ces maus,
Et puis le conte de Rohais,
Et maint autre, dont je me tais,
Car trop embesongniés seroie,   8470
Se, par nom, nommer les voloie.
    Li roys moult fort se repenti,
Quant onques il se consenti
A faire ce qu'il avoit fait.
Forment se repent de ce fait,
Car c'est chose trop deshonneste,
Laide, villeinne, & scens de beste;
Ne tel chose à roy n'apartient
En nulle maniere. Et si tient
Que toutes vefves, de son droit,   8480
Et pucelles marier doit,
Qui demeurent en son roiaume.
Pour v^c mille muis de baume
Ne les devroit einsi traitier,
Et si se doit moult bien gaitier
Qu'il met sa vie en aventure,
S'ame, s'onneur; & c'est laidure
Et pechié fait & mal aussi,
Tous princes qui le fait einsi.
Car tel franchise ont toutes fames,   8490
Que de leur volenté sont dames.
Ce dit li Romans de la Rose,
Tout clerement, sans mettre glose.

Atant de là se departirent,
Et le prince reconduisirent
Et menerent en son hostel.

ol. 363. *Là fu la traïson mortel* [88]
Tout de nouvel recommencie,
Traitie, jurée & plevie,
Et furent trestuit d'un acort
Que le landemain, sans deport,
Li roys seroit ocis & mors.
Mais li roys voloit aler hors,
Si que plus matin se leva
D'eaus tous, dont sa vie sauva.

1369 janvier.

Le roi s'ouvre à ses frères au sujet des craintes qu'il conçoit.

LANDEMAIN, *li roys appella*
Ses freres & ainsi parla
A euls ij. moult courtoisement
Et moult très amiablement:
« *Mi frere estes & mi amy*
« *Et je croy, par l'ame de my,*
« *Qu'en tous les cas que vous porries,*
« *M'onneur & moy garder vorries;*
« *Et je l'ay bien aperçeü,*
« *Car j'ay esprouvé & veü*
« *Que vous m'avez sauvé la vie.*
« *Dont*[a] *c. mille fois vous mercie.*
« *On me raporte moult de choses,*
« *Qui sont diverses & encloses,*
« *Aus queles il faut que je pense.*
« *Et j'ay en vous plus grant fiance*
« *Qu'en creature, sans mentir,*
« *Qui puissent vivre ne morir.*
« *Si vous seray sires & peres,*
« *Amis, compains & loiaus freres,*
« *Et je croy & di, par ma foy,*
« *Que tous tels serez vous à moy.*
« *En ce monde n'a gent si fausse,*
« *Si traïtre, ne qui tant fausse*

a. B, V; A. *De.*

*1369
janvier.*

« Comme la gent de ce païs. 8530
« Si doubt que ne foie traïs,
« Car vraiement si fort me heent
« Qu'à moy destruire & honnir beent.
« Et il ne puelent[a] faire rien
« Que tous ij. ne le sachies bien.
« Et ja Ihesu Cris ne consente
« Qu'en fil de roy traïson s'ente,[b]
« Car mieus vaurroit mort par honnour
« Que vivre à tele deshonnour ;
« En ce cas, especialment, 8540
« Car trop ouvreroit folement
« Et trop griefment se messeroit
« Li homs qui traïson feroit,
« Comment qu'en nul cas rien ne vaille.
« Mais ceste est trop pire, sans faille,
« Et ce que l'autre jour vous di,
« Qu'il n'i avoit nul si hardi,
« Tant me fust près, ne tant l'amasse,
« S'il me coursoit, que ne coursasse. [89]
« Je ne le dis mie pour vous ; 8550
« Mais j'estoie pleins de courrous,
« Pour la grant desobeïssance
» Que je veoie en ma presence. »

Les princes assurent le roi de leur fidélité.

ET quant li frere l'entendirent,
 Tous ij. à genous se meïrent
Et deïrent très humblement :
    « Sires & freres, ligement
« Vos hommes & vos freres sommes ;
« Et certes nous sommes preudommes,
« N'onques ne fumes desloyaus, 8560
« Einsois sommes bons & loyaus,

---

a. B, V. *peuent*. — *b.* A. *se ente.*

« Et avons esté & ferons,
« Et envers tous vous garderons,
« Com champions & advocas,
« Vous & vostre honneur, en tous cas. »
 Li roy les en mercia mont,
Et puis les fit drecier amont
Et dist : « Je fui asseürez,
« Puis qu'einsi vous le me jurez. »
8570 Et en la bouche les baisa,
Dont son ire moult rapaisa.
Et aussi tous ij. le baisierent,
Si qu'à tant de là s'en alerent.

C E fu fait le jour xiij^{e a}
 De janvier^b ou le jour xve.
Ce jour ala li roys jouer
Pour veoir & pour ordener
La maison de la Marguerite
Qu'au deviser moult se delite.
8580 Avec les esclaves trouva
Le vallet ferré qui ouvra,
Et à son col portoit la terre
Dont li cuers le destreint & serre.
Li roys n'en fist onques samblant,
Einsois seur son mulet emblant
Passa le chemin & la voie
Sans faire nul samblant qu'il voie
Son povre estat ne sa misere ;
Puis s'en ala veoir sa mere
8590 Et son mari, qui deshaitiez [90]
Estoit forment & mal traitiez.

1369
janvier.

14 ou 15 janvier

Le jeune
Jacques de
Giblet continue
à travailler
publiquement
les fers
aux pieds.

a. B, C, D. xiiij. — b. B, D ; A, C, V. fevrier.

1369
17 janvier.

Les conjurés arrêtent les dispositions & le moment du meurtre.

AU soir revint en son palais,
Droit à heure de souper, mais
Il avoit moult grant compaignie [91]
De chevaliers & de maisnie:
Le prince & ses freres estoient
Avec li, qui le compaingnoient.
Congié preïrent tous ensamble
Et s'en alerent, ce me samble,
En l'ostel dou prince; & briefment,　　8600
Là feïrent un parlement
Pour le roy honnir & destruire
En disant: « Il convient qu'il muire. [92] »
Et vesci ce qu'il ordenerent
Et comment sa mort deviserent.
　Il fu là ordené & dit
De chascuns d'eaus, sans contredit,
Qu'au matinet se leveroient
Et dedens le palais iroient,
Chascuns son espée en sa main.　　8610
Et se devoit estre si main
Qu'encor fust la gent endormie,
Car se la cité estourmie
Estoit, ce seroit uns peris
Si grans comme d'estre peris.
Et que[a] quant eu palais seroient,
Tres bonnes gardes metteroient
En tous les lieus de la maison;
Et li princes qui par raison
Devoit estre li plus privez　　8620
Dou roy & tous li mieus amez,
Tout bellement & sans effroy,
Yroit hurter à l'uis dou roy;
Car on li ouvroit sans demeure
S'il y hurtoit, & à toute heure.

a. V. Si que.

Einsi leur mauvaitié faisoient
Seulement pour ce qu'il voloient
Qu'il ne leur peüst eschaper,
S'il le peüssent atraper.
8630 Et einsi comme il l'ordenerent,
Le feïrent & acheverent.

AU matinet, à grans eslais,
S'en alerent vers le palais,
Droit à l'eure que la corneille
Les paresseus huche & esveille,
C'est à dire à l'aube crevant,
Je pri à Dieu qu'il les cravant,
Quant onques si grant mespresure
Entra en cuer de creature.
8640 En la chambre à parer entrerent
Qu'onques un seul mot ne sonnerent;
Chascuns son espée tenoit,
Et li princes qui les menoit
A l'uis de la chambre hurta.
Uns chambrelains bien l'escouta
Qui dedens la chambre gisoit;
Si li respondoit & disoit :
« Hurtez bellement, li roys dort. »
Et li princes hurta plus fort,
8650 En disant : « Compains, euvre[a] l'uis. »
Et cils respondoit : « Je ne puis. »
— « Si feras, on sonne la cloche;
« Je suis li princes d'Antioche,
« Qui vueil un po au roy parler
« Pour ce qu'il me faut hors aler. »
Finablement la chambre ouvry,
Et si tost com l'uis s'entrouvry,

1369
17 janvier.

Les barons entrent de grand matin au palais pour exiger du roi de faire droit à leurs doléances.

a. B, V; A. *ousvre.*

1369
17 janvier.

Deux degrez le prince avala,
Et au lit dou roy s'en ala.
Si se ressoy moult forment 8660
De ce qu'il le trouva dormant.
De la chambre est tantost issus
Et dist : « Signeurs, or sus, or sus !
« Il est à point laiens ; alez
« Et faites ce que vous volez ! »[93]
Dedens la chambre sont entré
Et le vallet ont encontré
Qui dist moult haut tous esbahis :
« Elas, messires est trahis ! »
A ce mot, li roys s'esvilla, 8670
Qui onques puis ne sommilla,
Car doubtance avoit & freour,
Con cils qui de mort a paour.

A peine entrés dans la chambre du roi, trois chevaliers, Jacques d'Ibelin, sire d'Arsur, le vicomte de Nicosie & Jean de Gaurelles, se précipitent sur le prince & le tuent.

ET si avoient ordené
Que troy chevalier forsené
Feroient tout ce malheür.
Li uns est li sires d'Absur,
Qui le het plus qu'il ne soler.
L'autre fu cils de Gibelet,[a]
Li tiers fu cils de Gaverelles[b] 8680
Qui li porta dures nouvelles,
Car ce fu cils qui à grant tort
Li donna le cop de la mort.
Et cil troy tuer le devoient,
Qui ses liges hommes estoient.
Devant son lit sont aresté
De mal faire tuit apresté.
Li sires d'Absur la courtine,
Qui de soie estoit riche & fine,

a. B, C, D, V; A. Grybelet. — b. B. cilz Gaverelles.

8690 Tira, pour le roy mieux veoir,
Et pour son cop mieux asseoir.
Et si tost com li roys le vit,
De son lit en gisant li dist :
« Estes vous là, sires d'Absur,
« Faus garson, traître, parjur.
« Qui vous fait entrer en ma chambre? »
Et il respondi sans attendre :
« Je ne sui mauvais ne traïtes,
« Mais tel estes vous, com vous dites ;
8700 « Dont vous morrez, sans nul respit,
« De mes mains. » Et en ce despit
Lors en son lit sus li coury
Et ij. cos ou iij. le fery,
En son bras d'un coustiau d'acier,
N'il ne le volt[a] plus menacier.
Quant li roys se senti bleciez,
Tous nus est de son lit dreciez
Et par la gorge le hapa
A ij. poins & si l'atrapa
8710 Que dessous li le mist à terre,
Et si fort li estreint & serre
Que pour po qu'il ne l'estrangla.
  Lors Gaverelles le singla
Parmi les flans ij. cops ou iij.
De s'espée, jusqu'à la crois,
Si que les bouiaus li cheoient
Par mi les plaies qui sainnoient.
  Là fist Hanris de Gibelet
Le pieur cop & le plus let,
8720 Car trop durement le haoit
Pour ses enfans que pris avoit,
Einsi com devant conté l'ay,

a. B, C, D, V; A. *N'il ne volt.*

1369
17 janvier.

Si qu'il ne fist pas lonc delay ;
Einsois la teste[a] li fendi,
Si que la cervelle espandi.
Apres il li copa la gorge
D'un coustel de mauvaise forge,
Que mal fust il onques forgiez ;
Mieus fust, s'il[b] en fust escorchiez,   8730.
Quant onques pour roy si vaillant
Murtrir, ot manche ne taillant.

   Seur lui furent si encharnez,
Qu'onques mais uns homs de char nez
Ne vit homme avoir tant de plaies,
De la teste jusques aus taies,
Ne telles comme il li feïrent ;
Ce dient ceus qui le veïrent,
Qu'il en avoit plus de lx.
Bien doit estre la main dolante
Qui est telle ne si hardie   8740
Qu'elle son droit signeur occie.
Et n'i avoit que mortels plaies.
Hé, biaus Dieux, se tu ne les paies,
Que dira on de ta justice
Qui chascun justement justice ?

   Or vous diray ce qu'il disoient
Quant einsi le roy mourdrissoient :
« Or va, va, si fay tes armées
« En France & tes grans assamblées ;
« Va en Prusse, va en Surie ;   8750
« Pren nos filles, si les marie ;
« Et meine nos femmes, très chier,
« Avec les Fransois qu'as très chier.
« Apris t'avons une autre dance
« Que ne sont les dances de France ! »

---

a. B. V; A. la cervelle. — b. B, V; A. fust il.

       Mais ceus qui ces ouevres faisoient,
       Tous ses hommes liges estoient.
         Or vous vueil deviser & dire
       Ce qu'il disoit en son martyre.
8760   Moult devotement reclamoit
       Nostre Dame que moult amoit,
       Et li disoit: « De Dieu ancelle,
       « Vierge, glorieuse pucelle,
       « Vierge pucelle, vierge mere,
       « Mere dou fil, & fille au pere,
       « M'amour, ma deesse, ma dame,
       « Au jour d'ui recevez mon ame
       « Et metez en vo compaingnie. »
       Et à ce mot perdi la vie.

8770   OR est raisons que je vous conte,
         Apres ce mal & ceste honte,
       Comment il fu en terre mis
       Par la main de ses annemis.
         Tout premiers il l'ensevelirent,
       Et le visage li couvrirent
       Pour ce que si mal atirez
       Estoit, & si deffigurez
       Qu'il n'i apparoit forme d'omme,
       Tant estoit plaiez ; c'est la somme.
8780   Couronne avoit de parchemin [94]
       Painte, & tele que par chemin
       N'est nul homme, s'il la trouvast,
       Tant fust povres, qui la levast ;
       Et aussi le sestre[a] & la pomme
       Estoient aussi povre comme
       La couronne & de tel peinture.
       Mais je tieng à trop grant laidure

1369
17 janvier.

Obsèques
du roi.

---

a. B, V. septre.

1369
17 janvier.

> Que les mauvaifes gens & fauffes
> Li avoient mis unes chauffes
> Rouges,[a] refés, vieẓ & ufées;   8790
> Et s'eftoient toutes troées;
> Et uns vieẓ folers emboeẓ
> Qui tous ij. eftoient troeẓ,
> Si que l'un des pieẓ li paroit
> Telement qu'à tous apparoit;
> Et un vieẓ chaperon de pers
> Qui eftoit tous mengieẓ de vers,
> Ort & vil, & puant, & fale
> Avoit, mors gifans en la[b] fale.
>
>   En ce point parmi Nicoffie   8800
> Fu porteẓ à Sainte Sophie
> De fes freres & fes coufins;
> Et puis de là aus Jacobins
> Fu porteẓ & en terre mis
> Avec fon pere & fes amis.
> Car là li roy de Chypre gifent,
> S'ailleurs fepulture n'eflifent.

Evénements qui fuivirent fa mort.

> CE fait, la fauffe gent ont pris
> Toutes les chartres dou païs,
> Où les couftumes & les loys   8810
> Eftoient, & les drois des roys;
> Si les ont arfes & brulées
> Et en un ardant feu gerées[c]
> Si que mais ne feront veües,
> Ne retrouvées, ne leües. [95]
> Et pour plus grant desheritance
> Il feïrent une ordenance
> Qu'efleüs xij. homes feroient
> Qui le païs gouverneroient,

a. B. roges; C. ronges. — b. B, C, V; A. En fa.   c. B, C, D, V; A. gerées.

	Et si tost com l'un mort seroit	1369
8820		17 janvier.
	Le pueple un autre y metteroit,	

8820   Et si tost com l'un mort seroit
       Le pueple un autre y metteroit,
       Pour ce que rois[a] n'eüst maistrie
       Jamais seur euls, ne signourie,
       Ne puissance; eins fussent signeur,
       Et en tous cas du roi greingneur,[b]
fol. 365.   Si comme Gautiers le m'a dit,
       Autrement ne di je en mon dit.
         Einsi fu mors comme uns pourceaus,
       Et com fot enterrez par ceaus
8830   Qui estoient si home lige.
       Je croy que de Londres en Frige,
       Passé à mil ans, ne fu fais
       Ne pensés si très mauvais fais.[c]

       MORS est li bons roys, c'est damages.   Eloge du roi
         Plourez, honneurs & vasselages,   Pierre
       Plourez enfans, plourez pucelles,   de Lusignan.
       Plourez dames & damoiselles,
       Plourez aussi toutes gens d'armes,
       Plourez sa mort à chaudes larmes.
8840   Pleure la foy de Jhesu Crit,
       Car je ne truis pas en escrit
       Que de puis le tans Godefroy
       De Buillon, qui fist[d] maint effroy
       Aus Sarrazins, fust home né
       Par qui si mal fussent mené,
       Ne qui tant leur feïst contraire;
       Car de Chypre jusques au Quaire
       Les faisoit trambler & fremir.
       Doit on bien plourer & gemir

---

a. B, C, D, V; A. lois. — b. B, C, D, V; ce vers a été oublié dans A. — c. B, C, D, V; A. mauvais. — d. B, C, D, V; A. fut.

1369.
17 janvier.

La mort de ſi très vaillant homme! 8850
Il fu ſi vaillans, c'eſt la ſomme,
Que ce ſera honneur & preuz
S'il eſt mis avec les ix. preus;
Si que ce ſera li diſiemes,
Car einſi comme nous diſiemes,
Quant nous avons parlé de li,
Onques riens ne li abeli [a]
Tant comme honneur, chaſcuns le voit;
Et Mars l'avançoit & levoit,
Dont moult ſouvent s'aloit combatre, 8860
Qu'il en trouvoit [b] c. contre quatre,
Et s'avoit victoire & honnour,
Si que, ſigneurs, ſe je l'onnour,
Vous n'en devez avoir merveille.
Mais d'une choſe me merveille,
Comment Iheſu Cris pot ſouffrir
Tel homme à tele mort offrir?
Car onques mais certeinnement
De ſi très bon commencement
Je ne vi ſi piteuſe fin. 8870
 Or prions à Dieu de cuer fin
Qu'il le preingne & mette en ſa gloire,
S'ara noble & digne victoire.

AMEN.

Pierre, roy de Iheruſalem
Et de Chypre, li nomma l'en
Et moy, Guillaume de Machaut,
Qui ne puis trop froit ne trop chaut,
Si que nos deux noms [c] trouverez,

a. B, V. *abelli.* — *b.* B, V; A. *trouvient.* — *c.* B, V; A. *nous ij. nous.*

Se diligemment les querez
En ces ij. vers de groſſe lettre.
Mar. oſter & h. y faut mettre;
Si les trouverez proprement,
Or les querez diligemment.[a]
Et vez ci des vers la maniere :

Adieu, ma vraie dame chiere,
Pour le milleur temps garde chier
Voſtre honneur que j'aim ſans trichier. [96]

EXPLICIT LA PRISE D'ALIXANDRE.

a. V. diligaument.

NOTES

[*Les notes qui vont fuivre auraient dû, d'après l'art. 9 du Règlement des Editeurs, être rejetées à la fin de la préface ou fondues dans l'index ; ce n'eft que par une dérogation tout à fait exceptionnelle à cet article qu'elles ont été placées ici.*]

LE COMITÉ DE DIRECTION.

1 *P.* 5. — Tous les manufcrits portent cette date, comme celle de la naiffance de Pierre Ier. Elle s'accorde avec l'enfemble des faits de l'hiftoire du prince, & notamment avec l'époque de l'équipée qu'il fe permit, en 1349, pour fe rendre en Europe, à l'infu de fon père. (V. ci-deffus, p. 16-17.) A dix ans, le comte de Tripoli n'aurait pu concevoir, & encore moins réalifer, un femblable projet. Azario, quoique contemporain, fe trompe donc, en donnant feulement à Pierre de Lufignan, devenu roi de Chypre, l'âge de 25 ans à l'époque de fon premier voyage en Italie & de fon arrivée à Milan, le 22 janvier 1363 (Murat., *Script. ital.*, t. XVI, col. 410, 734). Le roi de Chypre avait alors 34 ans.

2 *P.* 8. — Si on enlève ici la virgule, on obtient un fecond fens, peut-être préférable, qu'on trouvera dans la répétition de ce paffage, page 275. En fupprimant, comme l'indique Machaut, les trois lettres *Mar* dans le premier de ces vers, & en utilifant toutes les autres lettres, on peut, fans qu'il foit même néceffaire d'y ajouter un *h*, former les deux noms : *Pierre de Lufigna, roi de Chypre*, & *Guillaume de Machaut*.

3 *P.* 10. — Ce n'eft point à Famagoufte, mais au Mont Sainte-Croix, le *Stavro-Vouni*, près de Larnaca, où était une abbaye de Bénédictins, que l'on confervait, même du temps des Lufignans, la croix miraculeufe dite du Bon Larron. Voy. notre *Hift. de Chypre*, t. II, p. 35, n. ; 213, n. 4 ; 430, 512, 541 ; t. III, p. 520.

4 *P.* 12. — Machaut anticipe ici vraifemblablement fur les événements & fait remonter au temps de la jeuneffe de Pierre Ier la création de l'ordre de l'Epée, qui eft plutôt de l'époque où le prince, devenu roi, put réalifer fes projets, très-peu en harmonie avec le caractère & la politique de fon père, dont Machaut lui-même fait remarquer plus loin l'exceffive prudence. L'emblème principal de l'ordre de l'Epée était un glaive entouré d'une banderole flottante, fur laquelle on lifait la devife : *C'eft pour loyauté maintenir*. On voit encore aujourd'hui ces infignes à Venife,

représentés fur l'un des écus qui décorent la façade du palais du Municipe, l'ancien palais Cornaro de' Pifcopi, qu'habita le roi de Chypre, fur le Grand Canal. (V. pour ces divers faits, *Hift. de Chypre*, t. II, p. 250, n.; 433, n.; t. III, p. 78, 815, 817. *Bibl. de l'Ecole des Chartes*, 1ʳᵉ Sér., t. V, p. 421, 422, & n.) Coronelli a dédié fa carte de Chypre à Jean-Baptifte Cornaro Pifcopi, chevalier de l'Epée, & a fait reproduire les écus de la façade de fon palais fur cette feuille.

5 *P.* 17. — Une lettre de Clément VI à Hugues IV, du 13 feptembre 1349, en précifant l'époque de la fuite du prince Pierre, alors comte de Tripoli, & indiquant le motif principal de fon équipée : *luftrandi orbis*, indique auffi, ce que confirment les chroniques chypriotes, qu'il emmena avec lui fon frère cadet Jean, prince d'Antioche (*Hift. de Chypre*, t. II, p. 206). Strambaldi (fol. 29, v°) & Léonce Machera (éd. Sathas, *Biblioth. græca*. Venife, 1873, p. 91) font très-détaillés fur ces faits.

6 *P.* 19. — Hugues IV mourut le 10 octobre 1359; de fon vivant, il avait fait couronner fon fils comme roi de Chypre, circonftance dont ne parle pas Machaut, le 24 novembre 1358. (Strambaldi, fol. 31; Machera, p. 93, & *Hift. de Chypre*, t. II, p. 224 & p. 227, n.) Après la mort de fon père, Pierre Iᵉʳ reçut la couronne de Jérufalem & fut facré par le légat apoftolique, Pierre de Thomas, dans la cathédrale de Famagoufte (*Vie de P. de Thomas*, par Philippe de Maizières, Bolland., Jan., t. II, p. 1004, cap. 8). Suivant Léonce Machera, le fecond couronnement du roi Pierre aurait eu lieu le jour anniverfaire du premier, le 24 novembre 1359.

7 *P.* 20. — La *Bibliot. de l'Ecole des Chartes* (2ᵉ férie, t. I, p. 491 & fuiv.) renferme une differtation fur les relations de l'île de Chypre avec l'Afie-Mineure, à laquelle nous nous permettrons de renvoyer quelquefois, afin d'éviter des répétitions. Sur Gorhigos, dont Hayton, l'auteur du *De Tartaris*, fut feigneur, voy. auffi *Hift. de Chypre*, t. II, 35, n.; 75, n.; 78; 267, n.; 319; III, p. 8; 48-56; 110, n. La vue & le plan de fes belles ruines vont être publiés dans le *Voyage en Caramanie* de MM. Favre & Mandrot.

8 *P.* 20. — Voy. *Bibl. de l'Ecole des Chartes*, 2ᵉ fér., t. I, p. 492-493; II, p. 123; *Hift. de Chypre*, t. II, 13, 216, 237, 267, n. 1; 282, 393, n.

9 *P.* 21. — Pierre Iᵉʳ s'embarqua pour venir en France le 24 octobre 1362 (Strambaldi, manufcrit de Rome, fol. 44). Nous avons réuni dans notre *Hift. de Chypre* (t. II, p. 239-241) les indications chronologiques des itinéraires du roi Pierre. On trouvera en outre dans ce même volume, aux pages 237-245, des extraits de Machaut concernant ce premier voyage.

10 *P.* 23. — Elie Talleyrand de Périgord, cardinal, évêque d'Albano, mourut à Avignon le 17 janvier 1364. Contrairement à ce que l'on avait cru, fon corps fut tranfporté à Rome & inhumé dans l'églife de Saint-

Pierre-aux-Liens, dont le cardinal avait porté le titre; Montfaucon y avait vu son épitaphe, mutilée & anonyme, sans soupçonner qu'elle lui appartînt. M. l'abbé Arbellot l'a restituée au cardinal par une savante discussion, insérée dans la *Revue des Soc. sav.*, 6ᵉ sér., t. I, 1875, p. 577.

11 *P*. 31. — Plein de reconnaissance pour la famille du roi de Bohême, père de l'empereur Charles, Machaut a fait, dans son *Confort d'amis*, un éloge de ce prince qu'ont cité les auteurs de l'*Art de vérifier les dates*, chap. des *Rois de Bohême*, § Jean de Luxembourg.

12 *P*. 48. — Le roi de Chypre habita, comme nous l'avons dit (note 4), le palais de Cornaro Piscopi, sur le Grand Canal. Ce palais, après avoir appartenu à la famille Peccana, a été un hôtel meublé sous le nom d'*Hôtel de la Ville*, & est aujourd'hui l'hôtel du Municipe de Venise.

13 *P*. 49. — Machaut se trompe en fixant le départ du roi Pierre de Venise au mois de mai 1365. Nous avions soupçonné l'erreur d'après certaines circonstances (*Hist. de Chypre*, t. II, p. 241, n.); de nouvelles pièces de Venise en donnent la preuve. Le 27 juin 1365, le doge écrit au capitaine du golfe que le roi de Chypre a mis à la voile le matin même de ce jour (*Hist.*, t. III, p. 752); il le charge de faire suivre la flotte du roi partout où elle ira, de tenir la seigneurie au courant de tous ses mouvements, & de lui expédier l'aviso de Candie aussitôt que le roi aura opéré son débarquement. Sans aller peut-être jusqu'à faire des vœux pour l'insuccès de l'expédition, Venise désirait qu'elle se terminât au plus tôt, & que la paix vînt lui permettre de reprendre le commerce avec l'Egypte, suspendu par les bulles apostoliques.

14 *P*. 52. — En quittant Venise, le roi alla directement en Candie, où il relâcha au moins quelques jours, comme Machaut lui-même l'a dit précédemment, pag. 49. (*Hist. de Chypre*, t. II, p. 251, n.)

15 *P*. 56. — Léonce Machera (p. 127) & Strambaldi (fol. 57) fixent à cette date du 25 août 1365 l'arrivée de la flotte chypriote à Rhodes, sous le commandement du prince d'Antioche, frère du roi. Ils nomment les principaux barons qui la montaient; dans le nombre, se trouvent Jean d'Ibelin, comte de Jaffa, & Jean de Sur, l'amiral de Chypre, dont il sera question plus loin, n. 20.

16 *P*. 56. — La flotte que le prince d'Antioche conduisit à Rhodes comptait 60 voiles : galères, huissiers ou autres navires (Maizières, *Vie de Pierre de Thomas*, Bolland., janv., t. II, p. 1013, cap. 15, § 87). Dans le nombre des huissiers ou porte-chevaux, se trouvaient des taforèses qui rendirent de grands services à l'armée.

17 *P*. 59. — Nous avons donné quelques extraits de ce qui suit jusqu'à la page 95, dans les Preuves de l'*Hist. de Chypre*, t. II, p. 278-280.

18 *P*. 64. — « Rex autem a portu Rhodo recedendo, totum exercitum versus Turquiam duxit, & in Turquia aqua dulci quantum volebant nostri levata, rex versus altum pelagum viam fecit. » (Phil. de Maiz., *Vie de Pierre de*

Thomas, c. 16, § 93, *Boll.*, 29 janv., t. II, p. 1014.) *Cambroufe* de Machaut eft l'îlot de Cramboufa ou Gramboufa, près du cap Chelidoni, dans le golfe de Satalie. Le roi dut relâcher plufieurs jours en ce lieu pour faire de l'eau ; il remit à la voile le dimanche 5 ou le lundi 6 octobre, puifqu'il arriva en vue d'Alexandrie le jeudi 9 octobre, à midi (*hora fexta*), après une traverfée de quatre jours, à compter de fon départ de la côte d'Afie-Mineure, traverfée que les marins trouvèrent miraculeufement heureufe. (*Bolland.*, loc. cit.)

19 *P. 67.* — Le Vieux-Port d'Alexandrie exifte encore fous ce nom, à l'oueft de l'île du Phare, réunie aujourd'hui au continent. Le Nouveau-Port, où débarquèrent les chevaliers de Rhodes, eft à gauche, comme dit Machaut, c'eft-à-dire à l'orient, vers Rofette. La Porte de la Douane, ou de l'Adouane, à laquelle le roi livra l'affaut, eft la Porte donnant accès au Vieux-Port. La Porte du Poivre, que les chrétiens appelaient auffi la Porte Saint-Marc, eft l'une des deux portes du midi, vers la colonne de Pompée, peut-être la porte même de la colonne. Le pont extérieur, que le roi Pierre effaya vainement d'aller détruire, eft le premier pont du canal de communication, à l'oueft de la colonne. (Cf. *Hift. de Chypre*, t. II, p. 275, n. 1 ; p. 278, n. 3.)

20 *P. 69.*

Li roy avoit ij. marefchaus,
Li uns eftoit fes amiraus.

Rien de plus fimple & de plus facile à expliquer dans l'état habituel des chofes à Nicofie depuis la fin du XIIIe fiècle. Le royaume fictif de Jérufalem ayant été réuni au royaume de Chypre après la perte de Saint-Jean-d'Acre, les grands offices de la couronne de Syrie furent conservés à la cour de Chypre. Ils ne conféraient aux titulaires qu'une dignité honorifique avec la jouiffance des fiefs, des rentes & des prérogatives qui y étaient attachés, mais ne leur donnaient pas de fonctions effectives. Le maréchal de Jérufalem, fans cumuler deux emplois réels, aurait donc pu occuper la charge d'amiral de Chypre. Mais il y a ici quelques difficultés quant aux perfonnes. Il eft certain qu'en 1365 les deux maréchaux chypriotes étaient Jean de Morpho, comte d'Edeffe, pour le royaume de Chypre, & Simon de Thinoly, pour Jérufalem. D'autre part, nous favons que l'amiral de Chypre était Jean de Sur, & nous avons vu précédemment (n. 15) qu'il était venu en cette qualité rejoindre le roi à Rhodes, avec les autres feigneurs chypriotes, fous les ordres du prince d'Antioche. Les Génois ayant demandé l'éloignement de Jean de Sur, dont ils avaient à fe plaindre (art. 13 du traité de Gênes de 1365, traité conclu par les foins de Philippe de Maizières & de Pierre de Thomas, *Hift. de Chypre*, t. II, p. 263), il eft poffible que le roi, afin de complaire à la république, & pour lui ôter un nouveau prétexte d'entraver fon expédition, ait fufpendu momentanément Jean de Sur de fon office, fans le bannir néanmoins comme le voulaient les Génois. Les fonctions d'amiral purent alors être confiées au maréchal Jean de Morpho. Mais il femble que Jean de

Sur, après le retour de l'armée en Chypre, ait repris l'amirauté & foit même rentré en grâce auprès de la république de Gênes. Suivant Machera & Strambaldi, il fut envoyé peu après en ambaffade à Gênes, comme amiral de Chypre dès l'année 1366, & il conferva cette dignité jufqu'à fa mort, arrivée le 10 mai 1368. Jean de Monftry, que Machaut défigne & met en fcène comme amiral dès 1366 (cf. p. 114), n'aurait eu cet office qu'après la mort de Jean de Sur (*Hift. de Chypre*, t. II, p. 264, n. 1; 338, n., 339).

21 *P.* 74. — Sans compter les chevaliers de l'Hôpital & leurs gens, débarqués à l'eft de l'attaque du roi de Chypre.

22 *P.* 78. — Le roi de Chypre avait alors dans fa flotte feize taforèfes, vaiffeaux plats deftinés au tranfport & au débarquement des cavaliers, qui furent fort utiles. (*Hift. de Chypre*, t. II, p. 277, n.)

23 *P.* 96. — Cette date eft exactement donnée par Machaut. Une erreur s'eft gliffée dans la *Vie de Pierre de Thomas*, par Philippe de Maizières : « *Et capta eft civitas magna Alexandriæ die veneris, octobris menfe quarta die* » (Bolland., loc. cit., c. 16, § 97). Il faut néceffairement lire *decima die* (*Hift. de Chypre*, t. II, p. 280-281, n. 2). Mais Philippe de Maizières, préfent à la bataille avec le légat, fon ami, précife bien le moment principal de l'action. Le roi donna le fignal du débarquement le vendredi, à neuf heures du matin ; la porte & les remparts furent enlevés à trois heures du foir, *einçois que li jours fuft fenis*, dit Machaut ; vers quatre heures, dit Léonce Machera.

24 *P.* 106. — Ce légat apoftolique, ce *bon* patriarche que ne nomme pas Machaut, eft le B. Pierre de Thomas, religieux carme, originaire de Salignac de Thomas, au diocèfe de Sarlat, fucceffivement évêque de Coron, archevêque de Crète (*Hift. de Chypre*, t. II, p. 281, n.; 283), patriarche de Conftantinople & l'un des perfonnages qui fécondèrent le plus par fes voyages & fes démarches les projets du roi de Chypre & fes négociations en Italie (*Hift. de Chypre*, t. II, p. 253-255, 266, 282-284; t. III, 744, 746). Il mourut à Famagoufte, le 6 janvier 1366, peu après fon retour de l'expédition d'Alexandrie, à laquelle il avait affifté. Philippe de Maizières, chancelier de Pierre Ier, collaborateur & ami du patriarche, a écrit la précieufe & enthoufiafte biographie inférée par les Bollandiftes au 29 janvier (t. II, p. 990. Voy. auffi *Hift. de Chypre*, t. II, p. 254, n. 4). Nous avons publié quelques extraits d'un autre panégyrique, compofé par Jean de Carmeffon, peu après la mort du patriarche béatifié déjà par l'opinion publique (*Hift.*, t. II, p. 281-284). En ce qui concerne l'abandon d'Alexandrie, Maizières confirme tout ce que dit Machaut des inutiles efforts du roi & du légat pour déterminer les croifés à tenir bon dans la ville conquife, en attendant des fecours du dehors. Mais cet efpoir comme ce projet étaient abfolument chimériques, peut-on s'empêcher de le répéter ? (*Vita*, c. 16, § 98, p. 1015.)

Plus loin, Ph. de Maizières femble faire retomber le poids de ce qu'il appelle une honteufe défection, & ce qui n'était qu'une indifpenfable

retraite, fur le vicomte de Turenne. Ce paffage le défigne affez clairement :
« Et recefferunt Anglici, qui videbantur fortiores, facta conjuratione cum
« principe, cujus, ex parentela & dolofa fequela, nomen tacere debeo »
(cap. 17, § 103).

25 *P.* 111. — Contrairement à ce qu'il annonce, Machaut ne nomme pas ces chevaliers, du moins dans les cinq manufcrits que nous connaiffons de la *Prife d'Alexandrie.*

26 *P.* 114. — Voyez la fin de la note 20.

27 *P.* 114. — Cette expédition était deftinée à attaquer Beyrouth. Sur les inftances des Vénitiens, les ordres changèrent, & la flotte fut dirigée vers les principautés turques d'Afie-Mineure (L. Machera, p. 132 ; Strambaldi, fol. 60).

Nous avons publié quelques extraits de ce qui fuit relativement aux négociations ouvertes par la république de Venife pour ménager un traité de paix entre le roi de Chypre & le fultan d'Egypte, après la prife d'Alexandrie (*Hift. de Chypre*, t. II, p. 313-331). Les Vénitiens, du refte, en retardèrent bien malgré eux la conclufion par l'empreffement même qu'ils mirent à affurer le fultan des difpofitions pacifiques du roi, & à répandre en Europe la nouvelle prématurée de la paix, afin d'arrêter les nouveaux armements que le roi Pierre ne ceffait de demander. Le traité ne fut figné que fous le règne de Pierre II, à la fin de l'année 1370 (*Hift. de Chypre*, t. II, p. 347).

28 *P.* 116 — N'ayant pu empêcher l'expédition d'Alexandrie, les Vénitiens uférent de tous les moyens pour amener le licenciement de l'armée du roi de Chypre & la conclufion d'un traité de paix qui leur rouvrit les ports d'Egypte. Sans attendre la fin des négociations qu'ils fecondèrent activement, ils fe hâtèrent de propager en Europe la nouvelle que tout était fini entre le fultan & le roi. Aux documents que nous avons donnés fur ces faits (*Hift. de Chypre*, t. II, p. 284, n., 285, 286 & n., 288, 315, n. 1, 347 ; t. III, p. 751, 752, 754-756) on peut joindre les lettres des papes citées par Rinaldi & Wadding, 1365-1366, & voy. ci-après n. 35). D'autre part & en toute occafion ils cherchaient à démontrer au fultan que la croifade avait été entreprife malgré eux & fans leur participation : « Et
« havendo faputo la republica di Venetia le nove di Aleffandria hanno
« havuto gran dolor, perche havevano gran richezza in Suria & havevano
« & gran guadagno. Et mandorono imbaffatori al fultan & li differo
« che l'armada che è venuta in Aleffandria non era con il configlio loro,
« ne lo fapevano » (Strambaldi, fol. 60, cf. 60, v° ; Léonce Machera, p. 132).

29 *P.* 118. — Suivant Strambaldi, fol. 60, & Machera, p. 132, les ambaffadeurs envoyés par la république de Venife en Egypte, après avoir accompli leur miffion au Caire, arrivèrent en Chypre vers le 25 avril 1366.

30 *P.* 121. — Cette tirade, qui fe rattache moralement à l'expédition de Candelore, femblerait mieux placée un peu plus loin, v. 4011.

31 *P.* 121. — Les Francs appelaient *Candelore* l'ancienne ville de Coracefium, fur le golfe de Satalie, que Léonce Machera & Strambaldi nomment toujours *Alaia*. Comme Satalie, Lajazzo & Alexandrette, Candelore était un des ports les plus fréquentés par les Européens dans le fud de l'Afie-Mineure ; il en eft fouvent queftion dans les chroniqueurs des Croifades & des temps poftérieurs (*Hift. de Chypre*, t. II, p. 216 & n.; 535, n.; t. III, p. 64, n. *Bibl. de l'Ecole des Chartes*, 2ᵉ fér., t. I, p. 315, 491, 505; t. II, p. 138).

32 *P.* 123. — Suivant Machera, p. 134, & Strambaldi, col. 61, v°, les nouveaux ambaffadeurs égyptiens arrivèrent en Chypre (à Famagoufte & non à Limaffol) le 24 mai 1366. Ils eurent audience du roi à Nicofie le 5 juin.

33 *P.* 125. — Sur cette queftion du tribut ou *treuage* exigé par les Sarrafins des Chrétiens qui fe rendaient en pèlerinage au Saint-Sépulcre, voy. *Hift. de Chypre*, t. II, p. 301, n., p. 317, n. 2, 321, not. 1 & 2, 348. Les pèlerins furent à une certaine époque fous la protection des confuls français (loc. cit., t. II, p. 294 n., 350).

34 *P.* 127. — La variante : « *Le roi avait en fa chancellerie* », eft remarquable & aurait pu être admife dans le texte. Tout femble indiquer que ce favant clerc du nom d'Antoine, chargé par le roi de fe rendre en Egypte, eft Antoine de Bergame, mort en 1393 camérier du royaume (*Hift. de Chypre*, t. II, p. 318, n.; 372, 417, n. 418, 421. *Bibl. de l'Ecole des Chartes*, 2ᵉ fér., t. II, p. 522). Machera & Strambaldi (fol. 62, v° 65, v°) ne parlent pas cependant d'Antoine & nomment d'autres négociateurs; mais cette circonftance ne nous paraît pas contraire à notre conjecture, parce qu'il dut y avoir plufieurs miffions chypriotes envoyées en Egypte.

35 *P.* 129. — « Et venne in Cipro & raconto le cofe al re; & vedendo il re
« come è ftato ingannato & fojato dalli Venetiani & erano caufa del dif-
« conzamento dell armada che voleva venir del Ponente, &c. » (Strambaldi, fol. 63.)

36 *P.* 130. — Le 11 novembre 1366 arrivèrent en Chypre tous les navires dont les chevaliers de Rhodes pouvaient difpofer, parmi lefquels fe trouvaient quatre galères. Le roi les prit à fa folde. Les chevaliers envoyèrent en outre douze faettes armées & entretenues aux frais de l'ordre. Le roi compta alors dans fa flotte, dit Strambaldi, 116 voiles, 56 galères & 60 autres navires (fol. 64-64 v°; Machera, p. 139).

37 *P.* 132. — « Et fubito che fcebbe il fultan l'armada & il danno che hanno
« fatto li Ciprioti, hebbe gran dolor, & fi pentite per non haver finito la
« pace. Et immediate cavo della preggion fer Zaco de Polonia che
« haveva mandato il re per imbaffator » (Strambaldi, fol. 95, v°).

38 *P.* 136. — Gorhigos, Korghos, Curco, *Corycus*, fiège au moyen âge d'un archevêché arménien catholique, eft un port fortifié de la côte d'Afie-Mineure, fitué vis-à-vis de l'île de Chypre. L'occupation de cette

ville, que les Lusignans conservèrent jusqu'en 1448, protégeait l'île contre les entreprises des Karamans & facilitait en même temps son commerce avec le continent. Gorhigos fut la seigneurie du prince Hayton, l'auteur du *De Tartaris*. (*Hist. de Chypre*, t. II, p. 75, n.) Voy. ci-dessus note 7.

39 P. 138. — « Et messero sopracomiti honorati, & capitanio il principe
« suo fratello. Et li nomi delli sopracomiti: ser Philippo de Ibelin, ser
« Zuan de Ibelin, ser Filippo de Presovi (de Brunswick), ser Folimon il
« signor de Para (Florimont de Lesparre), & ser Simon de Nores, & ser
« Thomaso Lascari, cavallier greco de Constantinopoli, & ser Zaco de
« Montezart & molti altri cavallieri & molti huomini d'arme. » (Strambaldi, fol. 66, v°; cf. *Bibl. de l'Ecole des Chartes*, 2e sér., t. I, p. 507.)

40 P. 138. — Jean d'Ibelin, sénéchal de Jérusalem, avait accompagné Pierre de Lusignan à son premier voyage en Europe (*Hist. de Chypre*, t. II, p. 249). Il ne peut donc être le même que Jean d'Ibelin, comte de Jaffa (cf. n. 15). — Suivant Léonce Machera (p. 138) & Strambaldi (fol. 63 & v°), il serait alors, & malgré le roi de Chypre, entré au service du roi d'Angleterre, & aurait pris part à la guerre contre les Français. Il rentra ensuite en grâce auprès de Pierre de Lusignan & participa à ses dernières campagnes.

41 P. 139-145. — Robert le Roux, Jean Pastés, Guy le Baveux, le sire de Baqueville &c. La plupart des chevaliers nommés ici par Machaut ont figuré dans les guerres des Anglais & des Français, quelques-uns dans le parti anglais.

Il n'entre pas dans le cadre de cette publication de nous arrêter à ces événements ni aux faits particuliers concernant ceux de ces chevaliers qui étaient venus en Orient. On peut consulter, sur quelques-uns de ces personnages, les tables avec notices jointes par M. le baron Kervyn de Lettenhove à sa belle édition de Froissart, & la savante *Histoire de Du Guesclin* par M. S. Luce. La *Chronique des Quatre premiers Valois*, publiée par ce dernier éditeur, nomme quelques-uns des chevaliers qui suivirent le roi de Chypre en Orient & augmente ainsi utilement les désignations de Guillaume de Machaut : « Aucuns chevaliers l'ensuirent, c'est assavoir
« monseigneur Jean de La Riviere, sire de Preaux, à cause de sa fame,
« monseigneur de Basqueville, monseigneur Jehan de Friquans, mon-
« seigneur du Puchay, monseigneur de Tallanville, roy d'Yvetot, & moult
« d'autres bons chevaliers & escuiers » (p. 164).

42 P. 146. — Léonce Machera (p. 143) & Strambaldi, fol. 66, portent que la flottille partit de Famagouste le 26 février 1366 (v. st.). Ce jour était un vendredi. Machaut dit ici qu'elle arriva en vue de Gorhigos le dimanche de grand matin ; ce fut donc le 28 février, dernier jour du mois.

43 P. 149. — C'est-à-dire, nous semble-t-il, qu'un prince ne doit rien épargner quand il s'agit d'une guerre, & qu'il doit, au contraire, modérer ses dépenses dans les divertissements & les tournois. Machaut rappelle encore

cette maxime du roi de Bohême dans le *Confort d'ami* (mſ. Vogüé, fol. 191, v°, 2ᵉ col.).

44 P. 160. — *Qu'en viij. jours onques n'iſſirent*; plus loin : *Or avint au ixᵉ jour*. Si préciſes que ſoient ces indications, il ne faut pas les prendre trop à la lettre. Elles nous reculeraient juſqu'au 10 mars, & ne pourraient s'accorder ni avec la ſuite du récit de Machaut, où l'on voit que le combat principal eut lieu un dimanche (7 mars 1367), ni avec les chroniques chypriotes, d'après leſquelles l'expédition fut de retour à Famagouſte le 14 mars. (Voy. la note ſuiv.)

45 P. 169. — Le grand Caraman paraît avoir bruſquement réſolu de battre en retraite & de s'éloigner de Gorhigos, ſur les nouvelles qu'il reçut de troubles ſurvenus au Caire & de la repriſe des négociations de paix avec les Chypriotes (Strambaldi. *Bibl. de l'Ecole des Chartes*, 2ᵉ ſér., t. I, p. 512, n. 3).

46 P. 171. — « Et lo avviſete al re & hebbe gran allegrezza & li mandò a dir « & lo fece andar in Cipro, a Famagoſta, a di 14 marzo 1367 de Chriſto » (Strambaldi, fol. 67; Léonce Machera, p. 143).

47 P. 172. — On trouvera dans le t. II de l'*Hiſt. de Chypre*, p. 319-328, de nouveaux extraits de Guillaume de Machaut, relatifs à la préparation laborieuſe de ce traité de paix avec le divan du Caire, qu'on ne parvint à conclure définitivement que ſous le règne de Pierre II, en 1370 (loc. cit., p. 347).

48 P. 179. — Voy. la note 1, p. 319, *Hiſt. de Chypre*, t. II.

49 P. 173. — Voy. *Hiſt. de Chypre*, t. II, p. 320, n. 1, p. 348-349; t. III, p. 891; nos *Traités entre les Chrétiens & les Arabes*, Supplém., p. 28, & ci-après la note 55.

50 P. 174. — Voy. les notes 1 & 2, p. 321, *Hiſt. de Chypre*, t. II, & cf. p. 301, n.; 317, n.; 348; 387; t. III, p. 736, n., 737, n.

51 P. 176. — Pierre Racanelli (*Hiſt. de Chypre*, t. II, p. 323, n. 3).

52 P. 180. — Machaut & les documents de Rome nomment trois des médiateurs génois qui, à diverſes époques & peu après l'expédition d'Alexandrie, cherchèrent, de concert avec les Vénitiens & les Catalans, à négocier la paix entre le ſultan d'Egypte & le roi de Chypre. Ce ſont Daganeo Cattaneo, Pierre Racanelli & Jean Imperiale (*Hiſt. de Chypre*, t. II, p. 292, 323). Nous penſons qu'il s'agit ici du premier de ces négociateurs, bien que les quatre chaines ſur champ d'azur ne ſoient plus les armes modernes des Cattanei, du moins ſur les armoriaux génois que nous connaiſſons.

53 P. 180. — Vieux ſtyle. On voit à la fin de ce paragraphe que Machaut commence ſeulement l'année 1367 au 25 mars, fête de l'Annonciation, mais il n'eſt pas toujours fidèle à ce ſyſtème. A la fin de ſa chronique, p. 247, v. 7996 & 7998, il fixe le meurtre du roi Pierre au 16 janvier 1369, nouveau ſtyle. (Le meurtre ne fut d'ailleurs conſommé que le matin du 17, à l'aube. Voy. note 76.)

54 P. 182. — Voy. *Hift. de Chypre*, t. II, p. 324, n. 2.

55 P. 184. — Le *demi-commerque*, c'eſt-à-dire l'avantage réclamé par le roi de Chypre pour les marchandiſes chypriotes, de payer la moitié du droit ordinaire à leur importation dans les Etats du ſultan (*Hiſt. de Chypre*, t. II, p. 320, n. 1 ; & ci-deſſus la note 50).

56 P. 185. — Par ruſe. Cf. *Hiſt. de Chypre*, t. II, p. 327, n.

57 P. 190. — Ces erreurs géographiques, communes au temps de Machaut, perſiſtèrent juſqu'au XVIe ſiècle.

58 P. 192. — *Mars* eſt mis ici pour *avril* uniquement à cauſe de la rime.

59 P. 193. — Les Latins du moyen âge appelaient Babylone ou Nouvelle Babylone le Vieux-Caire. Ils réſervaient le nom de Caire au Grand-Caire, ville bâtie par les Fatimites, au nord de la première.

60 P. 202. — Le roi Pierre quitta l'île de Chypre le 26 mai 1367. En ſe rendant à Rhodes, il viſita la garniſon de Candelore, dans laquelle avaient eu lieu quelques actes d'inſubordination, en raiſon de la ſolde. Les chroniques chypriotes donnent d'aſſez longs détails ſur ces faits : « Et a di « 26 mazo 1367, de Chriſto, uſcite il re con tutta l'armada & andò in « Atalia. Et ſubito gionto, fece tagliar la teſta a Pier Canel qual e ſtato « cauſa del ſcandalo & fece paga alla gente & de li uſcite & andò a « Rodi » (Strambaldi, fol. 68, v°).

61 P. 202. — Le Tricoplier de Chypre, parti d'Alexandrie avec les autres ambaſſadeurs, arriva en Chypre vers le 14 juin 1367 ; il vit la reine & repartit avec l'ambaſſade pour aller rejoindre le roi à Rhodes, vers le 24 du même mois de juin (Strambaldi, fol. 70).

62 P. 210. — « Et il luoco (Tripoli) era tutto giardini & calama da far « zuccaro, & molti ſeragli... Et cavorono la porta de ferro & la meſſero a « Curico. Et uſcite & andò a Tartuſa » (Strambaldi, fol. 71, v°).

63 P. 212. — Machaut, pour le beſoin de la rime, appelle *Valence* la ville de Valénie, *Valania, Valenia, Balanea,* ancien évêché grec & latin, aujourd'hui Banias, ſur la côte de Syrie, au ſud de *La Lice*, qui eſt Laodicée, entre Giblet & Tortoſe.

64 P. 217. — « Et a di 5 ottubrio, arrivò il re con la armada a Fama- « goſta » (Strambaldi, fol. 72).

65 P. 219. — Parti de Paphos dans les derniers mois de l'année 1367, le roi de Chypre ſéjourna d'abord à Rhodes, puis à Naples, où il vit la reine Jeanne, impératrice titulaire de Conſtantinople, que Strambaldi appelle la *regina del Levante* (mſ. de Rome, fol. 73). On ne ſait l'époque exacte de l'arrivée du roi à Rome, il était en cette ville au mois de mars & au mois de mai 1368. Cf. *Hiſt. de Chypre*, t. II, p. 241, 329 & p. 309, où ce fragment de Machaut ſe retrouve.

66 P. 222. — Le 20 mai 1368, le roi de Chypre écrivait de Rome au prince d'Antioche, ſon frère, reſté gouverneur du royaume en ſon abſence, que,

« à la prière & requeſte de noſtre ſaint père le pape & des communes, il
« avait condeſcendu à ſouffrir que accord ſe fit entre lui & le ſultan » (*Hiſt.
de Chypre*, t. II, p. 308). Cf. Strambaldi, fol. 74 : « E neceſſario che noi
« racontamo & per le comunita di Genoveſi & delli Venetiani che quel
« tempo han mandato imbaſſatori dal papa per querelar il re. »

67 P. 222. — Suivant Machera & Strambaldi (fol. 74-75) qu'il faut conſulter ſur ces faits, l'ambaſſade, accompagnée des médiateurs italiens, partit pour Alexandrie le 24 juin 1368 (fol. 75, v°).

68 P. 222. — Au mois de juin 1368, le roi de Chypre était en Toſcane ; il ſe trouvait le 17 & le 21 août à Veniſe ; il s'embarqua en cette ville pour rentrer en Chypre le 28 ſeptembre ſuivant, après avoir ſéjourné un mois à peu près à Veniſe ou aux environs (*Hiſt. de Chypre*, t. II, p. 241, n. ; III, p. 815).

Nous avons rappelé le paſſage de Machaut concernant l'élection de Pierre au trône d'Arménie, & quelques autres circonſtances qui ſe rattachent à ces faits, dans l'*Hiſt. de Chypre*, t. II, p. 310-311. Cf. Dulaurier, *Rec. des hiſt. arméu.*, t. I, p. 638, 683, 717.

69 P. 224. — En notifiant ſon départ au roi de Chypre par une lettre écrite de Rhodes le 3 août 1367 (Voy. p. 228), Florimont rappelle qu'il avait ſervi dix mois, lui & ſes gens, ſous la bannière de Chypre, ſavoir ſix mois à ſes propres frais & quatre mois à la ſolde royale. Le ſire de Leſparre entra donc dans l'armée du roi vers le mois d'octobre 1366 (Cf. Strambaldi, fol. 63). Il ne put, par conſéquent, prendre part à l'expédition d'Alexandrie, qui avait eu lieu l'année précédente, au mois d'octobre 1365. La queſtion que ſemble ſoulever à cet égard M. Rabanis dans ſon intéreſſant mémoire eſt donc réſolue négativement par ce fait (*Notice ſur Florimont, ſire de Leſparre, ſuivie d'un précis hiſt. ſur la ſeigneurie*. Bordeaux, in-8, 1843, p. 10).

70 P. 226. — Ce que dit là Machaut montre qu'on ne ſut jamais exactement dans l'armée les vrais motifs qui rendirent tout à coup la perſonne & les ſervices de Florimont déſagréables au roi de Chypre. La rupture eut peut-être un futile prétexte & fut occaſionnée par un de ces accès d'emportement auxquels le roi Pierre, aigri par les contrariétés & les chagrins domeſtiques, ſe laiſſait aller depuis quelque temps. Elle aurait éclaté, d'après les chroniques de Chypre, à propos d'un débat ſurvenu entre Leſparre & Jean de Monſtry, auquel aurait pris part le ſire de Rochefort (Strambaldi, fol. 70, v°; Amadi, f. 249; Lorédano, p. 377. Cf. Rabanis, p. 13).

71 P. 227. — Les ſires de Leſparre étaient vaſſaux des rois d'Angleterre, ducs de Guyenne.

72 P. 233. — *Le Quid*. Le château ou demeure royale que les Luſignans avaient au village de Kiti ou Chiti, l'ancien *Citium*, près de la mer, à l'oueſt de Larnaca & de La Scala (*Hiſt. de Chypre*, t. III, p. 240, n. 3).

73 P. 235. — Perceval de Cologne était déjà venu en France avec le roi de Chypre en 1364. L'époque de ſon nouveau ſéjour à Paris ne peut être

précifée, mais Perceval dut fe rendre en France dans les derniers mois de 1367. La nouvelle du cartel accepté par le roi de Chypre était déjà répandue à cette époque dans les cours d'Europe. Vers le 2 décembre de cette année, Urbain V chargeait l'archevêque de Nicofie, Raymond, d'exiger du roi Pierre qu'il rappelât auprès de lui la reine Eléonore, fa femme légitime, & qu'il renonçât à venir en occident vider par les armes le défi auquel la dignité royale lui défendait de répondre : « Ut conjugem « reciperet atque ab occidente repetendo, ad committendam mono- « machiam cum Florimundo, Sparræ regulo, deterreret, cum id ab ipfius « dignitate & falute abhorreret » (Rinaldi, 1367, § 13).

74 *P.* 236. — Du lundi 3 avril au dimanche 9 avril 1368, jour de Pâques.

75 *P.* 246. — J'ai dit, dans la préface, les raifons qui me font abfolument douter de la véracité de Gautier de Conflans. Comme tant d'autres narrateurs venus de loin, Gautier, croyant vrai ce qu'il avait entendu raconter, & l'altérant encore lui-même inconfciemment, n'aura pas héfité à affirmer qu'il avait été témoin de ce qu'il difait.

76 *P.* 247. — Le roi fut mis à mort le mercredi 17 janvier 1369, entre fix & fept heures du matin (*Hift. de Chypre*, t. II, p. 345).

77 *P.* 248. — Tout ce récit eft déjà plein d'erreurs de fait & de fauffes indications. Je ne puis m'arrêter à les fignaler en détail. Echive de Scandelion, & non la reine, repofait auprès du roi quand les chevaliers entrèrent au palais.

78 *P.* 248. — C'eft une erreur démentie par toutes les informations & par la fuite du propre récit de Machaut. Léonce Machera dit formellement que les liges n'eurent à fe plaindre du roi qu'après fon retour en Chypre. « Et alors les chevaliers jurèrent de nouveau de ne pas fe féparer jufqu'au « lendemain & de ne pas changer de réfolution. Et ils dirent: Seigneurs, « vous voyez que le roi a brifé les ferments qu'il y avait entre lui & nous. « Il a déthonoré fes frères en les traitant comme des palefreniers; que « fera-t-il donc de nous? Auffi fommes-nous dégagés de nos engagements, « parce qu'il eft devenu fi defpotique depuis qu'il eft revenu de France. Il « a violé fon ferment à caufe de la haine qu'il a contre nous » (Machera, p. 184. Cf. Strambaldi, fol. 89, v°, & *Hift. de Chypre*, t. II, p. 338).

79 *P.* 249. — Si Jean Le Vicomte mentait en accufant la reine Eléonore d'Aragon, Machaut a tort & fe contredit en difant plus loin (v. 8177) que ce malheureux chevalier fut honni pour avoir dit la vérité. Au refte, la louable intention de Machaut n'eft pas ici tout à fait juftifiée ; & c'eft encore une occafion de remarquer combien les informations qu'il a eues pour la fin de fa chronique font moins fûres que celles des années précédentes. S'il eût été mieux renfeigné fur les événements de Chypre, il n'aurait pas cru fi facilement que la reine mère Alix confpirait contre fon fils (voy. not. 82), & ici il aurait moins vivement défendu la reine Eléonore. Plufieurs chroniques chypriotes admettent que la femme de Pierre Ier, indignement délaiffée par lui, finit par céder aux obfeffions du comte d'Edeffe, Jean de Morpho.

80 *P.* 252. — C'eſt le château de Buffavent, dans les montagnes au nord de Nicoſie (*Hiſt. de Chypre*, t. II, p. 394, n.; III, p. 656). Jean Le Vicomte ne fut enfermé à Buffavent qu'après avoir été d'abord, & peut-être aſſez longtemps, détenu dans les grottes de Cérines. Tous ces événements, les révélations de Jean Le Vicomte au roi, les délibérations de la haute cour, l'héſitation du roi, la loyauté & l'imprudence du chevalier Jean, ainſi que ſon inique condamnation, ſont longuement & plus exactement racontés dans les chroniques chypriotes. (Strambaldi, fol. 79, v° 85.)

81 *P.* 253. — Machaut approuve ici avec raiſon le roi d'avoir déféré à la connaiſſance des chevaliers le cas de Jean Le Vicomte. Mais, pour être conféquent avec lui-même, il aurait dû ſe rappeler toujours qu'il y avait en Chypre une haute cour de juſtice, à laquelle ſeule appartenait le droit de juger les perſonnes & les choſes féodales. C'eſt ce qu'indiquent ces vers:

> v. 8194. *Car li roys ne fait jugement*
> *D'aucun chevalier nullement,*
> *Einſois les chevaliers le font.*

En conſtatant plus loin l'inhumanité de la conduite de Pierre Ier vis-à-vis des enfants d'Henri de Giblet, il aurait dû ſurtout en blâmer la monſtrueuſe illégalité. L'arbitraire, encore plus que la barbarie de ces meſures révolta les chevaliers & amena la mort du roi. Quant à Jean Le Vicomte, il fut injuſtement ſacrifié par la haute cour à l'eſpérance de ſauver l'honneur de la reine & de calmer l'irritation du roi.

82 *P.* 254. — Odieuſe accuſation trop facilement répétée par Machaut & qu'aucun témoignage ſérieux n'autoriſe. Alix d'Ibelin était remariée depuis la mort du roi Hugues IV avec Philippe de Brunſwick, connétable de Jéruſalem, & demeurait avec lui en Chypre. Dans l'intérêt même de la royauté & de ſa famille, elle dut ſouhaiter qu'on agît ſur le roi Pierre, ſon fils, pour le ramener à une conduite plus prudente. L'aſſocier au complot eſt une calomnie ou une impardonnable légèreté de Gautier de Conflans.

83 *P.* 254. — Relevons cette circonſtance importante & ſi honorable pour les frères du roi. Machaut nous la fournit ſans paraître en reconnaître la haute valeur dans l'intérêt de leur défenſe & de leur juſtification. Le roi Pierre remercia donc pluſieurs fois le prince d'Antioche du ſoin qu'il mettait à le prévenir du mécontentement des barons. Comme la reine mère, comme la cour entière, on peut le dire, avant que les abominables meſures preſcrites par le roi à l'égard des enfants du vicomte de Nicoſie n'euſſent pouſſé les choſes aux extrémités, les princes, redoutant une cataſtrophe, s'efforçaient de calmer le roi & de le ramener au reſpect des aſſiſes & des priviléges des liges. Ce n'eſt là ni l'attitude, ni la conduite de conſpirateurs ou de traîtres.

84 *P.* 258. — La date du 28 *janvier* eſt une erreur manifeſte & inexplicable, le roi ayant été mis à mort le 17. La vraie date du fait eſt le 8 *janvier*, & je ne puis croire que les lois de la meſure aient contraint Machaut, qui pouvait facilement refaire ſon vers, à écrire ſciemment une erreur.

Léonce Machera, p. 177, & Strambaldi, fol. 86, rapportent que l'altercation entre Jacques de Giblet & le fils du roi, circonftance qui précipita la crife, éclata au milieu d'une partie de chaffe le *huit janvier* 1368 (v. f.) au village de Menico, près d'Akaki, dans le diftrict de Morpho, un des fiefs d'Henri de Giblet.

85 P. 259. — Le château de la Marguerite & la chapelle de la Miféricordieufe étaient fitués aux portes de Nicofie. Voy. *Hift. de Chypre*, t. III, p. 265, n. 3.

86 P. 259. — Machaut a mal fu & ne raconte pas bien tous ces faits. La fille du vicomte de Nicofie, Marie de Giblet, était veuve du chevalier Hugues de Verny. Le roi, dont la violence ne connaiffait plus de borne, voulut d'abord l'obliger à époufer un tailleur, ferviteur ou ferf de Raymond Babin (Léonce Machera, p. 180; Strambaldi, fol. 87, v°; *Hift. de Chypre*, t. II, p. 339).

87 P. 260. — Cf. la note 89.

88 P. 263. — Bien d'autres conférences avaient eu lieu déjà chez le prince d'Antioche, & cette dernière réunion, que Machaut femble fignaler comme un conciliabule de confpirateurs, avait lieu avec le confentement & prefque fur la demande du roi lui-même. Après avoir tenu confeil, les chevaliers devaient revenir au palais apporter au roi leur réfolution *mife en écrit* (Strambaldi, fol. 91; Machera, p. 187 & p. 191).

Je viens de relire avec la plus férieufe attention les récits originaux qui nous ont confervé le détail circonftancié du meurtre du roi Pierre de Lufignan & des événements qui l'amenèrent, bien réfolu à revenir, s'il le fallait, fur l'opinion que je m'étais formée de ces événements & que j'avais précédemment exprimée (*Hift. de Chypre*, t. II, p. 342-345). Je n'euffe pas héfité un inftant à reconnaître l'erreur de ma première impreffion, fi tel eût été le réfultat de la nouvelle & confciencieufe enquête hiftorique que je me fuis impofée. Aujourd'hui je n'héfite pas à affirmer, malgré Machaut, malgré Chriftine de Pifan, malgré Philippe de Maizières lui-même, le dévoué ferviteur & l'aveugle panégyrifte de Pierre de Lufignan, que les frères du roi, Jean prince d'Antioche & le connétable Jacques, depuis Jacques Ier, reftèrent étrangers, non-feulement à la perpétration, mais même à la penfée du meurtre. Le récit circonftancié de l'affaffinat du roi Pierre que je publierai, je l'efpère, un jour, mettra ces faits en évidence. Quant à la mère du roi, Alix d'Ibelin, mêlée fi inconfidérément au complot par Gautier de Conflans feul, elle n'a pas befoin, je crois, de défenfe.

89 P. 264. — Cf. p. 260, v. 8407. Cette menace générale aurait été jufqu'à inquiéter les frères du roi eux-mêmes, car il eft certain que le roi les avait injuriés & malmenés en plus d'une circonftance (Strambaldi, fol. 86 & fuiv.). Il ne faut pas cependant donner trop d'importance à ces particularités. Dans la difficile fituation qui leur était faite, les frères du roi furent mus, bien plus par l'intérêt fupérieur de l'état & de leur famille, que par des vues ou des craintes perfonnelles. On ne peut leur refufer cette juftice.

Gautier de Conflans & Machaut, croyant à la trahifon des frères du roi, les font agir en conféquence dans le paragraphe qui fuit ces paroles du roi Pierre. C'eût été, en effet, une vraie trahifon, au point où en étaient venues les chofes, fi les princes fe fuffent bornés à ces banales déclarations de fidélité. En cherchant à raffurer le roi, ils l'euffent odieufement trompé. Mais il eft inconteftable qu'ils ne cachèrent à leur frère ni l'irritation des barons, ni leur ferme réfolution de rompre avec lui & de fe dégager de *la foi* qu'ils lui devaient, s'il ne refpectait, de fon côté, le contrat féodal.

90 P. 265. — La mère du roi Pierre, Alix d'Ibelin, remariée, comme il a été dit (note 82), au connétable de Jérufalem, Philippe de Brunfwick (*Hift. de Chypre*, t. II, p. 285, n.; 396, n.; 401, n.).

91 P. 266. — J'avais publié des extraits de ce qui fuit dans l'*Hift. de Chypre*, t. II, p. 333.

92 P. 266. — Voy. not. 88.

93 P. 268. — L'accufation eft ici encore plus formelle; mais je me réfère à la note 88.

94 P. 271. — L'inexactitude & l'erreur vont ici prefqu'au ridicule.

95 P. 272. — Tout eft faux & fans valeur dans cette fin du récit. Loin d'avoir brûlé les chartes & les livres des coutumes du pays pour inftituer une forte de confeil républicain, les chevaliers chypriotes s'empreffèrent de proclamer Pierre II, fils du roi défunt, & de charger feize hommes liges de rechercher le meilleur exemplaire du livre du comte de Jaffa, pour en faire la loi écrite du royaume. Il faudrait citer ici en témoignage tout le préambule des Affifes rédigé au milieu même de ces mémorables événements, au mois de janvier 1369. Nous nous bornons à y renvoyer le lecteur (*Affifes*, t. I, p. 3-6).

96 P. 275. — Voy. ci-deffus p. 8, & la note 2.

TABLE CHRONOLOGIQUE

			Page	Note
		Prologue mythologique fur la naiffance du roi Pierre de Lufignan.	1	
1329	9 octobre.	Naiffance du roi Pierre.	5	1
		Anagramme du nom du poëte & de fon héros.	8	2
	1338	Education du jeune Pierre de Lufignan.	9	
		Vifion de jeune prince au mont Sainte-Croix près Larnaca.	10	3
1338-1348		Il fait vœu de fe croifer.	11	
»		Il fonde un ordre de chevalerie.	16	4
»		Defcription des infignes de l'ordre de l'Epée.	12	
	1349	Pierre s'enfuit fecrètement de Chypre pour voyager en Europe.	16	5
»		Il eft arrêté en mer & ramené au roi fon père.	17	
1359	10 octobre.	Mort du roi Hugues IV de Lufignan.	19	6
»	24 nov.	Couronnement de Pierre Ier.	ib.	
1360-1361		Le roi Pierre s'empare du château de Gorhigos fur la côte d'Arménie.	20	7
»		Il s'empare de Satalie.	ib.	8
1362	24 octobre.	Il part de Chypre pour organifer une croifade en Europe.	21	9
	1363	Le roi de France fe rencontre à Avignon avec le roi de Chypre.	ib.	
»		Les deux rois prennent la croix.	22	
		Difpofitions d'Urbain V en vue de la croifade.	ib.	
	1364	Mort du roi de France & du cardinal Talleyrand de Périgord.	23	10
»		Eloge de la feue reine de France, Bonne de Luxembourg, fille de Jean l'aveugle, roi de Bohême.	24	
»		Eloge du roi Jean de Bohême, dont Machaut fut 30 ans fecrétaire.	ib.	

			Page	Note
1364	19 mai.	Le roi Pierre affifte au couronnement de Charles V.	25	
		Il recrute des adhérents à la croifade.	ib.	
	1364	Ses fuccès dans les tournois & fes voyages en Europe.	26	
	»	Sa belle preftance fous les armes.	27	
	»	Son féjour à Cologne, en Franconie, en Thuringe & en Würtemberg.	ib.	
	»	Son féjour chez le margrave de Mifnie.	28	
	»	Son féjour en Saxe.	29	
	»	Il part pour Prague, où réfide l'empereur Charles Ier de Luxembourg.	30	11
	»	Eloge de l'empereur Charles, fils de l'ancien roi de Bohême.	31	
	»	L'empereur vient au devant du roi de Chypre.	33	
	»	Fêtes à Prague durant le féjour du roi de Chypre.	35	
	»	Le roi de Chypre prie l'empereur de prendre part à la croifade.	37	
	»	L'empereur propofe d'ouvrir une conférence à Cracovie avec les rois de Hongrie & de Pologne.	ib.	
	»	Le roi de Chypre & l'empereur fe rendent en Pologne.	39	
	»	Conférences de Cracovie.	40	
	»	Le roi de Chypre prend congé des princes réunis à Cracovie.	42	
		Nom & titres de ce roi de Chypre.	ib.	
	»	Il fe rend en Autriche.	43	
		Le duc promet de le feconder comme le roi de Hongrie.	44	
	»	Fêtes données en fon honneur à Vienne.	45	
	»	Il continue fon voyage par la Carinthie & le patriarcat d'Aquilée.	46	
1364	11 nov.	Jour de fon arrivée à Venife.	47	
	1364	Il demande le concours des Vénitiens pour la croifade.	48	12
	1364-1365	Les Vénitiens promettent de lui louer des navires.	49	
1365	27 juin.	Le roi part de Venife avec une flotte.	50	13
1365	juin-juillet.	Combien le roi Pierre fouffrait du mal de mer.	ib.	
	»	Il féjourne à Rhodes, après avoir relâché à Candie.	52	14

TABLE CHRONOLOGIQUE.

		Page	Note
1365 juin-juillet.	Il envoie des messages en Chypre pour faire venir sa flotte avec des armes & des vivres.	52	
juillet.	Préparatifs qui se font en Chypre pour répondre aux demandes du roi.	54	
25 août.	La flotte chypriote rejoint le roi à Rhodes.	56	15
août.	Navires de toutes sortes réunis alors à Rhodes.	57	16
août-septembre.	Nul des princes que le roi avait conviés à la croisade ne lui vient en aide.	58	
»	Les chevaliers de Rhodes se joignent à lui.	59	
septembre.	Le roi annonce le départ à son armée.	ib.	17
»	Le roi consulte son chambellan, Perceval de Cologne, sur le lieu où il convient le mieux de combattre les infidèles.	60	
»	Perceval engage le roi à se diriger sur Alexandrie & à attaquer la ville un vendredi.	61	
	Hésitation du roi. Il se décide à faire voile vers Alexandrie.	63	
28 septembre.	Départ de la flotte. Elle relâche en Asie-Mineure.	64	18
5-9 octobre.	Une fois loin des côtes, le roi annonce qu'il se dirige sur Alexandrie.	ib.	
	Il encourage ses gens, un moment ébranlés.	65	
jeudi 9 octobre.	Il jette l'ancre devant le vieux port d'Alexandrie.	67	19
vendredi 10 octob.	Il ordonne le débarquement. Les Sarrasins entrent dans la mer pour combattre les chrétiens.	68	
»	Valeur du comte de Genevois, Amédée III.	69	
»	Jean de Morpho & Simon de Thinoli se distinguent.	ib.	20
»	Belle conduite de Hugues de Lusignan & du vicomte de Turenne.	70	
»	Bravoure du roi de Chypre.	71	
»	Bermont de La Voulte & Perceval de Cologne rejoignent le roi dans la mer & combattent à ses côtés.	72	
»	Exploits de Jean de Morpho & de Guy Le Baveux.	74	21

		Page	Note
1365 vendr. 10 oct.	Les croisés se trouvent réunis dans l'eau au nombre d'environ 8000.	74	
»	Nombre considérable des ennemis.	75	
»	Le combat continue avec acharnement dans les flots.	ib.	
»	Les croisés repoussent les Sarrasins hors de la mer & parviennent à gagner la plage.	76	
»	Les chevaliers de l'Hôpital, débarqués vers l'orient, prennent les Sarrasins à revers & les poursuivent jusqu'à la porte de la ville.	ib.	
»	La porte ayant été fermée malgré les efforts des croisés, le roi fait sonner la retraite.	77	
»	Le roi fait débarquer les chevaux & ordonne le repos.	78	22
»	Il tient conseil.	80	
»	Avis d'un baron de l'armée pour ne pas tenter l'assaut.	81	
»	Réponse du roi pour l'offensive.	82	
»	Les croisés promettent de le suivre. Le roi fait annoncer l'assaut.	83	
»	Le roi, après en avoir de nouveau conféré avec Perceval, décide qu'on attaquera la ville par la porte de la Douane.	84	
»	Perceval prend le commandement de l'attaque & conduit les chevaliers à la porte de la Douane, où la bataille recommence.	85	
»	La vigoureuse défense des Sarrasins oblige les chrétiens à s'éloigner des remparts.	86	
»	Perceval va chercher le roi, resté au corps de réserve avec les Hospitaliers.	86	
»	Le roi met pied à terre &, un épieu à la main, attaque la porte de la Douane.	88	
»	Le feu est mis à la porte.	ib.	
»	Un matelot & un écuyer pénètrent dans les remparts par un étroit conduit.	89	
»	Prise & sac d'Alexandrie.	ib.	
»	Le roi traverse la ville pour aller rompre le pont qui conduit au Caire par la porte du Poivre.	91	
»	Il est obligé de renoncer à son entreprise & retourne vers les remparts.	ib.	

TABLE CHRONOLOGIQUE. 297

		Page	Note
1365 vendr. 10 oct.	Il repousse les Sarrasins qui l'enveloppent & parvient à rentrer dans la ville.	93	
»	Il s'empare de toutes les portes de la ville & y met de bonnes gardes.	95	
»	Date précise de la prise d'Alexandrie.	ib.	23
»	Le roi s'établit dans une grosse tour pour passer la nuit.	96	
»	Un corps de Sarrasins parvient au milieu de la nuit à entrer dans la ville par la porte du Poivre.	ib.	
»	Préoccupations du roi durant la nuit.	97	
11 octobre.	Récit de la journée du samedi.	98	
»	Le roi contraint le corps sarrasin à sortir de la ville & le poursuit dans la campagne.	ib.	
»	Il convoque les barons à une assemblée sur la plage.	100	
»	Avis du vicomte de Turenne pour évacuer la ville, attendu l'impossibilité de la défendre.	101	
»	Les croisés étrangers appuient l'avis du vicomte de Turenne.	ib.	
»	Réponse du roi, qui engage les croisés à tenir ferme dans Alexandrie jusqu'à l'arrivée des secours étrangers.	103	
»	Le légat Pierre de Thomas joint vainement ses exhortations à celles du roi.	106	24
»	Le roi parcourt la ville encourageant les siens à la résistance. Un grand nombre de croisés abandonnent leurs chefs & regagnent la flotte.	107	
»	Les Sarrasins rentrent dans la ville. Le roi est obligé de se rembarquer.	108	
»	Vains efforts du roi & du légat pour retenir encore les croisés dans le port.	109	
»	Le roi fait voile vers l'île de Chypre & débarque à Limassol.	ib.	
»	Il remercie & récompense les chevaliers étrangers venus à son aide.	110	25
1365-1366	Il confie à Bermond de la Voulte une expédition que la tempête force à rentrer en Chypre.	111	
1366 avril.	Jean de Monstry allait diriger une nouvelle attaque sur les côtes ennemies, quand les circonstances engagent le roi à sus-		

		Page	Note
	pendre les hostilités contre le sultan d'Egypte.	114	26
1366 avril-octobre.	Le sultan d'Egypte ayant sévi contre tous les chrétiens de ses Etats après l'expédition d'Alexandrie, les Vénitiens lui envoient une ambassade pour s'excuser & demander le maintien de leurs priviléges.	115	27, 28
»	Réponse du sultan aux réclamations des Vénitiens.	116	
avril	Les Vénitiens exposent au roi de Chypre les dommages que leur causent les mesures prises par le sultan.	118	29
»	A la prière des Vénitiens, & dans l'espoir d'obtenir une paix avantageuse, le roi décide qu'on n'attaquera pas les Etats du sultan.	119	
»	Il ordonne à Monstry de conduire la flotte contre les Turcs en Asie-Mineure.	120	
avril-mai.	Les Chypriotes attaquent sans succès le château de Candelore.	121	30, 31
»	Résignation du roi à la suite de cet échec.	122	
»	Les négociations continuent, par les soins des Vénitiens, entre le roi de Chypre & le sultan. Insuffisance des pouvoirs donnés aux premiers messagers égyptiens.	ib.	
24 mai.	Arrivée en Chypre de nouveaux négociateurs égyptiens amenés par les Vénitiens.	123	32
juin.	Conditions de la paix proposées par le roi aux émirs.	124	32
»	Les messagers égyptiens demandent que les ambassadeurs chypriotes se rendent au Caire pour traiter de la paix.	126	
»	Fêtes données aux ambassadeurs égyptiens.	ib.	
juin-novembre.	Le roi fait choix d'un de ses conseillers pour aller au Caire.	127	34
»	L'ambassade chypriote ne parvient pas à conclure un traité.	128	35
»	Antoine rend compte au roi de sa mission.	129	
novembre.	Le roi fait réunir sa flotte & se dispose à recommencer les hostilités.	130	36
»	Il est arrêté par la maladie.	ib.	
1366-1367	Revenu à la santé, il part avec la flotte.	ib.	

		Page	Note
1366-1367	Les mauvais temps empêchent tout débarquement & la flotte rentre en Chypre.	131	
»	Le roi fait de nouveau appareiller ſes navires.	132	
hiver	Le ſultan, informé des diſpoſitions du roi, ſe réſout à lui envoyer de nouveaux négociateurs.	133	37
»	Le roi ſuſpend encore les hoſtilités.	134	
»	Les baſes d'un traité avantageux ſont enfin arrêtées avec les émirs.	ib.	
1367 janv.-févr.	Un Arménien vient annoncer au roi que les Turcs aſſiégent ſon château de Gorhigos.	135	
»	Le roi charge ſon frère, le prince d'Antioche, d'aller ſecourir Gorhigos.	ib.	
»	Deſcription du château de Gorhigos.	136	38
»	Attaques répétées du Caraman contre Gorhigos. Le roi fait armer ſix galères pour l'expédition.	137	
»	Principaux chevaliers de la première galère montée par le prince d'Antioche.	138	39
»	Seconde galère commandée par le Tricoplier du royaume, Jacques de Norès.	ib.	
»	Troiſième galère commandée par Jean de Monſtry.	139	40, 41
»	Quatrième galère commandée par Florimont de Leſparre.	142	
»	Cinquième galère commandée par Le Cordelier de Puignon.	143	
»	Sixième galère commandée par Bermond de la Voulte.	144	
vendredi 26 février.	Départ de quatre galères pour Gorhigos.	145	42
dimanche 28 févr.	A peine débarqué, le prince d'Antioche fait une ſortie, ſans vouloir engager le combat.	146	
»	Eſcarmouche imprudente du ſire de Leſparre.	147	
»	Arrivée de la galère de Monſtry.	ib.	
»	Le prince d'Antioche tient conſeil pour ſavoir s'il faut attaquer immédiatement l'ennemi retranché ſur la montagne.	148	
»	On ſe réſout à attendre l'arrivée de Bermond de la Voulte.	149	43
lundi 1er mars.	On ſe rend compte de la forte inſtallation du Caraman.	150	

		Page	Note
1367 lundi 1er mars.	Les matelots de Monftry engagent prématurément une affaire.	150	
»	Un grand nombre de chevaliers & Monftry lui-même finiffent par prendre part à l'action.	151	
»	Un combat s'engage entre la montagne & le château.	152	
»	Les chrétiens repouffent les Turcs, mais font de nombreufes pertes.	153	
»	Mort & éloge de Philippe d'Aumont. Bravoure d'autres chevaliers.	155	
»	Sur les ordres du prince, les combattants rentrent au château.	156	
»	Arrivée de Bermond de la Voulte.	158	
2 mars.	Les chevaliers font d'avis de demander des renforts au roi avant d'attaquer la forte pofition du Caraman fur la montagne.	ib.	
»	On renvoie les fix galères en Chypre avec le Tricoplier & l'on fe renferme dans le château.	159	
7 mars.	Le Caraman s'étant porté en avant de fes machines pour s'approcher du château, on fe réfout à l'attaquer.	161	
»	Le prince divife fes gens en trois batailles, qui marchent fur l'ennemi de trois côtés différents.	162	
»	Confiance du Caraman fur l'iffue du combat.	163	
»	Les Francs refoulent les Turcs au haut de la montagne, tournent les engins, s'emparent dès premières tentes & s'arrêtent pour prendre du repos.	164	
»	Les Turcs font ébranlés & troublés par l'impétuofité de l'attaque.	ib.	
»	Le Caraman rallie fes gens & les ramène au combat.	166	
»	Le prince d'Antioche foutient le choc principal.	ib.	
»	Le Caraman eft mis en déroute.	167	
»	Pourfuite & maffacre des Turcs.	ib.	
8 mars.	Prife du camp ennemi.	169	45
11 mars.	Retour du Tricoplier annonçant l'envoi de fecours, déformais inutiles.	170	
12-14 mars.	Le prince d'Antioche laiffe quelques ren-		

		Page	Note
	forts à Gorhigos & ramène l'armée en Chypre.	171	46
1367 mars.	Satisfaction du roi.	ib.	
janvier-février.	Suite des négociations pour le traité de paix. Détails fur quelques articles du projet de paix.	172	[49. 47,48,
»	Le roi approuve le projet de traité & propofe d'envoyer des meffagers au Caire pour obtenir la ratification du fultan.	175	51
»	Il offre de remettre à l'ambaffadeur tous les captifs mufulmans & demande en échange les prifonniers chrétiens.	176	
mars.	Le roi envoie le Tricoplier comme chef d'une ambaffade au Caire.	177	
»	Le roi permet à quelques chevaliers d'accompagner le Tricoplier & refufe l'autorifation à un grand nombre.	ib.	
»	Motifs de ce refus.	178	
»	Moyen qu'emploie Jean de Reims, de qui Machaut a fu tant de chofes, pour accompagner l'ambaffade au Caire.	179	
»	Départ des ambaffadeurs chrétiens & mufulmans pour l'Egypte. Leur arrivée à Alexandrie.	180	53
»	Odieux projets formés par l'émir Yelboga & par un renégat génois nommé Naffardin, pour faire avorter les négociations.	181	54
»	Mauvaife foi des négociateurs arabes venus en Chypre.	183	55
»	Yelboga & Naffardin fe propofent de paraître favorables aux ambaffadeurs chrétiens pour les mieux tromper.	185	56
»	Mauvaifes difpofitions des Egyptiens à l'égard du projet de traité, qu'ils confidèrent comme trop avantageux aux chrétiens.	186	
»	Yelboga eft maffacré.	ib.	
»	Confufion des avis & des projets qui s'agitent autour du jeune fultan, au fujet du traité projeté.	187	
mars-avril.	Les ambaffadeurs chrétiens font honorablement accueillis à Alexandrie.	188	
»	Joie générale à Alexandrie, lors de l'arrivée des prifonniers.	189	

		Page	Note
1367 3 avril.	Les ambaſſadeurs chrétiens partent pour le Caire.	190	
»	Digreſſion ſur le Nil.	ib.	
»	Suite du voyage des ambaſſadeurs vers le Caire.	191	58
6 avril.	Magnifique réception qu'on leur fait au Caire. Satisfaction du peuple qui croit la paix aſſurée.	ib.	
avril-mai.	Long ſéjour des ambaſſadeurs à Babylone & au Caire, dont ils viſitent les curioſités.	193	59
»	Ils ſont conduits à l'audience du ſultan.	194	
»	Cérémonial auquel on les aſtreint pour approcher du ſultan.	196	
»	Le Tricoplier de Chypre expoſe au ſultan l'objet de ſa miſſion & ſe retire avec les autres ambaſſadeurs.	197	
»	On envoie aux ambaſſadeurs des robes d'honneur pour ſe préſenter aux audiences ſuivantes.	198	
»	Ils voient une ſeconde fois le ſultan ſans obtenir de réponſe.	199	
»	Avis contradictoires émis dans le divan au ſujet de la conduite à tenir vis-à-vis des ambaſſadeurs. L'avis de reſpecter leur ſauf-conduit finit par prévaloir.	ib.	
»	Le divan fait préparer un nouveau traité moins favorable aux chrétiens.	200	
»	Eléphants & girafe du ſultan.	201	
26 mai.	Le roi, informé des lenteurs volontaires que le divan du Caire apportait à la concluſion d'un traité, ſe rend à Rhodes avec une partie de ſa flotte.	ib.	60, 61
juin-juillet.	Des meſſagers égyptiens, ſans pouvoirs ſuffiſants, viennent à Rhodes propoſer au roi de nouvelles conditions de paix.		
juillet-août.	Le roi, convaincu que le ſultan ne cherche qu'à prolonger les négociations, rentre en Chypre & fait armer ſa flotte.	204	
»	Appréhenſions des Muſulmans.	ib.	
ſeptembre.	Le roi ſe décide à aller attaquer Tripoli.	205	
29 ſeptembre.	Il ordonne le débarquement & débarque à ſon tour.	206	
»	Vaillamment ſecondé par les ſiens, il bat les Sarraſins & les refoule vers la ville.	207	

TABLE CHRONOLOGIQUE.

		Page	Note
1367 29 septembre.	Il pénètre dans la ville & la livre au pillage.	209	
»	Description de la ville de Tripoli & des beaux jardins qui l'environnent.	210	
septembre-octobre.	Le roi d'Arménie ayant demandé secours au roi de Chypre, lui donne rendez-vous à Lajazzo.	211	
»	Le roi Pierre fait voile vers Lajazzo.	212	
»	Il saccage en passant Tortose, Laodicée & Valénie.	ib.	
»	Il débarque à Lajazzo malgré les Sarrasins, qu'il poursuit une lieue loin de la ville.	213	
»	Il est obligé de regagner la côte.	214	
»	Il essaie vainement d'enlever le château de Lajazzo & reprend la mer.	215	
»	Ne trouvant pas le roi d'Arménie au lieu convenu, il renonce à continuer la campagne.	216	
»	Son désir de revenir en Europe pour demander au pape la prédication d'un nouveau passage.	217	
5 octobre.	Il rentre en Chypre.	ib.	
»	Entreprises & sorties de ce prince dont on ne parle pas.	218	
»	Il mérite d'être nommé le dixième preux.	ib.	
»	Préparatifs de sa nouvelle croisade.	219	
octobre 1367--mars 1368.	Il se rend à Rome.	ib.	
	Raisons qui empêchent le pape de consentir à la publication d'une nouvelle croisade.	ib.	
mars-mai.	Le pape engage le roi à reprendre les négociations de paix avec le sultan.	220	
mai-juin.	Sur les instances des villes commerçantes, le pape envoie au sultan une ambassade autorisée par le roi de Chypre à traiter de la paix.	221	
24 juin.	Départ des ambassadeurs. Résultat de l'ambassade.	222	66, 67
juin-septembre.	Le roi Pierre est élu roi par les Arméniens.	ib.	
août-septembre.	Il séjourne à Venise & s'embarque en cette ville (28 septembre) pour se rendre en Chypre.	223	
mars-avril.	Avant que le roi de Chypre n'eût quitté Rome, le pape avait réconcilié Flori-		

		Page	Note
	mont de Lefparre avec ce prince. Retour fur ces événements. Origine du différend de Florimont & du roi Pierre Ier.	224	
1366 octobre.	Avec quelle haute eftime le roi avait accueilli Florimont à fon arrivée en Chypre & avait accepté fes fervices.	ib.	69
1367 juillet-août.	Lors des préparatifs de l'expédition de Tripoli, le roi caffe aux gages le fire de Lefparre.	225	70
»	Le fire de Lefparre envoie un meffage au roi de Chypre & l'appelle en champ clos.	226	71
Rhodes, 3 août.	Teneur de la lettre par laquelle le fire de Lefparre fe retire du fervice du roi de Chypre.	228	
4 août.	Seconde lettre par laquelle le fire de Lefparre appelle le roi en champ clos.	230	
août-feptembre.	Le roi, après avoir pris confeil, fe réfout à accepter le cartel de Lefparre & lui notifie fa réfolution.	231	
Chiti, 15 feptembre.	Lettre du roi de Chypre à Florimont de Lefparre, qu'il affigne à la St-Michel (29 feptembre) 1368 devant le roi de France.	232	
feptembre.	Perplexité de Florimont, au retour de fon meffager.	233	72
feptembre-octobre.	Le roi de Chypre charge Perceval de fe rendre à Paris pour difpofer les apprêts du combat.	234	
feptemb.-décemb.	Perceval fe rend à Paris.	235	73
1368 févr.-mars.	Le roi de Chypre étant venu à Rome, Florimont cherche vainement à rentrer en grâce auprès de lui. Démarches du pape & des cardinaux.	ib.	
3-8 avril.	A l'occafion de la femaine fainte, le pape fait un nouvel effort pour décider le roi de Chypre à accepter les excufes de Lefparre, promettant de fauvegarder en tout l'honneur royal.	236	74
»	Confidérations diverfes qui difpofent le roi de Chypre à confentir à une réconciliation.	238	
»	Le roi s'en remet à tout ce que règlera le pape, pourvu que fon honneur de roi & de chevalier refte fauf.	239	

		Page	*Note*
1368 8 avril.	Le samedi saint, le pape convoque une grande réunion, pour réconcilier publiquement le roi de Chypre & Florimont.	240	
»	L'assemblée étant réunie, le pape s'adresse à Florimont & l'engage à présenter ses excuses au roi.	242	
»	Florimont, à genoux devant le roi, reconnait qu'il lui a manqué, rétracte ses lettres & son cartel, & proclame le roi un loyal chevalier.	ib.	
»	Sur les instances de l'assemblée, le roi accorde son pardon à Lesparre	244	
»	Florimont sert le roi à la collation, où la réconciliation est de nouveau confirmée.	ib.	
»	Le roi fait dresser une bulle rappelant les faits qui venaient de se passer.	245	
28 septembre.	Il part de Venise dans l'intention d'aller prochainement combattre les Sarrasins en Arménie.	ib.	
»	Après avoir raconté les exploits & la vie du roi de Chypre, Machaut va raconter sa mort.	246	75
1369 janv. 16-17.	Date précise du meurtre.	247	76, 77
1368.	Evénements qui précèdent & amènent la mort du roi. Rapports imprudents de Jean Le Vicomte au roi lors de son retour en Chypre.	248	78, 79
»	Le prince d'Antioche & les barons traitent de calomnies les révélations de Jean Le Vicomte.	249	
»	Jean Le Vicomte maintient son accusation & en offre son gage de bataille.	250	
»	Les barons indignés refusent d'autoriser le combat avec lui.	251	
»	La Haute Cour, à qui le roi abandonne le jugement de Jean, le condamne à la prison perpétuelle. Sa mort.	252	80
»	Triste sort que valurent à Jean Le Vicomte ses indiscrètes révélations.	ib.	
»	Le roi Pierre excusé de ce qui advint à Jean Le Vicomte, la loi de Chypre réservant aux seuls barons le jugement de leurs pairs.	253	81

39

		Page	Note
1368	La mère même du roi Pierre accusée, par Machaut, d'avoir approuvé le complot.	253	82
»	Le prince d'Antioche prévient le roi, son frère, du mécontentement des seigneurs & des dangers auxquels il est exposé.	254	83
1369 janvier.	Dernières circonstances qui déterminent le meurtre du roi.	255	
1369 8 janvier.	Le comte de Tripoli, fils aîné du roi, s'empare de deux chiens de chasse du vicomte de Nicosie, Henri de Giblet, qui étaient à sa convenance.	ib.	
»	Violente altercation du vicomte de Nicosie & de son fils Jacques avec le comte de Tripoli.	256	
1369 janvier.	Le roi fait mettre aux fers Jacques de Giblet.	258	84
»	Il l'oblige à travailler avec les esclaves au château de la Marguerite, qu'il faisait construire.	ib.	
»	Il veut contraindre Marie de Giblet, fille du vicomte de Nicosie, à épouser un serf. Extrême irritation du roi.	259	85, 86
»	Traitements atroces que le roi fait subir à Marie de Giblet en présence de son père.	260	87
»	Les princes & les barons indignés de la conduite du roi. Regrets tardifs du prince.	262	
»	Au milieu de l'émotion générale, le projet de tuer le roi est irrévocablement arrêté par quelques seigneurs.	ib.	
»	Le roi s'ouvre à ses frères au sujet des craintes qu'il conçoit pour sa vie.	263	88, 89
»	Les princes assurent le roi de leur fidélité.	264	
14-15 janvier.	Le jeune Jacques de Giblet continue à travailler publiquement les fers aux pieds.	265	90
»	Les conjurés arrêtent les dispositions & le moment du meurtre.	266	91, 92
17 janvier.	Les barons entrent de grand matin au palais pour exiger du roi de faire droit à leurs doléances.	267	

TABLE CHRONOLOGIQUE.

			Page	Note
1369	17 janvier.	A peine entrés dans la chambre du roi, trois chevaliers, le fire d'Arſur, Henri de Giblet & Jean de Gaurelles, ſe précipitent ſur le prince & le tuent.	268	93
	janvier.	Obſèques du roi.	271	94
	»	Evénements qui ſuivirent ſa mort.	272	95
	»	Eloge du roi Pierre de Luſignan.	273	96

ERRATUM

P. 2. v. 31. lisez vert; v. 32 supprimez le point.

P. 23 au lieu de *Taleyrand*, lisez *Talleyrand*; & au v. 739 ajoutez [10].

P. 56 à la fin du vers 1839, ajoutez [16].

P. 59 au lieu de [16], lisez [17].

P. 72 dans la manchette, au lieu de *Bremond*, lisez *Bermond*.

P. 95 au vers 3136, rétablir la manchette : *Date précise de la prise d'Alexandrie. Vendredi 10 octobre 1365.*

P. 147 à la fin du vers 4837, après *rachacié*, mettez une virgule & transportez le point & virgule à la fin du vers 4838, après *main*.

P. 149, 158 dans la manchette, au lieu de *Brémond*, *Bremond*, lisez *Bermond*.

P. 152 au lieu de *le Douin de Bouviller*, lisez *Jedouin de Bouviller*.

P. 155 à la fin du vers 5111, mettez un point & virgule.

P. 181, vers 5961, placez *sainte eslache* dans le texte & *sainte escharpe* du ms. A. dans les Variantes.

P. 191 supprimez *mars* dans la manchette.

P. 268 dans la manchette, au lieu de *Jacques d'Ibelin*, lisez *Philippe d'Ibelin*.

P. 290, n. 86, au lieu de *Bubin*, lisez *Babin*.

TABLE ALPHABETIQUE

DES MATIERES

A

Absur (Le fire d'), chev. chypriote, voy. Ibelin (Philippe d'), fire d'Arfur.

Achiach (Foulquaus d'), voy. Archiac (Foulques d').

Akaki, Acaqui, vill. de Chypre, diftrict de Morpho, entre Menico & Avlona, 290, n. 84.

Alaia, v. d'Afie-Mineure, dans le golfe de Satalie, eft la ville que les Francs appelaient Candelore, 283, n. 31.

Alayas, v. de la Petite Arménie, dans le golfe d'Alexandrette, voy. *Lajazzo*.

Alexandre le Grand, 218.

Alexandrie, v. d'Egypte ; fa defcription générale, 61 ; — prophétie arabe relative à la prife de la ville un jour de vendredi, 62 ; — A. prife d'affaut & faccagée par le roi de Chypre, 89, 117 ; — date précife de cet événement, 95, & 281, n. 23; fon Vieux Port, 62, 67, 280, n. 19 ; — le Port Neuf ou Port oriental, à gauche de la ville, 76 ; 280, n. 19 ; — la Porte de la Douane, ou de l'*Adouane*, 85-88, 280 ; — le Pont au delà de la ville fur la route du Caire, 91, 280 ; — la Porte du Poivre, 91, 96, 280; nommée également la Porte St-Marc, 97 ; — groffe tour où s'établit le roi de Chypre, 96, 98 ; — la Rue du Poivre, 98, 280 ; — le roi de Chypre eft contraint de l'évacuer, 108-109; — rancune que la Prife d'Alexandrie laiffa en Egypte contre les chrétiens, 115, 132, 183 ; — après l'évacuation, le fultan févit contre les chrétiens, 115 ; — droits qu'on payait à fa douane, 173 ; — fa diftance de Chypre, 181 ; — arrivée en cette ville de l'ambaffade du Tricoplier de Chypre, 188-189.

Alix, reine de Chypre, voy. Ibelin.

Allemands (Marchands), 184.

Amédée III, comte de Genevois ou du pays de Genève, en Suiffe, 69.

Amiral (l'), voy. Sur (Jean de) & Monstry (Jean de).

Amiral de Chypre & en même temps maréchal du roi, 69, 280, n. 20.

Andreci, v. de France, voy. *Landrecies*.

Anglais (Chevaliers), à la prife d'Alexandrie, 282, n. 24.

Angleterre (Le roi d'), fuzerain de Florimont de Lefparre, 227, 230.

Anjou (Duc d'), voy. Louis.

Année (Commencement de l') au 25 mars, 181.

Antioche (Le prince d'), voy. Jean de Lufignan, frère de Pierre Ier.

Antoine, Anthoinne, favant clerc du roi de Chypre chargé d'une ambaffade en Egypte, 128, 129;

— eſt peut-être Antoine de Bergame, 283, n. 34.
Aquilée (Le patriarcat d') en Illyrie, au fond de l'Adriatique, 47.
ARAGON, v. ELÉONORE.
ARAGONAIS, ſecondent les négociateurs chypriotes, pour obtenir la concluſion d'un traité de paix avec le ſultan d'Egypte, 188, 193.
ARCHIAC (Foulques d'), *Foulquaus d'Achiach* ou *d'Archiach*, chev. français, 140; — abandonne ſa terre au roi d'Angleterre, pour reſter homme du roi de France, 140; — porte la bannière N. D. à l'expédition de Gorhigos, 140; — exécute un ordre du prince d'Antioche, 157.
Arménie, Ermenie (Roy. de la Petite), 20, 135, 136, 212; — en 1368, le roi Pierre de Luſignan projetait une nouvelle expédition au ſecours de ce pays, 245; — Pierre Ier de Luſignan, élu roi d'Arménie, 222, 287, n. 68.
ARMÉNIE (Le roi d'), Léon VI; — il donne rendez-vous à Pierre Ier, à Lajazzo pour attaquer les Turcs, 211, 216.
Armes & engins de guerre du moyen âge; voy. Artillerie.

ARSUR (Le ſire d'), voy. IBELIN (Philippe d').
Artillerie & engins de guerre du moyen âge, 55, 81, 101, 159, 160.
Artois (La gent d'), 117.
Aſie-Mineure ou Turquie, 20, 120, 135; — ſes relations avec l'île de Chypre, 278, n. 7.
Aſſiſes de Jéruſalem, 291, n. 95; — après le meurtre du roi Pierre Ier une commiſſion de la Haute Cour eſt chargée de rechercher le meilleur exemplaire du Livre du comte de Jaffa pour l'adopter comme loi, xxv-xxvj.
Audiences du ſultan d'Egypte (cérémonial des), 194-199.
AUMONT, Omont (Philippe d'), chev. français, 141; — tué ſous les murs de Gorhigos; ſon éloge, 155, 156, 169.
Autriche, Oſteriche, duché d'Allemagne, 32, 44; voy. RODOLPHE IV.
Avignon, v. de France; le roi de Chypre s'y trouve avec le roi de France, 21; — la Cour apoſtolique, durant le ſéjour des papes à Avignon, nommée la Cour de Rome, 21.

B

BABIN & non BUBIN (Raymond), chev., bouteiller de Chypre, 290, n. 86; c'eſt chez lui que quelques chevaliers exaſpérés arrêtent le projet de tuer le roi Pierre, xxiv.
Babylone, v. d'Egypte, 120, 128, 193; — dite auſſi Nouvelle-Babylone, c'eſt le Vieux-Caire, 286, n. 59.
BAILLIDA (Robert), chev. français, 141.
Bannière N. D., drapeau de l'armée chypriote, 140, 162, 166.
BAQUEVILLE (Le ſeigneur de), chev. de Normandie, 143, 284, n. 41.
BARRES (Jean des), chevalier, maréchal de France, xxxv.

Baruth, v. de Syrie; voy. *Beyrouth*.
BAS (Le captal de), voy. BUCH.
Baſſenouve, voy. *Paſſau*.
Bavière, Baiviere, pays d'Allemagne, 32.
BEAUVILLIER, Biauviller (Jean de), écuyer français, 178; — cf. Jean de Bouviller, écuyer flamand, 142.
BEAUVILLIER, écrit Biauvillier, Biaviller, Bouvillier, Bouviller (Jédouin, Joudouin, Jodoin de), chevalier français, ſervit dans l'armée du roi de Chypre & s'y diſtingua, 140, 152 (où ſon nom eſt par erreur écrit *Le Douin*), 178; — ſerait fils de Guy le Baveux, 178; — eſt vraiſemblablement

Gédoin de Beauvillier dont le P. Anfelme cite des actes de 1327 à 1368, fans mentionner fon paffage en Orient (t. IV, p. 706).

Behaingne, voy. *Bohême.*

BELLANGUES (Le feigneur de), chev. français, 144.

BENAUGES, écrit, pour la rime, BENANGES (Bertrand de), chevalier de Gafcogne; — oncle du captal de Buch, prend part à l'expédition de Gorhigos, 143, 147, 157; — — bleffé grièvement, 157.

Bergerac, Berjerac, v. de France, du diocèfe de Saintes ou plutôt de Périgueux, 140.

BERMOND, voy. LA VOULTE.

BERRY (Le duc de), voy. JEAN, frère de Charles V.

Befançon, Befençon, v. de France, 102.

Beyrouth, Baruth, v. de Syrie, 173, 282, n. 27.

BIAUVILLIER, voy. BEAUVILLIER.

BLARU (Saquet de), chev. de Normandie, 141; — fa bravoure à Gorhigos, 156.

Bohême, Behaingne, Behaigne (royaume de), 24, 32, 39.

BOHÊME (Roi & prince de), voy. JEAN l'aveugle, CHARLES de Luxembourg, BONNE de Luxembourg.

BON (Baudry de), écuyer de l'évêché de Liége, 142.

— (Bonau de), écuyer de l'évêché de Liége, 142; — tué fous les murs de Gorhigos, 155, 156, 169.

Bonivant, chât. de Chypre, voy. *Buffavent.*

BONNE de Luxembourg, fille de Jean l'aveugle, roi de Bohême, femme de Jean, duc de Normandie, morte en 1349, avant l'avénement de fon mari au trône de France; combien elle méritait fon nom de *Bonne,* 24, xv, xvj.

BONNE (Robeffon), écuyer, à l'expédition de Gorhigos, 142.

BOUILLY ou de POUVILLE (Jean de), chevalier, xiij, xxx.

Bouilly-en Beauce, fief donné à Guillaume de Machaut, ix, xiij, xxx.

BOURGOGNE (Duc de), voy. PHILIPPE.

BOUTELLIN (Hoftes), écuyer, 142.

BOUVILLER, voy. BEAUVILLIER.

BRABANT, Braibant (Endruet de), écuyer flamand, 142.

Brandebourg, Brandebourc, v. de Pruffe, 32.

BRÉMOND, Brémons, Brémont, Briemons, auj. Bermond, voy. LA VOULTE.

Breflau, Breffelau, Bruffelau, v. de Siléfie, 39.

Bruges, v. de Belgique, 105.

Brünn, Brune, v. de la Moravie, 105.

BRUNSWICK (Philippe de), connétable de Jérufalem, mari de la veuve du roi Hugues IV, Alix d'Ibelin, mère de Pierre Ier, frère d'Othon de Brunfwick-Grubenhagen, prend part à l'expédition de Gorhigos, 284, n. 39.

Bruffelau, Breffelau, voy. *Breflau.*

BOUVILLER (Jean de), écuyer flamand, 142; voy. BEAUVILLIER.

BUCH, en Gafcogne (Le captal de), 143.

Buffavent, dit Bonivant, château de Chypre, dans les montagnes au N. de Nicofie, dit auffi *Château de la Reine,* & qui paraît être le même que le château fort nommé *Leone,* 289, n. 80 (*Hift. de Chyp.,* t. II, 394; III, 556).

BUSTRON (Florio), gentilhomme & chroniqueur chypriote, xxij.

C

CAÏEU (Jean de), chev. de Picardie, 144.

Calix, Calis, v. de Pologne, voy. *Kalifch.*

Candelore, Candelour, Candelor, v. d'Afie-Mineure, dans le golfe de Satalie; — eft la ville appelée Alaia par les Grecs, 283, n. 31;

— vainement attaquée par les Chypriotes, 121.

Candie, île de la Méditerranée ; le roi de Chypre y relâche, 49, 279, n. 14.

Canons, employés chez les Caramans, 160 ; voy. Artillerie.

Caraman de Turquie (Le grand), attaque la garnison chypriote de Gorhigos, 135 ; — récit de l'expédition envoyée par le roi Pierre au secours de Gorhigos, 135-171 ; — puissance de ce prince, 163-164.

Carinthie (La), *Quarateinne, Quarantainne*, province de l'empire d'Autriche, 46.

CARMESSON (Jean de), v. JEAN.

CASIMIR III, roi de Pologne, 41.

CATTANEO (Daganeo), génois, ambassadeur au Caire, 285, n. 52.

CAYLUS (Le comte de), viij.

Cérémonial des audiences du sultan d'Egypte, 194-199.

CHAMBLY (Jeanne, dame de), xxxiv. — (Pierre de), chev. français, xxxij.

CHARLEMAGNE (L'empereur), 3.

CHARLES V, roi de France, d'abord duc de Normandie ; éloge de sa mère, 25 ; — date de son sacre, 25, 26 ; — le roi de Chypre y assiste, 25, xvj ; — Guillaume de Machaut a peut-être composé la musique de la messe de son sacre, xvj.

CHARLES de Luxembourg, roi de Bohême, empereur d'Allemagne, fils de Jean de Luxembourg l'aveugle, 24, xv ; — réside à Prague, 30, 32 ; — son éloge, le bien qu'il a fait à son pays, 31-32 ; — reçoit le roi de Chypre, 33 ; — l'impératrice sa femme, 35 ; — il propose au roi une conférence à Cracovie avec les rois de Hongrie & de Pologne, 37, 40.

CHASSENAGES, chev. dauphinois, voy. SASSENAGE.

CHASSY (Adam de), chevalier, xxxiij.

CHASTELET, écuyer angevin, se distingue à l'attaque de Tripoli, 206-207.

CHENEVIÈRES (Raoul de), chev. français, 141.

Chevaliers, voy. Liges.

Chiti ou *Kiti*, v. de Chypre, voy. Le *Quid*.

CHRISTINE DE PISE ou de Pisan, écrivain, mal renseignée sur les événements de Chypre, 290, n. 88.

Chypre (Ile de), ses relations avec l'Asie-Mineure, 278, n. 7.

Citium, ancienne v. de Chypre, aujourd'hui Larnaca & La Scala, à l'E. de Chiti, qui a retenu l'ancien nom, en français Le *Quid*, 287, n. 72.

CLAIRVAUX, Clervaus (Le sire de), chev. français, 140.

Colcos, voy. *Gorhigos*.

Colchide (La), ancien pays d'Asie, sur la côte du Pont Euxin, arrosé par le Phase, n'est point Gorhigos (*Colcos*) en Asie-Mineure, comme le dit Machaut, 137.

Cologne, Coulongne, v. d'Allemagne, 27.

✱ COLOGNE (Perceval, Percevaux de), chev. poitevin ; chambellan du roi Pierre Ier, 60 ; — avait été longtemps prisonnier à Alexandrie, 61 ; — le roi le consulte souvent, 60, 61, 84 ; — sa belle conduite au siége d'Alexandrie, 72, 75 ; — il attaque la Porte de la Douane, qui finit par être enlevée, 85, 88 ; — était de la province du Poitou, 207 ; — débarque le troisième à l'attaque de Tripoli, 207 ; — en 1367, le roi Pierre le charge de se rendre à Paris pour faire les apprêts du combat singulier qu'il avait accepté avec Florimont de Lesparre, 234, 288 ; — il était connu à Paris, où il était déjà venu en 1364, 235, 287, n. 73, xix.

Colonne (La sainte) ou la sainte Estache à laquelle N. S. fut attaché pour la Flagellation, 174-175, 181.

Commerque ou Droits de douane

[note manuscrite en marge : Coulonges (de) mille française]

perçus dans les Etats du fultan d'Egypte, 173, 184, 286, n. 55.

Communes marchandes ; combien elles étaient hoftiles aux croifades au XIVᵉ fiècle, 220-221 ; voy. Aragonais, Génois, Vénitiens.

Conflans, v. du Gatinais, près & au S. de Montargis, fur le Loing (dép. du Loiret), xxxiv.

CONFLANS (Meffire Gautier de), raconta à Guillaume de Machaut, en préfence de deux autres perfonnes, le meurtre du roi Pierre Iᵉʳ & les événements qui fuivirent, 248, 254, 256, 261, 273; — il prétend avoir été témoin oculaire de ces événements, 246, v. 7979, 248, v. 8021, 270, v. 8737 ; — raifons de douter abfolument de fa véracité, 288, n. 75, 289, n. 82, & Préface, xxiij-xxv; — fon récit du meurtre du roi Pierre & des circonftances qui l'amenèrent, eft controuvé par les faits & les témoignages les plus certains, xxiv, xxvj.

CONTES (Jean de) ou de Coutes, écuyer françois, 142, 178.

CORBON (Le bâtard de), écuyer françois, 142.

CORDELIER (Le) ; voy. PUIGNON.

CORNARO-PISCOPIA ou de'Pifcopi, à Venife (Palais de la famille), le roi Pierre Iᵉʳ l'habite, 278, n. 4.

Coflen, Koft ou *Kofla*, v. de Siléfie, 39.

Cour de Rome (La) pour la Cour d'Avignon, 21.

Courc, Court ; voy. *Gorhigos*.

COUTANCES (Aimé de), chevalier françois, 145.

COUTES (Jean de) ; voy. CONTES.

Cracovie, Cracoe, Craquoe, v. de Pologne, 32, 39 ; on y tient une conférence fur les projets de croifade, 40, xv, n.

Cramboufa, Gramboufa, Crambouse, Crambouze, ilot au S. de la côte d'Afie-Mineure dans le canal de Chypre, 64, 280, n. 18.

Croifades ; combien, après avoir donné l'effor au commerce des chrétiens dans la Méditerranée au XIᵉ & au XIIᵉ fiècle, elles étaient devenues difficiles & nuifibles au commerce au XIVᵉ, 219, 220. Voy. VÉNITIENS, GÉNOIS.

Croix du Bon Larron, en Chypre (La), 10, 277.

D

Damas, v. de Syrie ; — douanes, 173.
— le, v. d'Egypte, fa douane, — fon fleuve, que Machaut appelle le Tigre, 191 ; — captivité de S. Louis, 192.

Danemarck ou *Danemarche* (Le), pays d'Europe, 249.

Danube (Le), fleuve, *la Denoe*, 43.

Denoe (La), le Danube.

DESCHAMPS (Euftache), écrivain, contemporain & ami de Guill. de Machaut, x, xviij.

DYCI (Pierre de), chevalier confeiller du roi, xxxiv.

Douanes ou Commerque dans les Etats du fultan d'Egypte, 173 ; — le taux était de 10 pour cent, 173.

DOUIN (LE) de Bouvillier, pour Jedouin de Bouvillier, combat en Caramanie, 152.

Drogmans, Druguemens ou interprètes, 197.

Duringue, Daringue ; voy. *Thuringe*.

E

ECOSSAIS (chevalier) qui fe diftingue à la prife d'Alexandrie, 86.

EDESSE (Le comte d'), voy. MORPHO (Jean de).

— vainement attaquée par les Chypriotes, 121.

Candie, île de la Méditerranée ; le roi de Chypre y relâche, 49, 279, n. 14.

Canons, employés chez les Caramans, 160 ; voy. Artillerie.

Caraman de Turquie (Le grand), attaque la garnison chypriote de Gorhigos, 135 ; — récit de l'expédition envoyée par le roi Pierre au secours de Gorhigos, 135-171 ; — puissance de ce prince, 163-164.

Carinthie (La), *Quarateinne, Quarantainne*, province de l'empire d'Autriche, 46.

CARMESSON (Jean de), v. JEAN.

CASIMIR III, roi de Pologne, 41.

CATTANEO (Daganeo), génois, ambassadeur au Caire, 285, n. 52.

CAYLUS (Le comte de), viij.

Cérémonial des audiences du sultan d'Egypte, 194-199.

CHAMBLY (Jeanne, dame de), xxxiv. — (Pierre de), chev. français, xxxij.

CHARLEMAGNE (L'empereur), 3.

CHARLES V, roi de France, d'abord duc de Normandie ; éloge de sa mère, 25 ; — date de son sacre, 25, 26 ; — le roi de Chypre y assiste, 25, xvj ; — Guillaume de Machaut a peut-être composé la musique de la messe de son sacre, xvj.

CHARLES de Luxembourg, roi de Bohême, empereur d'Allemagne, fils de Jean de Luxembourg l'aveugle, 24, xv ; — réside à Prague, 30, 32 ; — son éloge, le bien qu'il a fait à son pays, 31-32 ; — reçoit le roi de Chypre, 33 ; — l'impératrice sa femme, 35 ; — il propose au roi une conférence à Cracovie avec les rois de Hongrie & de Pologne, 37, 40.

CHASSENAGES, chev. dauphinois, voy. SASSENAGE.

CHASSY (Adam de), chevalier, xxxiij.

CHASTELET, écuyer angevin, se distingue à l'attaque de Tripoli, 206-207.

CHENEVIÈRES (Raoul de), chev. français, 141.

Chevaliers, voy. Liges.

Chiti ou *Kiti*, v. de Chypre, voy. *Le Quid*.

CHRISTINE DE PISE ou de Pisan, écrivain, mal renseignée sur les événements de Chypre, 290, n. 88.

Chypre (Ile de), ses relations avec l'Asie-Mineure, 278, n. 7.

Citium, ancienne v. de Chypre, aujourd'hui Larnaca & La Scala, à l'E. de Chiti, qui a retenu l'ancien nom, en français *Le Quid*, 287, n. 72.

CLAIRVAUX, Clervaus (Le sire de), chev. français, 140.

Colcos, voy. *Gorhigos*.

Colchide (La), ancien pays d'Asie, sur la côte du Pont Euxin, arrosé par le Phase, n'est point Gorhigos (*Colcos*) en Asie-Mineure, comme le dit Machaut, 137.

Cologne, Coulongne, v. d'Allemagne, 27.

✱ COLOGNE (Perceval, Percevaux de), chev. poitevin ; chambellan du roi Pierre Ier, 60 ; — avait été longtemps prisonnier à Alexandrie, 61 ; — le roi le consulte souvent, 60, 61, 84 ; — sa belle conduite au siège d'Alexandrie, 72, 75 ; — il attaque la Porte de la Douane, qui finit par être enlevée, 85, 88 ; — était de la province du Poitou, 207 ; — débarque le troisième à l'attaque de Tripoli, 207 ; — en 1367, le roi Pierre le charge de se rendre à Paris pour faire les apprêts du combat singulier qu'il avait accepté avec Florimont de Lesparre, 234, 288 ; — il était connu à Paris, où il était déjà venu en 1364, 235, 287, n. 73, xix.

Colonne (La sainte) ou la sainte Estache à laquelle N. S. fut attaché pour la Flagellation, 174-175, 181.

Commerque ou Droits de douane

perçus dans les Etats du fultan d'Egypte, 173, 184, 286, n. 55.
Communes marchandes; combien elles étaient hoftiles aux croifades au XIVe fiècle, 220-221; voy. Aragonais, Génois, Vénitiens.
Conflans, v. du Gatinais, près & au S. de Montargis, fur le Loing (dép. du Loiret), xxxiv.
CONFLANS (Meffire Gautier de), raconta à Guillaume de Machaut, en préfence de deux autres perfonnes, le meurtre du roi Pierre Ier & les événements qui fuivirent, 248, 254, 256, 261, 273; — il prétend avoir été témoin oculaire de ces événements, 246, v. 7979, 248, v. 8021, 270, v. 8737; — raifons de douter abfolument de fa véracité, 288, n. 75, 289, n. 82, & Préface, xxiij-xxv; — fon récit du meurtre du roi Pierre & des circonftances qui l'amenèrent, eft controuvé par les faits & les témoignages les plus certains, xxiv, xxvj.
CONTES (Jean de) ou de Coutes, écuyer français, 142, 178.
CORBON (Le bâtard de), écuyer français, 142.

CORDELIER (Le); voy. PUIGNON.
CORNARO-PISCOPIA ou de'Pifcopi, à Venife (Palais de la famille), le roi Pierre Ier l'habite, 278, n. 4.
Coften, Koft ou *Kofta*, v. de Siléfie, 39.
Cour de Rome (La) pour la Cour d'Avignon, 21.
Courc, Court; voy. *Gorhigos*.
COUTANCES (Aimé de), chevalier français, 145.
COUTES (Jean de); voy. CONTES.
Cracovie, Cracoe, Craquoe, v. de Pologne, 32, 39; on y tient une conférence fur les projets de croifade, 40, xv, n.
Cramboufa, Gramboufa, Crambouſe, Crambouze, îlot au S. de la côte d'Afie-Mineure dans le canal de Chypre, 64, 280, n. 18.
Croifades; combien, après avoir donné l'effor au commerce des chrétiens dans la Méditerranée au XIe & au XIIe fiècle, elles étaient devenues difficiles & nuifibles au commerce au XIVe, 219, 220. Voy. VÉNITIENS, GÉNOIS.
Croix du Bon Larron, en Chypre (La), 10, 277.

D

Damas, v. de Syrie; — douanes, 173.
Damiette, v. d'Egypte, fa douane, 173; — fon fleuve, que Machaut appelle le Tigre, 191; — captivité de S. Louis, 192.
Danemarck ou *Danemarche* (Le), pays d'Europe, 249.
Danube (Le), fleuve, *la Denoe*, 43.
Denoe (La), le Danube.
DESCHAMPS (Euftache), écrivain, contemporain & ami de Guill. de Machaut, x, xviij.

DYCI (Pierre de), chevalier confeiller du roi, xxxiv.
Douanes ou Commerque dans les Etats du fultan d'Egypte, 173; — le taux était de 10 pour cent, 173.
DOUIN (LE) de Bouvillier, pour Jedouin de Bouviller, combat en Caramanie, 152.
Drogmans, Druguements ou interprètes, 197.
Duringue, Daringue; voy. *Thuringe*.

E

ECOSSAIS (chevalier) qui fe diftingue à la prife d'Alexandrie, 86.

EDESSE (Le comte d'), voy. MORPHO (Jean de).

40

EDOUARD, III, roi d'Angleterre, 21.
Egypte (Le fultan d') févit contre les marchands chrétiens après la prife d'Alexandrie, 115; — cérémonial des audiences qu'il donne aux ambaffadeurs chrétiens, 194-199; — fes éléphants & fa girafe, 201; — cérémonial du traité de paix conclu entre le fultan & le roi de Chypre en 1370, 282, n. 27 & 28; 285, n. 47.
Egypte, fes douanes, 173; — fa lieue, 208.
Egyptiens indigènes, peu propres aux armes, 61, 62.
ELÉONORE d'Aragon, reine de Chypre, fille de Pierre, infant d'Aragon, comte de Ribagorça, 4e fils de Jayme II, roi d'Aragon, femme de Pierre Ier de Lufignan; accufée, peut-être à tort, de relations fecrètes avec Jean de Morpho, comte d'Edeffe, 249, 288, n. 79; — défendue contre ces imputations par le prince d'Antioche, fon beau-frère, 250; — délaiffée par le roi fon mari, 288.
Eléphants du fultan d'Egypte, 201.
ENDRUET de Brabant, écuyer flamand, 142.

Engins de guerre, voy. Armes & Artillerie.
Epée (L'ordre de l'), fondé par Pierre Ier; defcription de fes emblèmes, 11, 12, 277.
Epiceries, comme la cannelle & le fucre, cultivées à Tripoli de Syrie, 210-211.
Erfurt, *Erefort*, v. de Pruffe, 28.
Ermenie, voy. *Arménie*.
Erefort, voy. *Erfurt*.
Efcharpe (La fainte), & mieux la fainte Eftache, 181, v. 5961.
Effelinguen, *Effelingue*, fur le Neckar, v. du Würtemberg, 27.
Eftache (La fainte), voy. la Sainte Colonne de la flagellation.
Eftaples, port de mer de Picardie, nom écrit pour la rime, 207.
Efthonie (L'), *Efloe*, *Etoe*, *Ofloe*, prov. de la Ruffie, 32.
ESTOUTEVILLE (Le fire d'), chevalier de Normandie, feigneur de Torcy, 144.
Ethiopie (L'), pays d'Afrique, 191.
EUBON du Vergier, chevalier français, xxxvj.
Euphrate (L'), fleuve, 191.
EUSTACHE Defchamps, voy. DESCHAMPS.

F

Famagoufte, v. de l'île de Chypre; *Famagoffe*, 10, 171, 174, 177, 180.
FAY (Oifellet du), chevalier français, 140.
Fêtes, 35, 45; voy. Joûtes, Tournois.
FÉTIS (Mr), viij, x.
Fiefs, achetés par des roturiers, qui deviennent nobles, xiij, xiv.

FLAVIGNY (Le fire de), chevalier français, en Orient, 145.
Flotain (prieuré de), dans le Gatinais, xiv, xxxj.
Franc (Le), — Franconie.
Franconie (La), *le Franc*, pays d'Allemagne, 27.
FRIQUANS (Monfeigneur Jean de), 284, n. 41.

G

GALLES (Le prince de), 227.
GALILÉE (Le prince de), voy. Hugues de Lufignan.

Gand, *Gant*, v. de Belgique, 105.
GAURELLE, Gaurele, Gaurelles,

TABLE ALPHABÉTIQUE. 315

Gaverelles (Jean de), chevalier chypriote, 254; — fut l'un des trois meurtriers du roi Pierre Ier, 269.
GAUTIER, voy. CONFLANS.
GAUVAINS, le paladin des Romans, 73.
GAVERELLES, voy. GAURELLE.
GÉDOIN, voy. BEAUVILLIER.
GÉNOIS, Genevois, leur force sur mer, 49; — se joignent à l'ambassade du Tricoplier de Chypre pour aider à conclure la paix avec le sultan, 180, 188, 193.
GENÈVE, en Suisse (Amédée III, comte de Genevois, de Genoive ou de), 69.
Gent d'Artois (La), 117.
GIBLET ou Gibelet (Henri de), vicomte de Nicosie, 255; — est témoin des atroces traitements infligés par ordre de Pierre Ier à ses enfants, 262, 265, 289, n. 81; — fut l'un des trois meurtriers du prince, 269, 270; — possédait le fief de Menico, 290, n. 84.
GIBLET (Jacques de), fils d'Henri, 255; — son altercation avec le comte de Tripoli, fils du roi, 256-257, 290, n. 84; — atroce châtiment que lui inflige le roi, 258, 265.
GIBLET (Marie de), fille d'Henri, vicomte de Nicosie, 255; — odieuse conduite du roi Pierre Ier à son égard, 259-261; — elle était veuve de Hugues de Verny; le roi veut la contraindre à épouser un tailleur, 290, n. 86.
Gien, v. de France, xxxj.

Girafe ou Arafe du sultan d'Egypte, 201.
Glogau, Glagouve, v. de Prusse, 39.
GODEFROY de Bouillon. 3.
Gorhigos, l'ancien Corycus, chez les Francs d'Orient Courc, v. & château de la Petite Arménie, sur la côte de Cilicie, vis-à-vis de l'ile de Chypre (Dulaurier, Hist. Arm., t.I, p.xxxiij); — pris par Pierre Ier de Lusignan, 20 & 278; — sa garnison chypriote assiégée par le grand Caraman, 135; — récit de l'expédition envoyée à son secours par le roi de Chypre, 135-171; — description de la ville & du château, 136; — Haïton l'historien en fut seigneur, 278, 284; — n'est point, comme le dit Machaut, la Colchide (Colcos) où Jason conquit la Toison d'or, 137; — conservé par les Lusignans jusqu'en 1448, 284, n. 38.
Gramboufa, ilot; voy. Cramboufa.
GRÉSILLE (Pierre de), à l'expédition de Gorhigos, 141.
GRIMORT (Perrin de) sert dans l'armée du roi de Chypre, 206.
Griparie, sorte de navire, 57.
GUERROT, écuyer gascon, sert dans l'armée du roi de Chypre, débarque le premier à l'attaque de Tripoli, 206.
GUIBELIN, dans Machaut, pour IBELIN.
Guyenne, prov. de France, aux Anglais, 227, 230.
Gyon (Le), fleuve que l'on croyait sortir du Paradis terrestre, 191.

H

Handressi, v. de France; voy. Landrecies.
HAÏTON ou HAYTON, l'historien, seigneur de Gorhigos, 278, n. 7.
Haute Cour du royaume (La); importance de cette institution dans les Etats latins d'Orient; seule la Haute Cour, & non le roi, peut condamner un lige, 289, n. 81, xxij, xxv.
HECTOR, fils de Priam, 3, 218, 237.
HÉLÈNE, femme de Pâris, 66.
HERFORD ou Herefort (Le comte de), chev. anglais dans l'armée du roi de Chypre, 206, 229.

Hongrie (royaume de), 32, 38, 41; voy. LOUIS, roi de Hongrie.

Hôpital ou de Rhodes (chevaliers de l'), fecondent les entreprifes militaires du roi de Chypre, 52, 57, 59; — leur belle conduite au fiége d'Alexandrie, 76, 87.

HOSTES Boutellin, écuyer, 142.

HUGUES IV, roi de Chypre, père de Pierre Ier, v. LUSIGNAN.

I

IBELIN (Alix d'), mère du roi Pierre Ier, remariée après la mort d'Hugues IV avec Philippe de Brunfwick, connétable de Jérufalem, 265, 291, n. 90; — odieufement & calomnieufement accufée d'avoir pouffé au meurtre de fon fils, 254, 288, n. 79, 290, n. 88.

IBELIN (Jean d'), comte de Jaffa & d'Afcalon, fire de Rama, auteur du *Livre des Affifes*, fils de Philippe d'Ibelin & d'Alix de Montbéliard, 291, n. 95.

IBELIN (Jean d') dit *Guibelin*, par Machaut, comte de Jaffa (on ne fait pas fa généalogie); était en 1365 fur la flotte chypriote qui alla à Rhodes joindre le roi Pierre revenant de Venife, 279, n. 15; — ne peut donc être Jean d'Ibelin, fénéchal de Jérufalem, 284, n. 40; — avait pris part en 1367 à l'expédition de Gorhigos, 138, 284, n. 39.

IBELIN (Jean d'), fénéchal de Jérufalem, accompagne le roi Pierre à fon premier voyage en Europe, 284, n. 40; — il aurait été quelque temps au fervice du roi d'Angleterre, *ib.*; — ne peut être le comte de Jaffa, *ib.*

IBELIN (Philippe & non *Jacques*, comme il eft imprimé par erreur à la manchette de la p. 268), fire d'Arfur, avait accompagné Pierre Ier dans fon fecond voyage en Europe, l'un des commiffaires de la Haute Cour après la mort du roi Pierre, décapité en 1373 par les Génois (*Hift. de Chypre*, t. II, p. 291, 335, 341. Machera, p.267; Strambaldi, 137v°, Amadi, fol. 274); — prend part à l'expédition de Gorhigos, 284, n. 39; — fut l'un des meurtriers du roi Pierre Ier & lui porta les premiers coups, 262, 268, 269.

IMPÉRIAL ou Imperiali (Jean), ambaffadeur génois, envoyé au Caire, 176, 285, n. 52.

Inde ou *Ynde la majour*, les grandes Indes, 107, 209.

IRBOUGA, voy. YELBOGA.

J

JASON, fa conquête de la Toifon d'or, 137; voy. *Colchide*.

JAUCOURT (Philippe de), chev. français, 145.

JEAN II, roi de France, d'abord duc de Normandie; — voit le roi de Chypre à Avignon, 21; — nommé par le pape chef de la future croifade, 22; — fa mort, 23; — éloge de fa femme Bonne de Luxembourg, 24 (voy. ce nom); — fes fils, 25.

JEAN, duc de Berry, fils du roi Jean II, frère de Charles V, 25; — débiteur de Guillaume de Machaut, xvij.

JEAN de Carmeffon, relig. carme, fon panégyrique de Pierre de Thomas, 281, n. 24.

JEAN de Luxembourg ou Jean l'Aveugle, roi de Bohême; — fes enfants, 24, 33; — fon éloge, 24, 25, 278, n. 11, xv; — Machaut fut 30 ans fon fecrétaire, 24, xiv; — combien Machaut garda pour lui de la reconnaiffance, 279, n. 11, xv; — tué à Crécy, xiv.

TABLE ALPHABÉTIQUE.   317

JEAN de Monſtry, amiral de Chypre; voy. MONSTRY.
JEAN de Mors, chev.; voy. MORPHO.
JÉDOUIN, GÉDOIN; voy. BEAUVILLIER.
Jéruſalem, v. de Paleſtine; ſa douane, 173.
Jéruſalem (Grands offices du royaume de), conſervés dans le royaume de Chypre, 280, n. 20.
JOUDOUIN de Bouvillier, Biauvillier; voy. BEAUVILLIER.
Joure (Le), riv. du Frioul, 47.
Joûtes & tournois, 26, 42, 126.
JULEP, émir égyptien, 199.
JULIEN (St), 104.

K

Kaliſch, *Calis*, *Calix*, v. du roy. de Pologne, 39.
Kiti, v. de Chypre; voy. *Le Quid*.
Koſt, *Koſta*, v. de Siléſie; v. *Coſten*.

L

LA BOVE (Gaubert ou Gobers de), chev. français, 141; — bleſſé grièvement à Gorhigos, 153.
Lajazzo, ville & port fortifié de la Petite Arménie, dite auſſi *Alayas*, *Layas* (*Hiſt. de Chypre*, t. II, 74, n. 115, n. 267, n. 304, 387, 532); — ſa deſcription, 211; — le roi d'Arménie y donne rendez-vous au roi de Chypre pour attaquer les Turcs, 211; — le roi de Chypre y débarque malgré les Sarraſins, qu'il met en fuite, 213-214; — il ne peut s'emparer du château, 215.
La Liche, v. de la côte de Syrie, voy. *Laodicée*.
LA MARCHE (Thomas de), chevalier français, avait battu en champ clos Jean le Vicomte, chev. chypriote, en Angleterre, 249.
LAMBEQUIN de Le Conte, écuyer, 142.
LAMENEVAIN (Hervé de), écuyer breton, 142.
Landrecies, v. de France, au Moyen-Age *Handreſſi*, *Andreci*.
LANDRECIES ou HANDREFFI (Raoulin de), écuyer français, 142.
Laodicée, dite La Liche, v. de la côte de Syrie, auj. Lattaquié, ſaccagée par le roi de Chypre, 212.
LA PRADÈLE (de), voy. RAYMOND.
LA QUEVILLE (Le ſeigneur de), chev. de Normandie, 143.
LA RIVIÈRE (Jean de), ſire de Préaux, chev. franç., 284, n. 41.
Larnaca, v. de Chypre, voy. Les Salines.
Larron (La croix du Bon), 10, 277.
LASCARIS (Thomas), chev. grec, prend part à l'expédition de Gorhigos, 284, n. 39.
La Voulte, ſeigneurie du Vivarais en Languedoc, ſur la rive droite du Rhône, au N.-E. de Privas; un couſin de Bermond en était ſeigneur, 144.
LA VOULTE (Bremond ou Bermond de la), chev. français au ſervice du roi de Chypre, dont il fut chambellan; — ſa belle conduite au ſiége d'Alexandrie en 1365, 72, 73, 75; — il était de Provence, dit Machaut, 74 (mais plus exactement du Languedoc, voy. *La Voulte*); — chambellan du roi Pierre de Luſignan, 111; — ſemble avoir été connu perſonnellement de Guillaume de Machaut, 111, v. 3669, xix; — le roi lui confie le commandement d'une deſcente ſur les côtes de Syrie, 111-114; — en 1367, commande une galère à l'expédition de Gorhigos, 144, 145; — un de ſes couſins était ſire de La Voulte, 144; — arrive à Gorhigos, 158; — ſa bravoure à l'attaque de l'armée du Caraman, 162, 163, 164, 168;

— se distingue à l'attaque de Tripoli, 207; — avait été à Constantinople engager Florimont de Lesparre au service du roi de Chypre, 228.

LE BAVEUX (Guy), chev. français, 74, 284, n. 41; — ses deux fils (qui seraient Robert le Baveux & Jédouin de Beauvillier; voy. ces noms), 74, 193; — prend part à l'expédition de Gorhigos, 139, 147, 148, 151; — est blessé, 153; — obtient du roi la faveur d'accompagner avec ses fils l'ambassade envoyée en 1367 au Caire, 178, 193.

LE BAVEUX (Renaud), chev. français, cousin germain de Robert le Baveux & par conséquent neveu de Guy de Baveux, 140, 151.

LE BAVEUX (Robert), chev. français, fils de Guy Le Baveux, 140, 151, 178.

Lebech, Lebeccio (Vent de), soufflant entre le S. & l'O, 185.

LEBEUF (L'abbé), viij, ix.

Le Caire ou Quaire (Le), capitale de l'Egypte, 116, 126, 127; magnifique réception qu'on y fait aux ambassadeurs du roi de Chypre, 192-194; — détails divers, 193; — mille fois plus grand que Paris, 193; — le vieux Caire est la nouvelle Babylone ou la Babylone d'Egypte des croisés, 286, n. 59.

LE COCHE (Hervé), chev. français, 141.

LE CONTÉ ou LA COMTÉ (Lambequin de), écuyer, 142.

LE CORDELIER DE PUIGNON ou Pingon, chev. normand, 143, 145.

LE DOUIN DE BOUVILLER, erreur pour Jedouin de Bouviller; voy. Beauvillier.

Légat (Le), voy. PIERRE de Thomas.

Lens, v. de France, 108.

Le Quid, château des rois de Chypre, situé au village actuel de Chiti ou Kiti, à l'O. de Larnaca & de la Scala, l'ancien Citium, 233, 287, n. 72.

LE ROUX (Robert), chev. anglais, prend part à l'expédition de Gorhigos, 138, 284, n. 41; — accompagne l'ambassade chypriote au Caire, 178, 193.

LESPARRE (Florimont, sire de), chevalier de Gascogne, commande la 4e galère en 1367 à l'expédition de Gorhigos, 142-143, 145, 284, n. 39; — son escarmouche imprudente, 147; — est blessé à la main, 147; — remarque le premier la retraite du Caraman, 161; — sa bravoure dans le combat, 163, 164, 168; — long récit de sa querelle & de sa réconciliation avec le roi de Chypre, 224, 244; — origine de son différend avec le roi, 224; — les véritables circonstances du motif & du commencement de ce différent restées obscures, 287, n. 70; — avec quelle haute estime il avait été d'abord accueilli par le roi, 224-225; — il est cassé aux gages par le roi, au moment de l'expédition de Tripoli, 225; — il défie le roi en champ clos en se retirant de son service, 226, 228, 230; — il était vassal du roi d'Angleterre, 227, 230, 287, n. 71; — le roi l'avait envoyé chercher à Constantinople pour le prendre à son service, 228; — temps pendant lequel il avait servi le roi, en partie à ses frais, en partie à la solde du roi, 228, 287, n. 69; — le roi daigne accepter son cartel, 231; — Florimont cherche à rentrer en grâce auprès de lui, 235; — par la médiation du pape, le roi promet d'accepter ses excuses, 236, xxj; — il présente ses excuses au roi & le sert à la collation, où la réconciliation est confirmée, 243-244; — il n'avait pas assisté à la prise d'Alexandrie, 287, n. 69.

LE VICOMTE (Messire Jean), chev. chypriote, nom de famille & non point de fonction; — ses rapports imprudents sur ce qui s'était passé en Chypre en l'absence du roi Pierre, 248-249 ; — avait été déconfit en champ clos par Thomas de la Marche en Angleterre, 249 ; — il maintient ses accusations malgré les dénégations des barons chypriotes & offre son gage de bataille, 250 ; — les barons indignés refusent d'autoriser le combat, 251 ; — la Haute Cour le condamne à la prison perpétuelle ; sa mort, 252-289, n. 80 ; — réflexions sur le sort que lui valurent ses indiscrètes révélations, 252-253, 288, n. 79 ; — injustement sacrifié, 289, n. 81.

Liegnitz, Liguenisse, Linguenise, v. de Prusse, 39.

Lieues d'Egypte, 208.

Liges ou chevaliers, ne peuvent être jugés que par la Haute Cour, 289, n. 81, cf. 288, n. 78, xxij.

Liguenisse, Linguenise, voy. *Liegnitz*.

Limassol, Limisso, Nimesson, v. de Chypre, 110, 111, 124, 129 ; — son palais ou château, 118.

Lombards (Marchands), 184.

Lombardie, province d'Italie, 47.

Londres, v. cap. de l'Angleterre, 93.

Lor (Vautier ou Gautier de), chev. français, 141.

Lornis (Jean de), chev. français, 141.

Louis (St), roi de France, fait prisonnier en Egypte, 192.

Louis, roi de Hongrie, 41.

Louis, duc d'Anjou, fils de Charles V, 25.

Louis de Bavière, empereur d'Allemagne, 24.

Lübeck, Lubecque, v. de Prusse, 29.

Lusignan (Hugues IV de), roi de Chypre, père de Pierre Ier, modère les penchants belliqueux de son fils, 13, xx ; — il punit, puis pardonne la désobéissance de Pierre, lorsque ce prince s'enfuit de Chypre, 17-18 ; — mourut le 10 octobre 1359, 19, 278, n. 6.

Lusignan (Hugues de), prince de Galilée, sénateur de Rome, neveu du roi Pierre Ier de Lusignan, fils de Guy de Lusignan, prince de Galilée, connétable de Chypre (mort en 1346), & de Marie de Bourbon, époux de Marie de Morpho, fille ainée de Jean de Morpho, comte d'Edesse ; — sa belle conduite en 1365 au siége d'Alexandrie, 70.

Lusignan (Jacques de), frère du roi Pierre Ier, connétable de Chypre, devenu lui-même roi de Chypre en 1382 ; — accompagne son frère le prince d'Antioche dans l'expédition de Gorhigos en 1367, 138 ; — son rôle dans le soulèvement des barons de Chypre contre le roi Pierre & au milieu des événements qui précèdent le meurtre du prince, 262, 263, 264.

Lusignan (Jean de), prince d'Antioche, frère du roi Pierre Ier ; — prend le commandement de l'expédition envoyée au secours de Gorhigos en 1367, 136, 137 ; — récit de l'expédition, 146-171 ; — il attaque vigoureusement l'armée du Caraman & la met en fuite, 162, 166 ; — il ramène la flotte en Chypre, 171 ; — défend la reine Eléonore contre les imputations de Jean le Vicomte, 250 ; — il prévient le roi du mécontentement des seigneurs & des dangers auxquels il s'expose ; importance de ce fait pour sa justification, 254, 289 ; — témoin du traitement atroce infligé par le roi aux enfants du vicomte de Nicosie, 262 ; — le roi s'ouvre à lui & à son frère Jacques au sujet des craintes qu'il conçoit, 263 ; il s'excuse de certaines menaces qui semblaient s'adresser à eux, 264 ; — accusé par Guillaume de Machaut d'avoir été le meurtrier du roi son frère ; récit entièrement erroné de Machaut, 266-268, xxij ; — avait accompagné son frère Pierre, alors comte de Tripoli, dans son

équipée de jeuneffe, 278, n. 5;
— il commande la flotte qui va rejoindre le roi à Rhodes avant de marcher fur Alexandrie, 279, n. 15; — prévient plufieurs fois le roi du mécontentement des barons, 289, n. 83, 291, n. 89.

LUSIGNAN (Pierre Ier de), roi de Chypre, porte le titre de comte de Tripoli, du vivant de fon père (voy. la table chronologique des fommaires, pag. 293); — doit être compté comme le 10e des Preux, 218; — éloges de ce prince, 218, 273; — fa mère Alix d'Ibelin, 254, 289, 291; — né le 9 octobre 1329, 5, 277; — veut aller en Europe à l'infu de fon père, 16, 277, n. 1; — fonde l'ordre de l'Epée, 277, n. 4; — emmène le prince d'Antioche dans fon équipée vers l'Europe, 278, n. 5; — couronné du vivant de fon père; dates & lieu de fes deux couronnements, 278, n. 6; — date exacte de fon départ de Venife, 279, n. 13; — jour & moment précis de fon meurtre, 288, n. 76; — vrais motifs du mécontentement des barons de Chypre contre lui, 288, n. 78, 290, xxj; — l'effroyable arbitraire auquel il fe laiffe aller amène fa mort, xxj & fuiv.; — obfervations & détails fur les circonftances de fa mort, xxiv-xxv; — fes frères injuftement accufés d'avoir participé ou confenti à fon meurtre, 290, xxv.

LUSIGNAN (Pierre II de), fils de Pierre Ier, comte de Tripoli fous le règne de fon père, prend deux beaux chiens de chaffe, malgré le fils du vicomte de Nicofie, Jacques de Giblet; malheureux événements qui furent la fuite de cette altercation, 256 & fuiv., 258; traité conclu fous fon règne avec le fultan d'Egypte, 282, n. 27.

LUXEMBOURG, voy. BONNE, CHARLES, JEAN.

M

Machaut ou *Machault*, v. de Champagne (dép. des Ardennes), x.

MACHAUT, deux familles de ce nom, l'une noble, l'autre bourgeoife, au XIVe fiècle, x, xj.

MACHAUT (Eudes de), chevalier, père de Pierre de Machaut, x, xxxij, xxxiij.

MACHAUT (Guillaume de), fervit longtemps la reine de France, Bonne de Luxembourg, fille du roi Jean de Bohême, 24; — fut 30 ans fecrétaire du roi Jean de Luxembourg, roi de Bohême, père de Bonne, 24-25; — femble avoir connu perfonnellement Bermond de La Voulte, 111; — fe nomme à la fin de fon récit, 274; — fon éloge de Jean de Luxembourg, 279, n. 11; — notions fur fa naiffance, fa vie, fes œuvres & fa mort, ix xviij; — examen critique de fa *Prife d'Alexandrie*, xviij-xxvj.

MACHAUT (Guillaume de), fils de Monfeigneur Pierre de Machaut, n'eft pas l'auteur de la *Prife d'Alexandrie*, xij, xxxiv.

MACHAUT (Hémard de), fils de Jean, bourgeois, xxxvj.

MACHAUT (Jean de), fils de Mgr. Pierre de Machaut, xxxv; voy. les obfervations au dernier § de Pierre.

MACHAUT (Jean de), chevalier, xj.

MACHAUT (Jean de), bourgeois de Chalons-fur-Marne, anobli par Charles V, xj.

MACHAUT (Jeanne de), fille du chevalier Eudes de Machaut, femme de Pierre de Chambly, xxxiij.

MACHAUT (Mgr. Pierre de), chevalier, chambellan du roi, xi, xxxij, xxxiij, xxxiv; — fa veuve Ifabelle, xxxiv; — fes enfants Pierre, Guillaume & Jeanne, xxxiv; — autre enfant Jean, xxxv. Qu'on remarque ces mots de la cédule: « *Ledit* Monfeigneur Jehan de « Machau ». *Ledit* femble indiquer qu'il a été déjà fait mention de *Jean* dans la pièce; & c'eft pourtant la première fois qu'on le nomme. Qu'on remarque, en outre, que dans l'énumération des enfants de Pierre de Machaut figurent deux *Guillaume*. N'aurait-on pas écrit par erreur dans cette ligne, comme dans la rubrique, le premier nom de Guillaume au lieu de Jean.

MACHAUT (Robert de), panetier du roi, xxxvj.

MACHAUT d'Arnouville (famille de), xj.

MACHERA (Léonce), chroniqueur chypriote, xxij, xxviij.

MAILLY (Jacques de), chev. français, 140.

MAIZIÈRES (Philippe de), chancelier du roi de Chypre, préfent à la prife d'Alexandrie, 281, n. 23; — la vie qu'il a écrite de fon ami le B. Pierre de Thomas, 281, n. 23, 24; — fon enthoufiafme & fes exagérations, 281-282, n. 24; — n'eft pas équitable à l'égard des frères du roi Pierre, 290, n. 88, xxij, xxv.

Maréchaux de Chypre & de Jérufalem, il y en avait prefque toujours deux fimultanément en titre, 280, n. 20; — l'un pouvait être en même temps chargé de l'amirauté, 280.

MARGUERITE (Sainte), fes miracles, 15.

Marguerite (La), château conftruit par Pierre Ier auprès de Nicofie, 259, 265, 290, n. 85.

Marine, voy. Navires.

Menico, v. de Chypre, dans le Morpho, fief appartenant aux Giblet, 290, n. 84.

Metz, v. autrefois à la France, 42.

Milles, mefure de longueur, 181.

Miféricordieufe (Chapelle de la), près Nicofie, 290, n. 85.

Mifnie (Marquifat de) ou de *Miffe*, de l'ancienne ville de *Meiffen*, près de Drefde, en Saxe, 28, 32.

Miffe (Marquifat de), la Mifnie.

MONBOUCHIER (Le feigneur de), chev. français, 145.

MONSTRY (Jean de), amiral de Chypre (fuivant Machaut) en 1366 & 1367, 114, 153 & cf. 281, n. 20, 287, n. 70; — en 1366, chargé comme amiral de Chypre d'une expédition en Afie-Mineure, 120; — commande la 3e galère en 1367, à l'expédition de Gorhigos, 139, 145; — fon arrivée à Gorhigos, 147; — fes matelots engagent inconfidérément une affaire avec les Turcs en fon abfence, 150; — eft bleffé, 153; — à l'attaque de Tripoli, en 1367, défigné feulement fous le titre d'amiral, 206.

Montargis, v. du Gatinais (dép. du Loiret), xvj, xxxj, xxxij; — le prieuré de Montargis, xxxj, xxxij; — la forêt de Montargis, xxxiv.

MONTGESARD (Jacques de), 284, n. 39.

Mont S. Croix ou *Stavro Vouni*, montagne de Chypre près de Larnaca, 10, 277.

Moravie, Morave, pays d'Allemagne, 32.

MORPHO (Jean de), comte d'Edeffe, de Roha ou Rohais, nommé dans Machaut *Jean de Mors* ou *del Morf*, chev. chypriote, maréchal de Chypre (voy. *Hift. de Chypre*, t. III, 741, n.); — fes exploits à l'expédition d'Alexandrie, 74; monte fur la première galère à l'expédition de Gorhigos, 138; — accufé d'entretenir des relations avec la reine Éléonore d'Aragon, femme de Pierre Ier de Lufignan, 249, 288, n. 79; — témoin des atroces traitements infligés par le roi Pierre aux enfants du vicomte de Nicosie, 262; — maréchal de Chypre en 1365, 280, n. 20.

Muses d'Auffay, instrum. de musique, 36.
Musique (noms de plusieurs instruments de), 35, 56.

N

NANTOUILLET (Le seigneur de), chev. français, 140.
NASSARDIN, émir égyptien, renégat génois; — ses mauvaises dispositions à l'égard des chrétiens, 182, 185-187, 190.
Navires divers du moyen âge, 57, 279, n. 16; 281, n. 22; 283, n. 35.
Neustadt, Nuistat, au S.-O. de Glogau, sur la Broudnitz, v. de Prusse, 39.
Nicosie, v. cap. de l'île de Chypre; — (le vicomte de) voy. Henri de Giblet; (Raymond, archev. de) 288, n. 73.
Nil (Digression sur le), 190.
Nimesson, v. de Chypre; voy. *Limassol*.

Noblesse, souvent obtenue par les roturiers, moyennant l'acquisition de fiefs, xiij-xiv.
NORÈS (Jacques de), dit *Le Tricoplier*, tricoplier de Chypre, 262; — commande une galère à l'expédition de Gorhigos, 138, 145; — chargé d'aller chercher des renforts en Chypre, 159; — revient avec des renforts quand le Caraman avait été déjà mis en fuite, 170; — chef d'une ambassade envoyée au Caire, 177, 193, 197; — récit de l'ambassade, 188-201.
NORÈS (Simon de), chev. chypriote, 284, n. 39.
Nuistadt, voy. Neustadt.

O

Ogier (Le Plait), 109.
OMONT (Philippe d'), voy. Aumont.
Ordre de l'épée, ordre de chevalerie, fondé par Pierre Ier de Lusignan, 11, 12, 277.
Osteriche (L'), l'Autriche.
Ostoe (L'), voy. *Esthonie*.

P

Pampelune, v. d'Espagne, 105.
Panfiles, espèce de navires, 57.
Paradis terrestre (Le), 191.
PARIS (Mr Paulin), viij, xvij.
Paris, v. cap. de la France, infiniment plus petit que le Caire, 193.
Passau, Bassenouve, Basenouve, v. de Bavière, 39.
PASTÉS, Paté (Jean), chev. français, prend vaillamment part à l'expédition de Gorhigos, 139, 147, 149, 151, 284, n. 41; — avait servi en Allemagne sous le roi de Bohême, Jean de Luxembourg, 149; — est blessé à Gorhigos, 153.
Paucourt, en latin *Pauca Curia*, v. du Gatinais au milieu de la forêt de Montargis (Loiret), xxxiv.
Pèlerinage au Saint-Sépulcre soumis à des tributs par les Sarrasins, 124, 125, 174, 283, n. 33; — le tribut était de 5 florins par tête,

174; — protégés par les confuls français, 283, n. 33.
PERCEVAL, Percevaux, chev., voy. COLOGNE.
PÉRIGORD ou de Pierregort (Le cardinal de), voy. TALLEYRAND.
PETIT (Jacques), chev. chypriote, 138.
PHILIPPE le Bel, roi de France, ix, xiij, xiv.
PHILIPPE de Valois, roi de France, xvj.
PHILIPPE, duc de Bourgogne, fils de Charles V, 25.
Phyſſon (Le), fleuve que l'on croyait au moyen âge fortir du Paradis terreſtre, 191.
PIERRE I, PIERRE II, v. LUSIGNAN.
PIERRE DE THOMAS, patriarche de C. P., légat en Orient, ami de Philippe de Maizières; fe trouve à la prife d'Alexandrie, 106; — eſſaie vainement d'empêcher l'évacuation de la ville, 109, 281; — notice fur ce perſonnage, 281, n. 24.
PIERREGORT, voy. Périgord.
PISAN (Chriftine de), a répété les accuſations vulgaires portées contre les frères du roi de Chypre, xxij, xxv.
Plait Ogier (Le), 109.
POISSY (Gilles de), chev. français, 140.

Pologne (La), *Poulainne*, ancien roy. d'Europe, 32, xv; voy. Cafimir III.
POLOGNE (Jacques de), chev., 283, n. 37.
Poméranie (La), *Poumerelle*, prov. de la Pruſſe, 32.
POMPÉE, grand capitaine, 117, 121.
PONT (Thibaut du), chevalier français, 143; danger qu'il court à Gorhigos, 147.
Poulainne (La), la Pologne.
Poumerelle (La), la Poméranie.
POUVILLE (Jean de Bouilly ou de), chevalier français, xiij.
PRINCE (Le), déſigne dans Machaut Jean de Luſignan, frère du roi Pierre Ier, prince d'Antioche.
Prague, v. de Bohême, réſidence de l'empereur d'Allemagne, 30, 33.
PRÉAUX (Jean de la Rivière, fire de), chev. français, 284, n. 41.
Preux (Pierre Ier, roi de Chypre, digne d'être nommé le 10e des), 218.
Pruſſe, *Prufce*, pays d'Europe, 32.
PUCHAY (Mgr. du), 284, n. 41.
PUIGNON, Pingnon ou Pingon (Le Cordelier de), chev. normand, 143.

Q

Quaire (Le), voy. *le Caire*.
Quarateinne, voy. *Carinthie*.

R

RABETTE, chev. français, prend part à la croifade du roi de Chypre, 145.
RACCANELLI ou RAGUENEL (Pierre), ambaſſadeur génois envoyé au Caire, 176, 285, n. 51 & 52.
Ranguenite, v. de la Ruſſie occid.
ou peut-être la province de Ruthénie, 32.
RAYMOND de la Pradèle, originaire du Périgord, archev. de Nicoſie, 288, n. 73.
Reims, v. de France, 25.
REIMS (Jean de), écuyer français, prend part en 1367 à l'expédition

de Gorhigos, 142; — son éloge, 179; — demande vainement au roi de Chypre l'autorisation d'accompagner Jacques de Norès dans son ambassade au Caire, 179; — parvient à être reçu parmi les commensaux de l'un des négociateurs génois & suit ainsi l'ambassade, 180; — récit de l'ambassade, 188-201; — c'est lui qui raconta à Guillaume de Machaut les événements de Gorhigos, du Caire, d'Alexandrie & de Tripoli auxquels il avait assisté, 180, xx; — exactitude & haute valeur de ses informations, xxj, xxvj.

REINE (La), voy. ELÉONORE d'Aragon.

Reliques; la sainte Colonne, 174; — la sainte Escharpe ou la sainte Estache, 181.

RENOUARD, RENOUART, un des preux des chansons de geste, 66.

RÉSIGNY, Rosigny, Rossigny (Mansart, Mensaus de), écuyer français, 141; — blessé à Gorhigos, 153; — sa bravoure, 156.

Rhodes (île de), 230; — le roi de Chypre y séjourne, 52; — la flotte chypriote vient l'y rejoindre avant que le roi ne fit voile vers Alexandrie, 56, 57, 279, n. 15-18; voy. chev. de l'Hôpital.

RIVE (L'abbé); sa notice sur G. de Machaut, viij, ix.

ROCHEFORT (Jean de), chev. breton, 143, 287, n. 70; — secourt Thibaut de Pont dans un combat, 147; — sa bravoure, 155; — blessé grièvement à Gorhigos, 157.

RODOLPHE IV, duc d'Autriche, 44-46.

ROHA, ROHAIS, ROHAS, ROUHAIS (Le comte de), est le comte d'Edesse & de Morpho; voy. MORPHO (Jean de).

Roman de la Rose (Le), 262.

Rome, en Italie, le roi de Chypre y séjourne en 1368, 219.

Rome (La cour de), pour la cour d'Avignon, 21.

Rosette, Rousset, v. d'Egypte, 192.

ROSIGNY (de), voy. RÉSIGNY.

Russie (La), pays d'Europe, xv.

S

Saint-Denis (Fête de la), 96.

SAINT-MARTIN (Le seigneur de), chev. français, 141.

Saint Sépulcre (Le), voy. Pèlerinage, Tribut.

Sainte Sophie de Nicosie (église de), 272.

Saintes, v. de France, 140.

Sajette, v. de Syrie, est Sidon.

Salines (Les), nom de la ville de Larnaca ou La Scala, en Chypre, auprès de laquelle sont les Salines de Saint-Lazare. Les ruines de l'ancien *Citium* s'étendent principalement entre La Scala & Larnaca; 254, 277.

SASSENAGE ou Chassenages (Le sire de), chev. dauphinois, servit sous le roi de Chypre, 144.

Saffogne (La), la Saxe.

Satalie, l'ancienne *Attalea*, v. d'Asie-Mineure, prise par le roi de Chypre, 20; — son golfe, 280, n. 18.

SAUX, Saus (Guillaume de), chev. français, 140; — blessé à Gorhigos, 153.

SAUX (Jean de), chev. français, 141.

Saxe (La), *Saffongne*, pays d'Allemagne, 29.

Scala (La), v. de Chypre; voy. les Salines.

SCANDELION (Echive de), noble dame chypriote, était auprès du roi Pierre Ier la nuit où il fut tué, 288, n. 77, xxiv.

Schweidnitz, Svedenisse, v. de Bohême, 39.

SEDAMOUR, émir égyptien, très-hostile aux chrétiens, 159.
Sens, v. de France; la rue S. Antoine, xxxiij; — l'abbaye de St-Pierre-le-Vif, xxxiij.
Séville, v. d'Espagne, 225.
Sidon, Sajette, v. de Syrie; sa douane, 173.
SOVAIN (Jean de), chev. d'Anjou, 143; — blessé à Gorhigos, 147.

STRAMBALDI ou Strambali (Dioměde), chroniqueur chypriote, xxij, xxviij.
Sucre, récolté aux environs de Tripoli, 211.
Suedeniſſe, Svedeniſſe, voy. *Schweidnitz*.
Sur, v. de Syrie, est Tyr.
SUR (Jean de), amiral de Chypre, 279, n. 15; 280, n. 20.
Syrie (douanes de), 173.

T

Tafourées, taforèses, navires à porter les chevaux, 57, n. 16, 281, n. 22.
TALLANVILLE (Mgr. de), roi d'Yvetot, 284, n. 41.
TALLEYRAND DE PÉRIGORD (Le cardinal Elie), év. d'Albano, 22, 23; — son tombeau & son épitaphe retrouvés à Rome, 278, n. 10.
Tapis de Turquie, 196.
TARBÉ (M.), viij.
Taure (Le), v. *Torre* (Le).
Tavernes, mauvais lieux, 186.
Theſſalie (La), contrée d'Europe, 117.
THINOLI ou de Thinoli (Simon), chev. chypriote, dont le nom s'est écrit *Thinoly, Thynoly, Tinory, Tinouris, Thenouri, Tenouri*, était maréchal de Jérusalem; il avait servi les rois de France Charles V & Jean Ier, dans leurs guerres contre les Anglais (*Hist. de Chypre*, t. II, p. 116, n.; cf. *ib.*, p. 179); il accompagna le roi Pierre dans ses voyages en Europe (*ib.* p. 249, 254, 291, 302, 308); — maréchal du roi de Chypre, 69, 75, v. 2476, 280, n. 20; — prend part à l'expédition de Gorhigos, 138.
THOMAS (St), 106.
THOMAS (Pierre de), patriarche, voy. Pierre.
Thuringe (La), *la Duringue*, pays d'Allemagne, 27.

THYNOLY, voy. THINOLI.
Tigre (Le), fleuve d'Asie, 191.
TORCY, en Normandie (Le sire d'Estouteville, seigneur de), 144.
Torre (Le), *le Taure*, riv. du Frioul, qui passe à l'E. d'Udine & se jette dans le Lisonzo au-dessus d'Aquilée, 47.
Tortose, Tourtouze, v. de la côte de Syrie, saccagée par le roi de Chypre, 212.
TOURAINE (Le vicomte de), voy. TURENNE.
TRIBOUILLART de Tribouville, chev. français, 145.
Tribut ou treuage, exigé des pèlerins se rendant au St-Sépulcre, 124-126, 283, n. 33; — il était de 5 florins, 174.
Tricoplier (Le), voy. NORÈS (Jacques de).
Trinay, en Beauce (dép. du Loiret), xxx, xxxj.
Tripoli, Triple, v. de Syrie, 212; — sa douane, 173; — le roi de Chypre se décide à l'attaquer, 205, 254; — est mise au pillage, 209; — description de la ville & de ses beaux jardins, 210; — lors des préparatifs de l'expédition préparée contre la ville, le roi avait caſſé aux gages le sire de Lesparre, 225.
TRIPOLI (Comte de), titre du roi Pierre Ier de Lusignan avant son avénement au trône, devient à

cette époque le titre & le nom de son fils, Pierre II de Lufignan.
Tyr, Sur, v. de Syrie; fes douanes, 173.
TURENNE (Le vicomte de), fa belle conduite à la prife d'Alexandrie, 70; — eft d'avis d'évacuer la ville, qu'on ne pouvait défendre, 101, 102; — blâmé à tort à ce fujet par Philippe de Maizières, 282, n. 24.
Turquie, au Moyen Age, l'Afie-Mineure, 20, 120, 135; — fes tapis, 196.

U

URBAIN V, pape, reçoit le roi de Chypre à Avignon, 21; — feconde fes projets de croifade, 22; — reçoit le roi à Rome en 1368, 219; — raifons qui l'empêchent de confentir à la publication de la nouvelle croifade demandée par le roi, 219-220; — il l'engage à faire la paix avec le fultan, 220; — il engage les communes à envoyer des ambaffadeurs au fultan, 221-222; — parvient à réconcilier le roi de Chypre & Florimont, fire de Lefparre, en fauvegardant l'honneur royal, 224-244; — il engage le roi à rappeler Eléonore d'Aragon, fa femme légitime, & à refufer le Cartel de Florimont de Lefparre, 288.

V

Valènie, v. de la côte de Syrie, entre Laodicée & Tripoli, appelée Valence, pour la rime, 212; — faccagée par le roi de Chypre, 212.
VENDIERES (Jean de), chev. français, 141.
Venife (Ville de), le roi de Chypre y féjourne en 1364, 47-50; — il y féjourne de nouveau en 1368, 223, 287; — emblèmes de l'ordre de l'Epée fondé par le roi de Chypre, repréfentés fur un palais du Grand Canal, 278, n. 4.
VÉNITIENS, requis par le roi de Chypre de concourir à fa croifade, 48; — promettent de lui louer des galères, 49; — atteints dans leurs intérêts par l'expédition du roi, 115, 118, 125; — s'excufent auprès du fultan & s'emploient à la négociation d'un traité de paix, 116-119, 122-124, 282, n. 27 & 28; — combien ils étaient peu difpofés en faveur de la croifade du roi de Chypre, 279, n. 13; — s'efforcent de détourner fur l'Afie-Mineure & contre les Turcs les expéditions préparées contre les Arabes de Syrie & d'Egypte, 282, n. 27; — leur trop grand empreffement à annoncer la conclufion de la paix, après l'expédition d'Alexandrie, nuit aux négociations mêmes dont ils s'occupaient, 282, n. 27 & 28; — le roi fe plaint d'avoir été trompé par eux, 283, n. 35.
VÉRAIN (Affirmation par St), 139.
VERGIER (Du), voy. EUBON.
VERNEUIL (Hugues, Hues de), chev. français, 145.
VERNY (Hugues de), chev. chypriote, 290, n. 86.
VICOMTE ou Le Vicomte, famille chypriote, voy. LE VICOMTE.
Vicomte de Nicofie (Le); voy. GIBLET (Henri de).
Vienne, cap. de l'Autriche, 43.
VIMES (Le feigneur de), en Normandie, 144.
Vimeu (Le), pays de Normandie, 144.
Voir-Dit (Le livre du), ouvrage de Guill. de Machaut, xvij.

Y

YELBOGA, Irbouga, émir égyptien, ses mauvaises dispositions à l'égard des chrétiens, 182, 185-186; — est tué par les siens, 186-187.

Ynde, voy. *Inde*.
Ypre, v. de Flandre, 233.
YVETOT (Mgr. de Tallanville, roi d'), 284, n. 41.

Achevé d'imprimer
le xxx avril m.ccc.lxxvij
*
GENEVE
Imprimerie J.-G. Fick

RAPPORT DU SECRÉTAIRE-TRÉSORIER

Messieurs,

A perte regrettable dont vient de vous entretenir notre président, ne saurait être passée sous silence dans le rapport annuel de votre secrétaire-trésorier. Cette perte a porté, en effet, une double atteinte aux travaux dont vous avez bien voulu lui confier la direction: d'abord en retardant l'apparition de vos premières publications, puis, & surtout, en le privant brusquement du concours précieux, que notre regretté confrère prêtait, avec une compétence exceptionnelle, au classement & à la préparation de nos volumes.

Peu de temps après, nous apprenions la mort de notre imprimeur, M. Jules-Guillaume Fick, si justement connu par la correction & l'élégance des livres sortis de ses presses.

Nous n'avons pas lieu cependant de nous décourager: déjà votre Comité a pu reprendre, & espère achever avec succès l'œuvre commencée par Tobler. L'un de ses émules, le R. P. W.-A. Neumann, professeur de théologie à l'université de Vienne, a bien voulu se mettre à notre disposition pour suppléer à l'aide bibliographique qu'il nous prêtait; tandis que, d'autre part, M. Edouard Fick, depuis longtemps associé de son père, a tenu à honneur que nous ne souffrions point des circonstances douloureuses qu'il avait à traverser.

Si donc, comme l'an dernier, je suis forcé, en raison du retard subi par vos publications, de remettre au prochain exercice la partie financière de mon rapport, je puis, du moins vous montrer, que, loin de se ralentir, notre vie scientifique est plus active, & notre avenir matériel plus assuré que jamais.

I.

ÉTAT DE LA SOCIÉTÉ.

Le nombre de vos membres titulaires était l'an dernier de quarante-trois dont cinq établissements publics. Le décès de Tobler a réduit ce nombre à quarante-deux.

Mais j'ai l'honneur de vous proposer d'admettre dans votre sein trois nouveaux membres, qui en porteront le chiffre total à quarante-cinq; ce sont:

M. Paul Meyer, professeur au collége de France.
M. Edmond de Barrère, ancien consul général de France à Jérusalem.
S. Exc. M. Basile de Khitrowo, conseiller d'état à St-Pétersbourg.

Ces nouvelles admissions viennent compléter le chiffre de quarante, auquel vos *Statuts* ont fixé le nombre de vos membres titulaires, *personnes privées*. Mais plusieurs autres demandes se sont présentées, ou n'attendent pour le faire, qu'une petite modification que votre Comité vous propose d'apporter à la répartition des places des titulaires.

Il s'agirait d'augmenter de quatre le nombre des titulaires *personnes privées*, & de limiter à six celui des établissements publics. Vous pourriez ainsi, l'an prochain, faire un accueil favorable aux propositions que votre Comité aura à vous faire pour remplir ces quatre nouvelles places.

Une modification analogue serait urgente dans le chiffre de vos associés-souscripteurs. Ce chiffre, fixé par vos *Statuts* à *trois cent quarante*, ne laisse au commerce que soixante de vos exemplaires ordinaires, nombre regardé comme insuffisant par vos libraires. Vous devez en outre, sur ce nombre, prélever le service à faire à l'éditeur du volume, quand cet éditeur est membre titulaire; tandis que d'autre part, — au moins pendant les premiers exercices, — les exigences d'une publicité nécessaire, aussi bien que celles de plusieurs bibliothèques, dont les manuscrits auront été mis à votre disposition, forceront votre Comité à vous demander l'autorisation d'offrir, en votre nom, dans les limites d'une sage libéralité, quelques-uns des exemplaires de vos publications.

Il vous proposera donc de restreindre à *deux cents* le nombre de vos associés-souscripteurs, de façon à pouvoir disposer, soit pour le commerce, soit pour les services dont je viens de vous entretenir, d'un nombre égal d'exemplaires ordinaires de vos publications.

C'est du reste, d'après ce nouveau chiffre, que, muni de vos pleins pouvoirs, votre secrétaire a traité, en votre nom, avec trois des principaux libraires de l'Europe, en accordant à chacun d'eux, — sous certaines conditions, fixées d'avance par votre Comité, & de nature à sauvegarder entièrement vos intérêts, — le titre de libraire de la Société & le monopole de la vente de vos publications dans leurs pays respectifs.

Ce sont:

Pour Paris & les départements: *M. Ernest Leroux*;

Pour Londres & le Royaume Uni: *M. Bernard Quaritch*;

Pour Leipzig & l'Empire allemand: *M. Otto Harassowitz*;

Votre Comité s'est bien entendu, réservé le droit de traiter avec d'autres libraires pour les pays non-compris dans cette énumération.

Vous aviez, l'an dernier, autorisé votre secrétaire, à s'ajoindre un attaché salarié: l'importance des travaux préliminaires dont je vais vous entretenir, & la nécessité d'en hâter l'achèvement, ne lui ont pas permis de se contenter du concours d'un seul travailleur. Ce concours pourra être, plus tard, organisé d'une façon régulière & permanente; mais cette année votre secrétaire a dû procéder autrement.

Sans parler de l'érudit qui a bien voulu se charger, ainsi que je vais vous le faire connaître, de l'achèvement du volume de Tobler, j'ai organisé avec les principales bibliothèques de l'Europe, pour la recherche, l'examen & la collation des manuscrits, un service régulier de correspondance, en dehors duquel je n'ai plus à regretter d'avoir à noter que les bibliothèques de Russie & d'Espagne. Partout ailleurs, votre Société a trouvé auprès de Messieurs les conservateurs des bibliothèques, l'accueil le plus cordial, & je me fais un devoir de remercier ici publiquement, des facilités qu'il a bien voulu nous donner, l'illustre directeur de la Vaticane, l'Eminentissime Dom Pitra.

II.

PUBLICATIONS DE L'EXERCICE 1876.

J'ai l'honneur de dépoſer ſur le bureau l'une des publications annoncées pour l'exercice 1876 :

La Priſe d'Alexandrie,
par
GUILLAUME DE MACHAUT

publiée par les ſoins de M. le comte de Mas-Latrie, avec M. Michelant pour commiſſaire reſponſable.

J'eſpère qu'à vos yeux ce volume, qui inaugure notre ſérie hiſtorique, répondra, auſſi bien par ſa valeur ſcientifique que par ſon apparence matérielle, à l'idée que vous avez pu vous faire d'avance de nos publications.

Avec ce premier volume, &, dans un but de publicité dont vous ſaiſirez l'importance, votre Comité croit devoir faire brocher un exemplaire de vos *Statuts*.

Votre Comité aurait voulu pouvoir joindre au poème de Machaut, les *Itinera Latina* dont s'était chargé Tobler : il a le regret de vous annoncer que l'impreſſion n'en eſt point terminée.

Déjà retardée, tant par la dernière maladie de notre regretté confrère, que par les tâtonnements inſéparables des débuts d'une œuvre comme la nôtre, elle a dû être ſuſpendue après la mort de Tobler, pour laiſſer le temps à votre Comité, d'abord de réclamer, de recevoir & d'examiner les papiers du défunt, puis de prendre les meſures néceſſaires à la continuation & à l'achèvement de la publication. Bien que Tobler, qui a vu ſa fin arriver & eſt mort en pleine connaiſſance, au milieu même de ſes travaux, eût pris ſoin de réunir les copies & la correſpondance relatives aux *Itinera Latina*, nous n'en devons pas moins des remerciements publics à M. Thomas, membre de l'Académie des fciences de Munich, qui, en ces triftes circonftances, a pris avec chaleur les intérêts de la Société, & nous a fait parvenir en quelques jours & dans le meilleur état poffible, tout ce qui, dans les papiers de Tobler, pouvait nous intéreffer.

Votre Comité, réuni d'urgence, a décidé immédiatement que ces papiers feraient remis entre les mains de M. A. Molinier, archivifte-paléographe, qui a bien voulu fe charger, fous la furveillance de votre fecrétaire & de M. Anatole de Barthélemy, de compléter & d'achever la publication de Tobler.

Aujourd'hui l'impreffion a repris une marche régulière : elle eft parvenue à la fin de l'itinéraire d'Arculf, dans lequel font inférés des diagrammes, correfpondant aux véritables plans Arculphins — ces derniers, fur l'avis même de l'éditeur, devant être réfervés pour la *Cartographie de l'Orient Latin.*

Les textes fuivants n'étaient pas encore établis définitivement : Willibald & Bernard le Moine ont dû être l'objet de nouvelles collations; de plus il conviendra de joindre aux itinéraires que Tobler avait compris dans fon programme, le fragment terminal d'un ouvrage confidérable en cinq livres, rédigé vers l'an 1090, & dont la fin feule, difficile à déchiffrer, nous a été confervée dans les derniers feuillets d'un manufcrit brûlé de la Cottonienne, & un texte très-court, de date indécife, mais antérieur aux croifades. Enfin nous aurons à donner en appendice les leçons de deux manufcrits d'Arculf, reftés inconnus à notre regretté confrère.

La préface, laiffée en allemand par Tobler, va être complétée fur quelques points & mife en latin. L'index eft fini pour toute la partie tirée, & fe pourfuivra fur les bonnes feuilles. Enfin, pendant que l'impreffion des textes s'achève, M. Molinier met la dernière main à une lifte chronologique, établie avec citations à l'appui, de tous les itinéraires en Terre-Sainte & de toutes les defcriptions de Syrie, Paleftine, etc., antérieurs aux croifades, tandis que M. Longnon achèvera, fur les notes laiffées par Tobler, les cartes qui doivent accompagner les textes, favoir: une carte de la Terre-Sainte, & un fimple tracé noir comprenant la Baffe-Egypte & la péninfule du Sinaï — divifion néceffitée par les textes eux-mêmes. M. Longnon accompagnera ces deux cartes d'un commentaire juftificatif très-court qui fera annexé à la préface.

Votre Comité doit de plus vous annoncer que l'enfemble de tous les documents ainfi réunis dépaffera (en raifon des nombreufes variantes, des rédactions doubles & des textes arrivés tardivement), les prévifions de l'éditeur, & atteindra certainement le chiffre de 550 pages. Il y aura lieu, par conféquent, pour ne point outrepaffer les promeffes de notre programme, à couper la publication en deux volumes, n'ayant d'ailleurs qu'une préface, une pagination, & un index communs. Mais, pour donner à ceux qui fe font affociés à votre œuvre un gage immédiat de votre follicitude, votre Comité a décidé qu'en attendant l'achèvement de ce volume, il ferait procédé immédiatement à la diftribution de Machaut & de la première livraifon de l'*Arminenfis Prologus*, & que cette diftribution ferait accompagnée d'un avis, expliquant le retard amené par la maladie & la mort de Tobler, & annonçant l'apparition pour la fin de l'année des deux premiers volumes des *Itinera Latina*; — la cotifation afférente au premier exercice ne devant être réclamée qu'à cette époque.

III.

TRAVAUX D'ORDRE GÉNÉRAL.

Avant de vous entretenir des publications du préfent exercice, j'ai befoin d'entrer dans quelques détails fur les travaux d'ordre général qui doivent précéder ces publications.

J'avais eu l'honneur de vous faire preffentir, dans mon rapport de l'an dernier, *l'importance* de ces travaux: aujourd'hui je dois vous en faire reffortir *l'urgence;* car c'eft précifément par les difficultés, qui font venues retarder, & retardent encore, l'apparition du premier volume des pèlerinages latins, que cette urgence s'eft révélée aux yeux de votre Comité.

Il aurait femblé, en effet, au premier abord, que, pour des textes auffi connus & auffi peu nombreux que ceux dont Tobler avait entrepris la publication, la queftion des travaux préliminaires de recherche, de collation & de claffement des manufcrits, dût être tout à fait fecondaire, & en tout cas comporter une folution auffi rapide que facile.

Or, il n'en a rien été: de tous côtés, la publicité donnée à notre œuvre, & les recherches de votre Comité, ont fait furgir de nouveaux manufcrits, qui font venus compliquer & retarder l'établiffement des textes: pour ne vous en donner qu'un exemple, le Theodofius, dont on ne connaiffait il y a deux ans, que deux copies, a dû être divifé en deux rédactions différentes, comprenant chacune fix manufcrits.

Que faire en préfence de femblables réfultats, offerts par l'établiffement d'un volume relativement facile, & confié à un homme d'une compétence toute fpéciale fur la matière? continuer la publication d'une façon rapide,

III. *Travaux d'ordre général.*

en nous contentant de réimprimer les textes déjà connus, de n'utiliser que quelques manuscrits, & de joindre à ces textes, un très petit nombre de pièces inédites, & en renvoyant à des suppléments futurs le résultat de toutes les découvertes que nous étions en droit de pressentir & d'espérer.

C'était un système sommaire, qui eût mis immédiatement un outil aux mains des travailleurs; mais un outil plus commode que parfait. En effet, il n'en est pas des textes géographiques du Moyen-Age, & en particulier de ceux qui nous intéressent, comme des œuvres historiques de longue haleine, arrivées jusqu'à nous sans autre modification que les changements apportés de manuscrit en manuscrit par la fantaisie des copistes.

On peut dire que toute la géographie de la Terre-Sainte au Moyen-Age a vécu sur un fonds commun — les dires des habitants même des lieux qu'allaient, presque toujours dans le même ordre, visiter les pèlerins; fonds, tantôt reproduit directement, tantôt emprunté de toutes pièces à des récits antérieurs, tantôt modifié plus ou moins profondément par les voyageurs successifs.

De là deux courants dans la littérature géographique de la Terre-Sainte: l'un, dû à des observateurs trop modestes, nous offre, *sous un même nom d'auteur, des textes* aussi *différents* par le contenu que par l'âge de la rédaction: l'autre, produit par des plagiats peu scrupuleux, nous présente des *textes très-semblables, qui ne varient* guère que *par l'intitulé*, modifié de siècle en siècle. De là, par conséquent, une complication extrême dans le classement chronologique de ces diverses rédactions, & une grande difficulté à isoler, dans chacune d'elles, — préalablement à l'impression qui doit les distinguer typographiquement — les parties originales, des parties empruntées à des récits antérieurs; en sorte que si, pour une grande chronique, comme Guillaume de Tyr, il est permis de considérer comme suffisante & presque définitive, une édition faite sur trois ou quatre bons manuscrits, il faut, au contraire affirmer hardiment, que comprise ainsi, la publication de nos textes géographiques de Terre-Sainte, serait certainement médiocre, & ne pourrait, en aucun cas, se voir considérée comme définitive.

Une seconde considération que les éditeurs des grands textes historiques peuvent négliger, nous oblige à rechercher pour les nôtres le plus grand nombre de copies possible, c'est l'importance pour nous — importance que je n'ai pas besoin de faire ressortir à vos yeux — des variantes de noms de lieu.

Enfin vous avez décidé que, précisément dans le même esprit de correction géographique, vous publieriez autant que possible les versions contemporaines des textes originaux. — Hé bien! dans beaucoup de cas, & surtout lorsqu'il s'agit de textes anonymes, il est extrêmement difficile de déterminer, a priori, si le français, par exemple, est l'original du latin, ou vice-versa: il est également ardu d'affirmer à première vue, en présence d'un texte en langue vulgaire, que ce texte n'a point eu, n'a point même encore quelque part un original latin — original, qui, une fois découvert, pourrait, par un nom d'auteur, venir modifier complétement la place de la version dans l'ordre chronologique de vos publications. Ici, encore, vous le voyez, il faut s'entourer de la plus grande somme de renseignements possible, & il est défendu de rien laisser derrière soi.

Mais une question encore plus importante, par laquelle je terminerai cet exposé des difficultés devant lesquelles s'est trouvé votre Comité, c'est celle du classement chronologique des textes.

Quand il s'agit d'un voyage fait à une date déterminée, & rédigé par le voyageur lui-même, rien de plus simple que de le mettre immédiatement à la place chronologique que cette date lui affigne.

Mais fi nous fommes en face d'un texte anonyme, & fans date, comme il s'en rencontre un fi grand nombre, nous nous trouvons forcés de choifir entre trois dates approximatives : celle que donne l'âge même de la copie la plus ancienne, celle que je nommerai *date de rédaction*, & que peut quelquefois, foit directement, foit indirectement, fournir le texte lui-même, enfin celle que j'appellerai *date de conftat*, & qui réfulte des fynchronifmes archéologiques, que peut feule revéler l'étude attentive du document. C'eft cette dernière qui a été adoptée par votre Comité, comme fixant la place chronologique de chaque texte dans les diverfes fections de votre férie géographique. C'eft la plus rationnelle & la plus fûre, mais c'eft celle auffi qui exige, avant toute publication, & même avant toute mife en préparation de l'un de nos volumes, l'étude la plus minutieufe du plus grand nombre de manufcrits poffible.

De toutes ces confidérations reffort pleinement, Meffieurs, la néceffité du travail préliminaire d'enfemble dont je vous parlais tout à l'heure, & qui doit déformais précéder la mife au jour de nos textes.

Ce travail comprend :

1° Le dépouillement, à notre point de vue, de tous les catalogues des manufcrits des bibliothèques d'Europe.

2° L'examen de ceux de ces manufcrits dont l'âge ou le contenu ne paraît pas avoir été déterminé d'une façon fuffifamment précife dans les inventaires.

3º La confection à l'aide de ces premiers renseignements d'une bibliographie générale de nos manuscrits — bibliographie classée par ordre des matières comprises dans notre projet de publication, — & d'un répertoire alphabétique des *incipit* & des *explicit* de tous les textes déjà connus, répertoire indispensable pour la fixation successive des places à donner aux anonymes.

A ce travail d'ensemble, doit succéder, pour chaque volume livré à nos éditeurs, un double travail préparatoire, dont il est préférable, d'ailleurs — étant donnée la richesse des renseignements bibliographiques centralisés par nous — de ne pas leur abandonner entièrement la direction; je veux parler

d'abord, de l'*aperçu bibliographique du conspectus* de chaque publication,

puis de la préparation des copies & collations, &c., en un mot de l'*apparatus* nécessaire à l'établissement des textes correspondants.

Tout en me hâtant d'ajouter que ces deux derniers ordres de travaux n'ont une nécessité & une urgence réelles que pour les premiers volumes des diverses sections de notre série géographique, & qu'une fois le milieu du XIVe siècle atteint, nous aurons affaire à des textes, à la fois plus longs, moins remaniés, & conservés par un plus petit nombre de manuscrits, & que nous pourrons, consacrer moins de temps à ces élaborations ingrates, & laisser plus de liberté à l'initiative personnelle de nos éditeurs — je vais vous rendre compte de l'état des divers travaux que je viens de vous énumérer:

III. *Travaux d'ordre général.*

1° *Dépouillement des catalogues de manuscrits.*

Pour les imprimés, la Société possédait, dès l'origine, une bibliographie assez importante, formée par le dépouillement des bibliographies générales, des listes imprimées ou manuscrites, faites en France & en Allemagne, & des catalogues de plusieurs bibliothèques spéciales, & en particulier de celle du comte de Lescalopier, du marquis de Laborde & de M. de Saulcy. A cette bibliographie, sont venues s'ajouter les additions manuscrites à la *Bibliographia* de Tobler, additions dont nous devons la communication à l'obligeance du Dr Thomas, de Munich.

Le dépouillement des manuscrits a dû commencer par les catalogues généraux toujours très-imparfaits: Montfaucon, Hænel, les *Archiv* de Pertz, les *Archives des Missions*, les divers voyages littéraires, &c., puis s'étendre aux catalogues imprimés des bibliothèques, enfin à un certain nombre de catalogues manuscrits de dépôts publics facilement accessibles. Quoique tous les inventaires n'aient pas le degré de perfection de ceux de Londres & de Vienne, qui, poussés jusqu'à la minutie, enregistrent jusqu'aux moindres fragments conservés par les feuillets de garde (fragments souvent si précieux pour nous) — nous pouvons cependant, dès maintenant, regarder ce premier travail comme à peu près complet pour les principales bibliothèques de l'Europe. Nous manquent encore en partie: les bibliothèques de Holande, de Russie & d'Espagne, & quelques bibliothèques italiennes de second ordre; mais j'ai tout lieu de croire que rien ne nous a échappé dans les dépôts les plus importants pour nous, c'est-à-dire: Paris, Londres, Oxford, Cambridge, Bruxelles, Berne, Turin, Milan, Rome, Naples, Munich & Vienne.

2° *Examen des manuscrits douteux.*

Le second travail, celui de l'examen des manuscrits douteux est moins avancé, & durera peut-être encore plusieurs années : il est terminé à peu près pour les grands dépôts ; il offre encore des lacunes considérables pour les bibliothèques moins accessibles. Cependant on peut estimer que les trois cinquièmes environ des manuscrits qui peuvent intéresser nos publications, nous sont suffisamment connus.

3° *Classement des fiches bibliographiques.*

Le troisième travail, celui de confection & de classement 1° des fiches bibliographiques 2° et de l'index des *incipit*, & des *explicit* provenant des deux premières élaborations, atteint à peu près aussi les proportions de trois cinquièmes.

Votre Comité n'a même pas cru devoir en attendre l'achèvement complet pour en faire un résumé, en ce qui concerne la série géographique de vos publications, de façon à pouvoir apprécier à un dixième près, le nombre des volumes que comportera cette série. Voici ce résumé que votre Comité ne vous présente, d'ailleurs que comme un résultat d'ensemble & tout à fait provisoire, de ses premières investigations.

III. *Travaux d'ordre général.*

LANGUES LATINES.

1° *Latins.*

I-II	333-1095		
III-IV	1095-1187		
V-VII	1187-1291	17 volumes.	17
VIII-X	S.-XIV		
XI-XIV	S.-XV		
XV-XVII	S.-XVI		

} 26 volumes.

2° *Français.*

I	1165-1300		
II-V	1301-1500	9 volumes.	9
V-IX	1501-1600		

3° *Italiens.*

I-II	1294-1400		
III-IV	XVe-s.	8 volumes.	8
V-VIII	XVIe-s.		

4° *Espagnols.*

} 11 volumes.

I	1458-1529	2 volumes.	2
II	1583-1600		

5° *Portugais.*

1 volume. 1

LANGUES GERMANIQUES.

1° *Allemands.*

I	XIVe-s.		
II-V	XVe-s.	10 volumes.	10
V-X	XVIe-s.		

2° *Flamands.*

I	XVe-s.	3 volumes.	3
II-III	XVIe-s.		

3° *Anglais.*

} 17 volumes.

I	XIV & XVe s.	2 volumes	2
II	XVIe-s.		

4° *Scandinaves.*

I	1150-1500	2 volumes.	2
II	XVIe-s.		

LANGUES DIVERSES.

1° Slaves.

I	Non ruffes	} 1100-1600. 2 vol	2	} 4 volumes
II	Ruffes			

2. Grecs.

I	S. I-XI	} 2 volumes.	2	
II	S. XII-XV.			

3° Hébreux.

I	800-1300	} 2 volumes.	2
II	1300-1600		

4° Arabes. } 5 volumes.

I	IX-XI-f.	} 3 volumes	3
II	XII-XIV-f.		
III	XV-XVI-f.		

5° Orientaux divers. ?

Nombre total des volumes 63

Vous remarquerez, dans ce tableau fommaire, deux faits curieux que je vous fignale en paffant, & que des données hiftoriques certaines viendront probablement expliquer plus tard. Je veux parler d'abord des lacunes & des encombrements que préfente alternativement la lifte chronologique générale des *Itinera*. Tandis que plufieurs volumes feront néceffaires pour épuifer les textes qu'offrent les vingt dernières années du XVe fiècle, la période qui s'étend de 1350 à 1375 n'offre abfolument aucun pèlerinage: même lacune vers le troifième quart du XIIIe fiècle.

J'attirerai, en fecond lieu, votre attention fur la localifation des langues dans chaque fiècle; tandis que l'Italie encombre le XIVe fiècle, & l'Allemagne la fin du XVe fiècle, la France n'apparait en nombre qu'au XVIe

siècle, & n'offre auparavant qu'une extrême indigence; l'Angleterre est plus pauvre que la Russie, & l'Espagne n'offre que des résultats insignifiants.

IV

PUBLICATIONS EN PRÉPARATION

Votre Comité ne s'est, bien entendu, pas contenté de pousser parallèlement ces trois ordres de travaux préliminaires: arrêter complétement nos publications, en attendant qu'ils fussent complets, eût été manquer à nos promesses, & ajourner indéfiniment la mise en activité de notre œuvre.

Prendre au hasard dans les volumes du XVe & du XVIe siècles quelques-uns des textes longs & faciles, qu'ils nous offrent en grand nombre, pour les publier par anticipation & nous donner le temps de fixer définitivement la composition compliquée des volumes du XIIe & du XIIIe, eût offert une grande difficulté pour la numérotation régulière des volumes, & aussi pour la détermination des parties à imprimer en petits caractères, comme empruntées à des textes antérieurs: puisque ces textes antérieurs n'auraient été encore ni publiés, ni, par conséquent, étudiés à loisir.

Nous avons préféré nous en tenir à un parti mixte: poursuivre la préparation des volumes dans leur ordre chronologique, mener cette préparation aussi loin que possible, & mettre immédiatement aux mains de nos éditeurs un grand nombre de textes, pour leur laisser le temps de les établir tranquillement, sans être pressés par des échéances à date fixe.

Ce système apportera peut-être encore un certain retard dans l'exécution de notre programme. Mais nos publications y gagneront en valeur scientifique, &, si nous devons, pendant les premiers temps, faire appel à la patience de ceux qui ont bien voulu adhérer à notre œuvre, ce sera au contraire plus tard à leur libéralité que nous recourerons, lorsque l'élan pris par nos publications nous amènera à augmenter, au lieu de le restreindre, le nombre annuel de nos volumes.

Je vous ai dit tout à l'heure que la préparation de chaque volume, avant qu'il fût mis aux mains de l'éditeur, comportait la confection:

1° du *conspectus* bibliographique;
2° de l'*apparatus* des textes.

Le conspectus bibliographique n'est autre chose que la refonte simultanée de la bibliographie des imprimés, des manuscrits & des récensions de chaque texte, sur le modèle amélioré des articles de la *Bibliographia* de Potthast: j'ai l'honneur d'en mettre, sous vos yeux, un spécimen, en vous faisant remarquer qu'il y aurait peut-être lieu de publier à l'avance & successivement ces *conspectus*, dans l'espoir que, mis ainsi au jour, ils provoquassent, de la part de nos lecteurs habituels, des additions ou des rectifications utiles, & sans trop redouter que les indications de documents inédits qu'ils renferment, ne fissent éclore des publications isolées & hâtives, de nature à compromettre le succès des nôtres.

Ces *conspectus* sont terminés & classés — sauf additions ultérieures — pour la plus grande partie de votre série géographique.

Mais ils n'ont été livrés aux éditeurs que pour les volumes suivants:

Itinera græca I;
Itinera latina, III-V;
Textes français, I & V;
Textes italiens, I-III;

sans compter celui de l'un des volumes de la série historique sur lequel je vais revenir.

Le travail beaucoup plus long des *apparatus*, travail qui comporte la copie & la collation des textes de chaque volume, est loin d'être aussi avancé : les textes, heureusement assez courts, qui existent à un grand nombre d'exemplaires, ont nécessité ou nécessiteront des impressions provisoires à bon marché, destinées à être envoyées dans les diverses bibliothèques ; cette mesure, qui constitue une économie de temps & d'argent, que vous comprendrez facilement, n'a été encore appliquée qu'à des chapitres isolés de Foucher de Chartres, de Bartolf de Nangis, d'Ernoul & au Pseudo-Fretellus.

En résumé votre Comité espère, que d'ici à deux mois, l'*apparatus* complet des *Itinera latina III & IV* sera aux mains des éditeurs ; quatre à cinq mois seront nécessaires pour compléter celui des *Textes français I*, & celui des *Itinera græca I*, que l'éditeur, M. Constantin Sathas, a bien voulu se donner la peine de réunir lui-même.

Une année sera nécessaire pour achever celui des *Textes italiens I & II*, des *Itinera latina V & VI*, & des *Textes français III, IV & V ;* mais j'espère pouvoir vous annoncer à votre prochaine séance, l'achèvement de cette seconde partie du travail préparatoire, pour douze des principaux volumes de votre série géographique.

D'ici là, votre Comité vous propose de mettre sous presse les trois volumes suivants :

1º *Itinera latina III* (1096-1175), éditeur M. le Dr Thomas ; commissaire responsable, M. E. Egger. Près de la moitié des textes de ce volume sera accompagné de versions françaises presque contemporaines. Votre Comité a décidé que ces versions seraient imprimées à la suite & non au-dessous de l'original latin, & vous propose d'en faire l'objet de tirages à part, à 100 exemplaires fur papier vélin, qui pourront être mis dans le commerce, & joints par les bibliophiles ou les linguiftes, à nos textes français.

2° *Itinéraires français I* (1187-1350); éditeur, M. Michelant; commiffaire refponfable, M. le comte de Mas-Latrie; — préparation retardée par la difficulté de déterminer le caractère véritablement original des petits textes du XIIe & du XIIIe fiècles, & par le nombre des manufcirts de Mandeville (plus de 40): il a fallu d'ailleurs étudier les très-nombreufes verfions de ce dernier, avant de prendre la détermination — que l'éditeur juftifiera dans fa préface — de ne publier aucune d'entre elles.

Votre Comité vous propofe, en raifon de l'intérêt fpécial que le texte de Mandeville offre au public anglais, de l'autorifer également à en mettre dans le commerce un tirage à part de 100 exemplaires fur papier vélin.

3° *Quinti belli facri fcriptores minores;* éditeur, M. le Dr R. Röhricht; commiffaire-refponfable, M. Riant.

Votre Comité vous demandera de plus l'autorifation de mettre encore au befoin fous preffe un autre volume de la férie hiftorique, pris parmi les textes ifolés, comme Guillaume de Machaut, & non dans les collections qui, comme les poéfies ou les projets de croifade, préfuppofent — au même titre que les textes géographiques — l'achèvement de nos travaux préliminaires de dépouillement & de claffement des manufcrits.

Nous laifferons ainfi plus de temps à l'élaboration & à l'impreffion des volumes géographiques dont je viens de vous parler; nous devrons feulement reporter à une année ultérieure l'application de l'article de notre règlement qui prefcrit de confacrer, une fois fur cinq, nos deux volumes aux textes géographiques.

Je me réferve d'ailleurs de vous préfenter, l'an prochain, fur votre férie hiftorique, un rapport complet, analogue à celui que je viens de vous faire pour la férie géographique.

V

CARTES ET PHOTOTYPOGRAPHIES.

J'ai maintenant, Meffieurs, à vous entretenir de nos cartes & de nos réimpreffions phototypographiques.

Je vous ai déjà dit un mot des cartes, en cours d'exécution, qui doivent accompagner le volume de Tobler : c'eft la première expérience que nous aurons faite de l'utilité pour nos publications de ce genre de documents, & auffi des difficultés ou des frais qu'il peut entraîner.

Il fe préfente ici plufieurs queftions complexes qui ont été agitées dans le fein de votre Comité.

On lui a fait obferver que la lettre de la carte étant intimement liée à l'établiffement du texte, toutes les fois que cette lettre n'aurait pas pour auteur l'éditeur même du texte, il ferait toujours difficile de décider, fi la confection du document géographique doit précéder ou fuivre le choix des variantes de noms de lieu — l'éditeur, dans le premier cas, & le cartographe, dans le fecond, fe trouvant préjuger la folution de queftions topographiques, de nature à exiger à chaque inftant une entente commune & fouvent impraticable : de là des retards indéfinis dans la publication des volumes. Il nous a été auffi obfervé que la carte, étant de tous les commentaires du texte, à la fois le plus difficile & le feul vraiment définitif, nous nous mettions, par l'introduction d'une carte dans nos volumes, en contradiction avec une des données effentielles de notre programme : celle de fournir, par nos publications, *de bons inftruments de travail, fans faire nous-mêmes œuvre de travailleurs.*

Enfin nous pourrions auffi, dans certains cas, être entraînés par des opérations cartographiques, ou trop nombreufes ou trop délicates, à fortir du cadre de notre plan primitif, & à ceffer d'être une fociété de publication, pour nous faire géographes proprement dits; ainfi, à n'en prendre qu'un exemple, une carte de Paleftine, décalquée fur celle du volume de Tobler, n'aurait que faire dans le volume de textes français confié à M. Michelant. Ce volume, qui, en dehors de quelques petits textes fans importance, comprend:

La citez de Iérufalem

defcription détaillée de cette ville faite à la fin du XIIe fiècle;

Les chemins de Babylone

defcription de la Baffe-Égypte & du fud de la Paleftine, & le

Voyage de Mandeville

néceffiterait:

  Un plan de Jérufalem;
  Une carte de la Baffe-Égypte;
  Un tracé de l'itinéraire de Mandeville

comprenant une grande partie de l'Afie.

Voilà trois documents très-divers, & de nature à entraîner un travail & des frais confidérables.

Votre Comité difcutera à loifir ces objections & ces difficultés, & vous foumettra à la prochaine féance le réfultat de fes délibérations.

Les clichés des phototypographies de l'*Arminenfis prologus* font gravés en entier: le tirage de la première livraifon aura lieu dans quelques jours à Genève, fous les yeux de votre fecrétaire, qui s'affurera lui-même de la deftruction immédiate des planches correspondantes: les autres livraisons suivront d'année en année: il va être procédé, dès maintenant, à la correction des clichés de la seconde.

VI

PUBLICATIONS PATRONNÉES.

Je passe à une proposition très-importante que votre Comité m'a chargé de vous faire.

Votre programme comprenait la publication à long délai d'un certain nombre d'ouvrages de secours ou de référence, destinés à venir en aide aux études relatives à l'Orient-Latin. Numismatique, sigillographie, épigraphie, cartographie, devaient ainsi être passées en revue, & devenir l'objet de publications importantes, faites, sinon par vous, du moins sous votre patronage. La juste notoriété qui s'est, dès l'abord, attachée à vos travaux, a permis à votre Comité d'entrer dès maintenant dans une voie, qui semblait ne devoir vous être ouverte qu'au bout d'un grand nombre d'années.

L'un d'entre nous, déjà connu par d'excellents travaux sur la numismatique allemande, M. Schlumberger, a terminé les deux premières parties d'un ouvrage considérable, qui comprendra la description de toutes les monnaies de l'Orient Latin. Cet ouvrage, qui sera accompagné de nombreuses planches, a été soumis à votre Comité, qui l'a jugé digne — comme représentant parfaitement l'état actuel de la science sur les questions traitée par notre jeune & érudit confrère — d'être publié sous votre patronage. L'un de nos libraires, M. Leroux, a consenti à en entreprendre la publication, & votre Comité a fait, tant avec l'auteur qu'avec l'éditeur, une convention que j'ai l'honneur de vous soumettre.

Par cette convention:

« La Société prend fous fon patronage, & s'engage
« à recommander le livre de M. Schlumberger. »

» De fon côté, M. Schlumberger fe foumet aux pref-
« criptions de l'article 19 de nos *Statuts*, & place la
« publication de fon œuvre fous votre furveillance & la
« garantie de l'un de vos commiffaires refponfables,
« M. de Barthélemy. »

« Enfin M. Leroux fait aux membres titulaires & aux
« affociés-foufcripteurs de la Société, qui voudront acqué-
« rir la *Numifmatique de l'Orient Latin*, des avantages
« fpéciaux, que votre Comité a jugé fuffifants. »

Votre Comité vous recommande donc la ratification de cette convention. A une époque, où, dans toute l'Europe, les queftions qui nous intéreffent donnent lieu à un mouvement littéraire & fcientifique indifcutable, votre Comité penfe que la Société ne peut que gagner à s'affirmer ainfi, dès fon berceau, & à fe faire hardiment le centre vers lequel feront amenés à converger tous les efforts des érudits voués aux mêmes études que nous. C'eft dans cet efpoir qu'il y aura lieu — fans perdre de vue les ouvrages que nous avions dès l'abord infcrits à notre programme — de fonger, peut-être à bref délai, à l'élaboration, dans des conditions analogues & même plus avantageufes pour la Société, d'abord de recueils bibliographiques qui nous font à peu près défaut, puis d'un organe fpécial, rédigé fur le modèle des *Archiv* de Pertz & deftiné à configner annuellement les réfultats des travaux préliminaires fi intéreffants, dont je vous ai entretenus tout à l'heure.

* * *

A la suite de la lecture de ce rapport, la Société a adopté à l'unanimité les propositions suivantes:

1° *Admission comme membres titulaires de:*
M. Paul Meyer, *professeur au collége de France.*
M. Edmond de Barrère, *ancien consul général de France à Jérusalem.*
S. Exc. M. Basile de Khitrowo, *conseiller d'état, à St-Pétersbourg.*

2° *Modification dans la répartition des membres titulaires dans la proportion suivante:*

      personnes privées   44
      établissements publics   6

3° *Réduction à 200 du nombre des souscripteurs.*

4° *Autorisation de prélever, sur les exemplaires destinés au commerce, un service de 20 exemplaires en petit papier pour les bibliothèques & la publicité dans les revues savantes.*

5° *Confirmation des conventions conclues avec les libraires de la Société, savoir:*
pour Paris & les départements: M. Ernest Leroux;
pour Londres & le Royaume Uni: M. Bernard Quaritch.
pour Leipzig & l'empire allemand: M. Otto Harassowitz;

6° *Acceptation sous le patronage de la Société, de la* Numismatique de l'Orient Latin, *par M. G. Schlumberger, publiée par M. Leroux.*

7° *Séparation des* Itinera latina 333-1096 *en deux volumes, qui formeront les tomes I & II de cette série.*

8° *Mise sous presse des volumes suivants, sans désignation d'exercice:*

Itinera latina III.
Ed. M. Thomas, comm. resp. M. Egger.

Itinéraires français I.
Éd. M. MICHELANT, comm. resp. M. DE MAS-LATRIE.

Quinti belli sacri scriptores minores.
Éd. le Dr R. RÖHRICHT, comm. resp. M. RIANT.

9° Tirage à part à 100 exemplaires sur papier vélin & mise en vente;
   1° des versions françaises comprises dans le tome II des Itinera latina;
   2° de l'Itinéraire de Mandeville.

www.ingramcontent.com/pod-product-compliance
Lightning Source LLC
Chambersburg PA
CBHW060050190426
43201CB00034B/668